新文京開發出版股份有限公司

NEW WCDP

新世紀‧新視野‧新文京 ― 精選教科書‧考試用書‧專業參考書

New Wun Ching Developmental Publishing Co., Ltd.

New Age · New Choice · The Best Selected Educational Publications—NEW WCDP

心理學

概論

鄧明宇・李介至・鄭凰君　編著

第5版

5th Edition

PSYCHOLOGY

　　目前針對心理學課程所寫的教科書琳瑯滿目，但審視目前學校當中的用書，多是西文書籍之翻譯本，或是針對心理系或相關科系所編寫，以心理學入門為目的之書籍，較少有之。對於以心理學作為一學期課程，或非心理學相關科系學生而言，這些教科書不是深度過高，就是範圍太廣，使得學生對於心理學這門課的興趣，很快就被消磨殆盡，無法產生更多探究的熱情。本書的三位作者皆在技職院校教授心理學或相關課程，有感於學生的要求，以及教學上的需求，便開始著手撰寫此書，希望利用深入淺出的方式，並佐以大量圖片與案例，讓學生可以用輕鬆的心情來面對心理學，又不失對基礎知識的理解，即使是自行閱讀也可以得到求知的樂趣。

　　本書共有十二個章節，每一章節都是心理學中重要的主題，每章都有課程之外補充的單元—「心靈加油站」，皆與本章節所探討的內容有相關性，且為一般大眾有興趣的內容，希望藉由延伸性的知識能使讀者對心理學的應用更有清楚的概念。於章末列有重點整理，方便同學在閱讀完該章後，能重新複習自己所學過的知識，以增強學習與記憶效果。本書另一個特色，於每章列有1~2個與主題相關的學習活動，生動且活潑，授課教師可以針對課程需求和進度，讓學生在參與中得到學習，這種「體驗性教學」也是最近教育界新興的教學方式，可以激發學生的學習熱情。新版除了勘正疏漏外，並依據新版精神疾病診斷和統計手冊，提供讀者最新心理學資訊。

　　本書得以出版，有幸得到新文京開發出版股份有限公司的支持，希望藉由本書的出版，能使更多學生在學習心理學知識的過程裡，對自己有所助益或改變，如此，本書的價值更得以彰顯。本書出版當中不免有所錯誤或缺漏，希冀讀者及各位先進能不吝指教。

鄧明宇、李介至、鄭凰君　謹識

" 鄧明宇 "

學歷：天主教輔仁大學心理所諮商與諮詢組博士

曾任：仁德醫護管理專科學校學生輔導中心主任、生命關懷事業科助理
教授、高齡健康促進科助理教授、新竹市諮商心理師公會副理事
長、新竹市性侵害與家庭暴力心理復原方案督導

現任：台北護理健康大學生死與健康心理諮商系助理教授

" 李介至 "

學歷：國立彰化師範大學教育博士

曾任：中州科技大學學務長、健康學院院長、勞動部保母監評人員、新
竹市北區居服中心督導、新竹市香山區居服中心督導、丹佛 II
兒童發展評量員、南投縣托育資源中心督導、南投縣居服中心督
導、準公共化幼兒園輔導教授等

現任：中州科技大學幼兒保育與家庭服務系教授

" 鄭凰君 "

學歷：彰化師範大學輔導與諮商學系博士候選人

曾任：空中大學講師、仁德醫護管理專科學校幼保科講師

現任：行動諮商師

目 錄
CONTENTS

Chapter 8 社會心理學

Chapter 9 意識、睡眠和夢

Chapter 10 異常行為與正向心理學

Chapter 01 心理學的性質

本章大綱

---　前　言　---

　　早期由於物質的缺乏，很少人會關心自己的精神層面生活，直到經濟成長與技術革新，許多人在滿足基本物質生活後開始關心自己的心理狀況，追尋一種心靈生活上的滿足，此時心理學才逐漸受社會大眾所重視。例如坊間常見的算命、星座解析、塔羅牌、解夢，均可能與個人心理現象有關，至於我們生活周遭也常被心理現象所制約，例如：聽到漢堡，就會想起麥當勞；聽到炸雞，就會想起肯德基，這皆是業者善用消費者心理所產生的心理現象。另外，台灣每逢選舉前即沸沸揚揚，會有部分選民做出激烈的抗爭行為，等選舉過後，勝選者欣喜若狂，敗選者則哀傷沮喪，如何讓這些人盡快由沮喪中復原，這也是諮商心理學家的重要任務。而近年透過心理學上的研究發現，我們國家的立法單位也逐漸透過制訂法律而影響我們的生活，如研究證實過度使用3C產品與暴力媒體會影響兒童的心智發育與暴力模仿，因此新聞局也會針對各類節目影片進行審核，並根據內容進行分級制度，以保護兒童能夠健康發展。由上述可知，心理學不但與我們日常行為息息相關，也關係到我們的身心健康。

第一節　心理學的研究對象

一、心理學的定義

　　19世紀以前，心理學被視為哲學的範疇之一，從西方三大哲人蘇格拉底、柏拉圖與亞理斯多德開始，歷代哲學家都以人的靈魂、心靈、意識及行為作為哲學探討的議題。因此心理學的英文為 "psychology"，就是源於希臘文 "psyche" 與 "logos" 兩個字的合併，"psyche" 意思為靈魂，"logos" 則是指邏輯法則，因此兩個字合起來的意思是指：「可普遍解釋所有人類靈魂的共同法則」（張進輔，2002）。

心理學的定義隨著時代背景的不同而有所修正。1920~1960年代，國際間戰爭紛亂不斷，加上物質的缺乏與人心的貪婪，心理學的研究焦點在於如何約束與控制人類行為，因此當時心理學常被界定為「觀察個體外顯行為的科學」。1970年代以後，經濟成長導致人類物質生活的滿足，心理學家開始關心人類的內在心理運作與感受，因此心理學的定義也從研究個體的外顯行為轉變成研究個體行為與心智運作的一門科學。因此當前心理學可被定義為「研究個體行為及心理過程的一門科學」，其中包含科學(scientific)、行為(behavior)、個體(individual)和心理(mental)等四個核心概念。

「科學」的概念強調心理學所建立的原理原則應該以科學實證研究成果為立論基礎。「行為」的概念強調心理學家應該觀察有機體(organisms)如何適應外在環境所表現的行為，並且證實

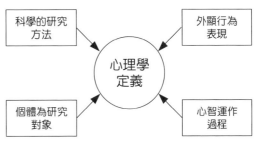

圖1-1　心理學的定義與核心概念

在不同環境或文化情境中可能表現出來的行為特質。「個體」的概念涵蓋新生兒至老年人等各種階段，也包含各種動物的心理現象，不過多數研究仍以人類為主要研究對象。「心理」的概念強調多數個體的外在活動起源於內在心智的運作，如思考、計畫、推理、創造及作夢等，因此個體心智如何運作一直是許多心理學家探究的主要議題(Gerrig & Zimbardo, 2004)。

21 公克的靈魂？

1901年美國生物學家麥克杜格爾將瀕臨死亡的肺結核病患放在特製的大型磅秤上秤重，發現病患斷氣的一刻，重量平均少了21公克。他透過實驗發現人類在往生前的最後一口氣並沒有重量，之後他又測量15隻中型狗在死前及死後之重量變化，結果發現重量並無變化，因此各種動物中只有人類在往

生後重量減少。紐約時報在1907年公布這項研究結果，讓靈魂是否具有重量的論點，流傳至今，但21克是否是靈魂的重量？至今還是缺乏實質的證據（CtiTV，2012年8月）。

二、心理學研究的內容

　　心理學研究的內容包含二大焦點，分別為個人共同的心理過程與個別的差異性。但無論是共同性或差異性，都與我們的人格特質、生活經驗與成長過程密切相關（張進輔，2002）。

第二節　　心理學的發展與任務

一、科學心理學的發展

　　心理學的發展可區分為二部分，19世紀中以前，心理學並不是一門獨立的科學，而是隱含於哲學的研究領域，主要探討的焦點在於「心靈與身體是否可分離」、「先天與後天對個體的影響力何者較高」、「人的行為是自由意志還是環境決定」，以及「知識的來源為何」等四大議題（葉學志，1996）。後來受到基督教的權威詮釋以及其他因素所影響，西元中世紀的人民將所有身心事件都寄託於神的啟示以及求神救贖，此時心理學不但具有神學的神祕色彩，也因此沉默了兩千多年（李斯譯，2000；張春興，2002）。

（一）1879 年期間—科學心理學的誕生

　　德國人馮特(Wundt)主張以科學的方法研究人的「意識結構」，並在德國萊比錫建立世界上第一個心理學實驗室，針對個人的感覺、知覺、注意、反應時間與聯想進行心理實驗研究，科學心理學於是脫離哲學正式獨立成一門科學。後來他的學生鐵欽納(Titchener)於1892年再將馮特的心理結構主義

(structuralism)推廣至美國,並逐漸引起風潮,馮特也因此被譽為「心理學之父」。

(二)19 世紀晚期—功能學派

美國心理學家詹姆斯(James)創立功能學派,反對馮特將心理視為多種意識元素所組成的觀點,而強調心理學的分析應著重於個人適應環境時所顯現的心理及行為功能,而非分析大腦的意識結構。此外,詹姆斯也認為個人心理意識會因為要適應環境而流動,而非固定不變,這種現象稱為「意識流」。他並於1890年出版的《心理學原理》一書,確定了以後百餘年心理學的研究範疇,被譽為19世紀晚期美國最偉大的心理學家。

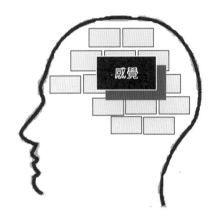
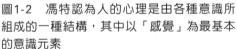
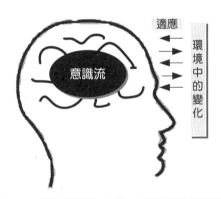

圖1-2 馮特認為人的心理是由各種意識所組成的一種結構,其中以「感覺」為最基本的意識元素

圖1-3 詹姆斯認為人的心理意識為了要適應環境中的人、事、物而產生改變,這稱為「意識流」現象

(三)1896 年期間—精神分析學派

奧地利精神醫學家佛洛依德(Freud)根據長期治療精神疾病的實務中,創立精神分析論,強調人的慾望與需求無法在現實生活中滿足,因此會被壓抑在個人潛意識,並以夢、人格違常或精神疾病症狀加以顯現。

（四）1912 年期間—完形心理學

德國心理學家魏清邁(Wertheimer)創立完形心理學（又稱為格式塔心理學），主要理論在於反對結構主義強調心理是由各種不同元素所組成之觀點，也反對行為學派對個體行為的客觀觀察，而強調心理學應以個體的知覺組織、思維及解決問題為主，並以整體的觀點探討個人所獲得的經驗歷程，而不是將整體行為區分為許多結構。格式塔心理學也因此認為個體所表現的整體行為，其實大於部分意識之總和，這觀點也影響後來的認知心理學派。

（五）1913 年期間—行為心理學

美國心理學家華生(Waston)在《心理學評論》期刊中發表「行為主義者心目中的心理學」一篇論文，說明心理學的價值在於研究個體外在行為，而不是在研究沒有科學根據的心理意識。基本上，行為學派反對內省的心理學，認為自由意志只是一種幻覺，環境才是影響個體行為的主要因素，而透過客觀實驗的方法可直接測量個體的行為，而不考量個體的心理狀態，因此也被許多心理學家批評為沒有心智的心理學(No mind psychology)。

（六）1950 年期間—人本心理學

美國心理學家馬斯洛(Maslow)和羅吉斯(Rogers)提倡人本心理學，強調人性本善，只要後天的環境適當，每個人都具有向上發展的無限潛能，都可達到自我實現的境界。人本心理學、行為學派與精神分析學派被稱為影響20世紀西方心理學的三大勢力(third force)（張春興，2005）。

（七）1956 年期間—認知心理學

1950年代末期，心理學家認為行為主義只研究動物及人在特定刺激下的反應行為，並無法解釋人類複雜的心智運作過程，因此開始研究人類心智過程對行為的影響，不但試圖了解個人如何獲得知識，個人外顯行為的心理歷程，也企圖透過電腦在處理資料的程序來模擬人類心智運作的過程。

愛因斯坦大腦之謎

被視為天才代名詞的愛因斯坦，智商推估在160~180之間，他曾提出舉世聞名之「相對論」，開啟人類的視野，於1955年因腹腔大動脈破裂逝世，死後他的大腦被人取出，下落不明。50年後，當初被指控竊取愛因斯坦大腦的美國病理學家托馬斯哈維(Thomas Harvey)坦承將愛因斯坦的大腦切成240片。據哈維的記錄，愛因斯坦的腦子重1,230公克，低於一般男人的平均重量（王道還，2004），但是在大腦前額葉、軀體感覺皮層、初級運動皮層、頂葉、顳葉、枕葉都異於常人，而這些區域通常與空間意識、視覺意識以及數學能力有關，因此智商高低與腦部大小並無太大關聯，主要仍在於神經細胞密度的高低（Newswise，2013年8月）。

（八）1960年下半期—超個人心理學

超個人心理學主要探討個人的靈性層面，強調自我實現與自我超越兩者的並行才是真我的圓滿實現，以及從個人在自我生命的巨大轉變過程中體會到個人更真的靈性層次，以領會天人合一的高峰經驗（李安德，1998）。

近年許多我國的心理學者則致力於本土心理學的建構，以發展出適合解釋華人心理現象與行為的心理學基礎。

二、心理學的基本任務

心理學的基本任務可區分為理論任務與應用任務兩方面：

（一）在理論任務方面

心理學的理論任務在於了解我們內心如何進行思考運作，以建立個人心理運作與外顯行為兩者之間的固定規律，通常採取下列四個階段以證實人類行為背後的心理學原理原則。

1. **描述**：對於人類行為，以及發生行為的周遭環境，以科學的方法進行客觀描述。

2. **解釋**：依據對個人客觀觀察的結果，進而解釋個人為何會有如此的行為。

神奇的神經傳導物質—多巴胺

　　多巴胺(Dopamine)是一種神經傳導物質，可用來幫助大腦細胞傳送電子脈衝，研究顯示這種腦分泌與個人情慾、興奮、快樂有關，也可能與各種成癮行為有關。其中吃東西、戀愛、吸菸或吸毒都會增加多巴胺的分泌，但多巴胺不足時，則可能讓人失去肌肉控制的能力，手腳不由自主的顫抖或導致帕金森氏症。美國為協助染上毒癮的人早日戒毒，以藥物降低大腦中多巴胺的濃度，減少吸毒者吸毒時的快感。臨床上參與實驗的吸毒者也反映吸毒慾望降低不少，不過由於多巴胺的分泌量如果太少也會導致肌肉僵硬等後遺症，如何針對不同患者程度給予適度的劑量，仍需要研究人員在臨床實驗上進一步證實（公視－全球現場，2003年12月）。

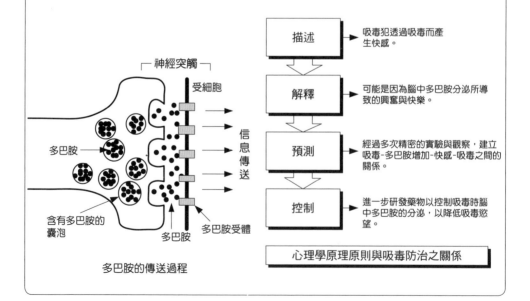

多巴胺的傳送過程

描述	吸毒犯透過吸毒而產生快感。
解釋	可能是因為腦中多巴胺分泌所導致的興奮與快樂。
預測	經過多次精密的實驗與觀察，建立吸毒-多巴胺增加-快感-吸毒之間的關係。
控制	進一步研發藥物以控制吸毒時腦中多巴胺的分泌，以降低吸毒慾望。

心理學原理原則與吸毒防治之關係

3. 預測：根據多次在相同情境下對個人行為的描述與解釋，逐漸建立個人內在心理與外顯行為兩者之間的因果關係，以預測在相同的情境及條件下，個人應會有固定的行為反應。

4. 控制：當建立個人內在心理與外顯行為之間的因果關係後，心理學家進一步想操弄各種條件，以促使個人發生或減少某種行為，以控制人類的行為。

（二）在應用任務方面

心理學研究的最後目的在於運用心理學的知識解決人類所面臨的生活問題，增進人類的生活品質及提升自我滿足感。心理學在個人的應用上具有下列功能：(1)維持身心健康；(2)增進自我了解；(3)戒除不良習慣；(4)提升工作效率；(5)提升學習技巧；(6)消除情緒緊張；(7)增進親子感情；(8)維繫婚姻關係；(9)調節心理衝突；(10)學習正確判斷等（張進輔，2002）。

第三節　心理學的六種觀點

一、精神分析觀點

精神分析觀點強調人的本性並非是理性的，人的行為是被一種強而有力的內在力量加以驅動，這種力量起源於內在需求、生物驅力，以及試圖去解決個人與社會的需求衝突所致，主要的目的就在於減少緊張(Gerrig & Zimbardo, 2004)。此觀點最初由奧地利精神科醫師佛洛依德(Freud, 1856-1939)於1893年代創立，他根據長期治療精神疾病的實務經驗中逐漸形成

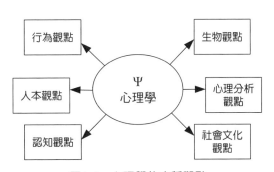

圖1-4　心理學的六種觀點

理論，以自由聯想(free association)、夢的解析(dream interpretation)與移情(transferences)等方法去探索個人的潛意識，以解釋個人正常或不正常行為的背後原因（彭駕騂，1997）。直到1920年，佛洛依德修正自己的理論，提出自戀、生的本能與死的本能，以及由本我、自我與超我三個部分所組成的人格結構理論，試圖以精神分析的觀點解釋人類行為的動機與人格組成。主要論點為：

1. 理論的建構來自於病患診斷的臨床經驗，以病態的觀點解釋人的行為。

2. 精神疾病起源於當事者潛意識中所壓抑的心理衝突不能化解所致。

3. 個人行為可追溯到過去的經驗，童年經驗是個人一生發展的基礎。

4. 人類行為受到性、飢餓、渴等本能所驅使，透過性與攻擊，可以滿足人們的基本需求。

二、行為觀點

　　行為觀點探討何種特殊情境刺激能控制特定行為。行為主義是由美國心理學家華生(Watson, 1878-1958)於1913年所創立，史金納(Skinner, 1904-1990)則透過各種動物訓練成果以擴大行為觀點在心理學界的影響力(Gerrig & Zimbardo, 2004)。行為觀點主要是藉由觀察人類的外顯行為來研究人類的心理，而不考慮人類腦部與神經系統的心理過程，他們

1.狼犬看見訓練師的指令。
2.依指令跳到訓練師背上。
3.完成動作，訓練師給予狼犬食物獎賞（強化物）。

圖1-5　幾乎所有動物的表演行為，都是透過行為學派的理論訓練而成

認為透過觀察人在特定環境刺激下的特定行為表現，才是最客觀的科學心理學，因此人的行為可以被簡化成刺激－反應(stimulus-response, S-R)公式（彭駕騂，1997）。主要論點為：

1. 唯有透過客觀觀察和測量記錄的行為，才是科學心理學。個人意識無法被客觀觀察，所以不在心理學研究的範圍之內。

2. 構成個人行為的基礎在於個人做出正確的反應後是否能得到強化。

3. 個人的行為並非天生或遺傳，而是從生活環境中學習而來。

4. 強調心理學研究的焦點在於外顯行為，並發展出嚴密的實驗方法，使心理學可被視為一種科學。

三、人本觀點

　　人本觀點的心理學起源於1950年代，使心理學從此成為一門較為完整的學科，此觀點主要是針對精神分析學派以病態的觀點解釋人類行為感到不滿，以及對行為學派太重視科學而輕忽人文的做法，以致造成社會不安而感到憂心，因此創立了以人的生活經驗為研究主體的心理學，強調個人主要的生活目的在於積極尋求自我成長。其中羅吉斯(Rogers, 1902-1987)強調個人都有一種追求心理成長與健康的本質天性，馬斯洛(Maslow, 1908-1970)則提出自我實現(self-actualization)的概念，說明每個人都有一種追求自我成長的潛能(Gerrig & Zimbardo, 2004)。主要論點為：

1. 強調個人行為的內心主觀感受，以同理心了解對方的處境和感受。

2. 對人性持樂觀的立場，認為人的本質都有向上發展的可能性。

3. 積極研究人的健康行為，可以導向自我潛能的實現。

四、認知觀點

　　認知觀點是1950年代興起的一種心理學派別，主要批判行為學派所持的觀點太過狹隘，認為人的行為不能化約成簡單的刺激－反應公式，而忽略人類複雜的認知活動（鄭昭明，2004）。例如有一個人在跟蹤你，如果是你的熟人，你會認為他可能有事找你，但如果是陌生人，你則可能認為他有意侵害你，因此熟人與陌生人所造成的情境刺激其實差不多，然而由於你對對方

的了解不同，你就會有不同的反應行為。因此認知
觀點認為人的行為是因為經過思考後的結果，研究
的焦點在於探討人類知識的來源，以及個人較高的
心智過程，如知覺、記憶、語言使用、問題解決和
如何做決定等，而在不同認知活動中的大腦血流，
以及兒時回憶的測量也是研究的焦點，因此許多心
理學家將認知觀點的心理學視為當今心理學研究的
代表(Gerrig & Zimbardo, 2004)。

圖1-6　孩子如何認識環
境，如何學習及識字是認
知心理學家關注的焦點

　　目前以「訊息處理理論」(information processing)
為認知心理學研究的主流，這個理論將個人心智過
程比擬為電腦一般的運作過程，解釋人類在環境中如何經由感官觀察、注
意、辨識、轉換、記憶等內在心理活動，以吸收並運用知識的歷程。個人認
知程序上包含個人感覺的輸入、編碼、儲存、檢索、解碼、輸出等過程，就
如同電腦處理資訊的歷程，這對於後來實驗認知心理學、人工智慧與認知神
經心理學等研究具有重大的影響（張春興，2005）。主要論點有：

1. 主要關注個人的知覺、記憶、推理和解決問題的心理過程。

2. 透過研究個人的心智歷程才能完全了解個人的行為。

3. 個人心理運作可藉由個人特殊外顯行為加以觀察，但須以內在心智歷程
　 加以解釋。

4. 將心靈比擬成電腦，將個人接受訊息的處理過程以電腦運作過程加以分
　 析。

五、生物觀點

生物觀點的心理學主要探討的焦點在於基因、大腦、神經系統和內分泌系統如何影響個人行為表現。因為人腦中有10兆個以上的神經細胞，許多心理現象或個人體驗都是起源於腦部及神經系統的各種生物化學歷程，因此生物觀點的心理學與腦神經科學密切相關(Gerrig & Zimbardo, 2004)。例如當腦中負責聯繫神經細胞的神經傳導物質(neurotransmitters)與個人情

圖1-7　左腦與右腦有不同的功能，左腦負責人類的理性、邏輯、推理、語言及思考能力；右腦則負責情感、視覺、空間、音樂、舞蹈及繪畫等藝術能力，兩腦透過整合以因應環境變化

緒或行為就有密切關係，如多巴胺分泌不足時，就可能造成人類的憂鬱，至於如果掌管記憶的海馬體(hippocampus)受到創傷，則會使個人喪失短暫記憶的能力。經過多年研究，我們大腦中特地區域與特定行為之間的關係也逐漸受到證實，其中人類的左右腦就具有不同的功能，左半球掌管語文理解，而右半球則掌管視覺空間的關係（曾慧敏、劉約蘭、盧麗鈴，2002）。

心靈加油站

影子人

瑞士認知神經科學家歐雷夫‧布蘭克(Olaf Blanke)發表於「自然」科學雜誌的一篇論文初步説明幻覺與大腦之間的關係，或許可以解開「思覺失調症」(schizophrenia)的奧祕。他的研究團隊在幫助一名22歲的年輕女生進行癲癇症外科檢查時，發現如果以電極刺激大腦左顳葉與頂葉的連接處時，會導致這名女子感覺到有一名影子人站在她身後，但實際根本沒有這個人。當患者抱膝而坐時，這名影子人則從後面抱著她，令她感到相當不愉快。當研究人員要求患者右手拿字卡並加以閱讀時，影子人則會試圖干涉，不讓她去讀。

顳葉與頂葉的連結處在腦神經外科中被認為與個人是否能區別他人與自己，以及與整合自己的知覺有關。當此區域被電流刺激時，個人可能發生知覺統合障礙並產生幻覺，這種幻覺類似思覺失調症的臨床症狀，或許可幫助研究人員探究為何某些人會述說自己被外星人所控制，或被他人迫害的感覺（LiveScience，2006年9月）。

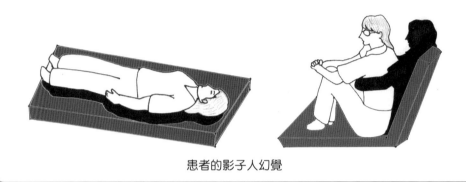

患者的影子人幻覺

六、社會文化觀點

社會文化觀點的心理學主要從文化差異的觀點探討不同民族的行為差異現象及其原因，例如東方文化強調家庭倫理觀念，但西方文化則強調個人英雄主義。因此社會文化觀點的心理學主要著重於分析不同文化及語言對個人感覺、知覺、情緒、成長過程及心理不適等方面的影響 (Gerrig & Zimbardo, 2004)。

圖1-8　文化差異也會反映在禮節上，嗩吶在回教國家屬於迎賓的樂器，但在道教的國家則常用於喪禮儀式中

表1-1　六種心理學觀點之比較

觀點	研究焦點	基本研究主題
心理分析觀點	潛意識及慾望衝突	個人行為是慾望不滿足的表現
行為觀點	特定明顯的行為反應	刺激與行為反應兩者的關係
人本觀點	人類經驗和潛能發揮	個人生活價值與目標
認知觀點	心智運作過程與語言	以行為指標推論個人心智運作過程
生物觀點	大腦、神經及行為的連結	心智運作過程的生物化學基礎
社會文化觀點	跨文化的態度及行為模式	全球或特定文化的生活經驗

資料來源：Gerrig, R. J., & Zimbardo, P. G. (2004). Psychology and life (p.15). New York: Allyn and Bacon.

心靈加油站

進化觀點的心理學

　　進化觀點的心理學誕生於1989年，在近20年內迅速發展，基本上是源於達爾文(Darwin, 1809-1882)的進化論，強調「物競天擇，適者生存」的觀念。進化觀點的心理學認為個體為了適應環境的變化，會透過自然選擇(natural selection)的方式去繁衍後代並傳遞優質基因，以讓物種能持續繁衍，而無法適應環境的物種就會逐漸滅亡。例如：人類的基因內喜歡吃甜食，因為甜食通常具有最高的營養價值，能夠提高人類生存的機會（曾慧敏等，2002）。不過進化心理學的研究焦點主要著重於人類如何生存與繁衍，卻忽略了人類在精神層面方面的探究（焦璇、陳毅文，2004；Gerrig & Zimbardo, 2004）。

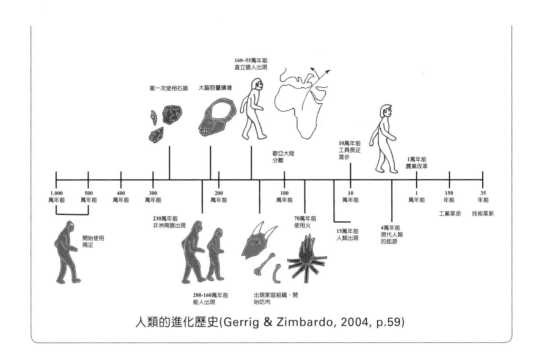

160~55萬年前
直立猿人出現

第一次使用石頭　大腦容量擴增

歐亞大陸
分離

10萬年前
工具長足
進步

1萬年前
農業改革

1,000　500　400　300　200　100　10　1　150　35
萬年前　萬年前　萬年前　萬年前　萬年前　萬年前　萬年前　萬年前　年前　年前

工業革命　技術革新

230萬年前
非洲南猿出現

70萬年前
使用火

15萬年前
人類出現

4萬年前
現代人類
的起源

開始使用
兩足

200-160萬年前
能人出現

出現家庭組織，開
始吃肉

人類的進化歷史(Gerrig & Zimbardo, 2004, p.59)

第四節　心理學的多元取向

　　當代心理學的研究取向除了理論的持續建立與修正外，另一個重點在於將心理學理論應用於社會科學各領域。

一、諮商心理學

　　諮商心理學(counseling psychology)主要是諮商專家應用心理學上的方法與技術，對於環境適應困難的患者提供客觀的資料，給予適當的分析與建議，進而使患者能自我解決困難。

二、教育及學習心理學

　　教育心理學(educational psychology)是應用心理學的理論與研究方法，以探討學生在知識學習、智能發展與品格形成的原理原則，進而建立一套

能有效教學的原理，以改進教師教學的品質。學習心理學(psychology of learning)是研究個人在不同學習環境與學習方法下，語文、動作、技能以及觀念的記憶與遺忘等現象，同時並探討影響個人學習歷程之相關因素，以及解釋導致個人學習行為改變的重要因素為何（施良方，1996）。

心靈加油站

Colifata FM100.1

一般人會排斥身心失調患者，無法了解這些患者的心理感受，阿根廷則有一家精神病院為了讓社會大眾了解精神病患的心聲，開辦了一家名為Colifata FM100.1的廣播電台，由病患擔任DJ、唱歌、表達看法及跳舞，並自由彈性安排節目內容，讓這些身心失調患者可以透過廣播對世界說出心中感想。實施結果無論是聽眾或病患的反應皆相當好，電台廣播讓這些病患可以在另一個世界中打開內心枷鎖，也找到與外在世界溝通的機會，甚至有病患因為這項措施，願意在此精神病院終其一生（TVBS，2007年1月）。

三、社會及人格心理學

社會心理學(social psychology)主要探討個人在社會環境中的想法、情感與行為，以及影響其社會行為的原因為何，如同儕壓力、人際知覺、態度與行為、群眾行為、人際吸引與衝突、利社會與反社會行為等（趙居蓮，1995）。人格心理學(personality psychology)主要探討個人的人格發展過程與人格組成結構，以及探討影響人格發展的先天遺傳或後天環境等因素。例如有研究即證實兄弟間排行與個性有關，長子通常在父母及親人期待下出生，通常比較受寵，也因此容易形成權威與支配他人的個性。次子通常並非眾人注目的焦點，可能比長子發展出更卓越的才能，但也會有對抗長子的意識及權力。老么通常較受父母及兄長疼愛，且因最小，常被當成最弱者撫育，因此自律性可能稍差，至於獨子的依賴心可能高於一般人（陳博南，2005）。

破窗效應 (Broken windows theory)

　　由威爾遜(Wilson)及凱林(Kelling)於1982年提出，主要說明環境中的敗壞事件如果不被立刻處理，而放任其存在，其他人們就會視為理所當然，讓它繼續敗壞下去。典型的案例就是如果房子的窗戶被人砸破，卻沒有及時修補，不久後房子其他窗戶也會莫名其妙被人打破，最終這房子甚至會被人闖入、佔領或縱火(Wilson & Kelling, 1982)。如果在一個乾淨的街道，人們會不好意思亂丟垃圾，但一旦地上出現垃圾卻沒人處理，其他人就會毫不猶豫地亂丟垃圾，也不會覺得羞愧。至於高速公路經常發生塞車，只要有一台車違規行駛路肩，這行為即扮演破窗效應中第一個打破窗子的角色，之後就會有許多車子接連開上路肩。

不可分割的雙胞胎

　　美國科學家以一對雙胞胎為研究對象，理論上這對雙胞胎具有相同的基因，其中一位在出生6個月後即由一個幸福健全的家庭所收養，另一位則經過數年後才由一位單親媽媽領養，但小時候卻居無定所且不斷轉學，經歷不少生活壓力事件，不過在經過24年後的追蹤研究後竟然發現這名孩子並沒有變的悲觀，反而和另外一位兄弟一樣樂觀開朗。美國專家認為無論個人財富多寡、宗教信仰或健康狀況如何，80％的人在出生前就已經由基因決定您是否是個樂觀的人。不過專家也提醒並非先天沒有快樂基因的人，以後就一定會變得悲觀，只要每天保持愉快的心情，學習以正向觀點觀看事情，才是擁有快樂的不二法門（ETtoday，2006年12月）。

四、發展心理學

　　發展心理學(developmental psychology)是研究人類從受孕到死亡過程中，個人在生理、認知、人格、社會與情緒成長變化的一門科學，並進而探討人類發展的共同模式與個別差異的原因（張春興，2005）。

五、工商及消費者心理學

　　工商心理學(industrial and organizational psychology)主要是運用心理學的知識與技術去解決工商生產活動中人員心理與行為的問題，如員工的招募與訓練、績效評估與薪資福利、公司人力維持、工廠環境改善研究、勞工的動機與情緒、勞工運動與勞資關係等議題。消費者心理學(consumer psychology)是探討商業活動中，業者如何應用心理學原理以設計物品的銷售方案，以及研究消費者的慾望、需求與動機，進而提升消費者的購買慾望，以提高物品的銷售量（林財丁，1995）。如大賣場的商品經常以99元的價位標價，而不用100元標價，目的就在於這會讓消費者產生一種便宜很多的錯覺，如此可換來較高的銷售量。

六、醫學及法律心理學

　　醫學心理學(medical psychology)主要探討心理因素對於個人在疾病治療與身體復健中所扮演的角色，以及探討醫護人員與病人互動時的心理活動，如此能讓病患對治療與休養的環境感覺到溫馨，對醫院的醫療技術覺得有信心，縮短身體康復時間。法律心理學(forensic psychology)主要探討的焦點在立法問題、刑事犯罪與訴訟、社會治安管理、法令宣傳、服刑再教育及監獄管理等議題。至於犯罪者的心理

圖1-9　目前越來越多的醫院布置的像家一樣的溫暖，甚至放置維尼熊或泰迪熊，這些都可以減少兒童看病時的恐懼感

或精神狀態目前普遍為法官在司法審判，或是在律師與涉案人員答辯過程中運用，這也是法官量刑輕重的重要依據之一。

德國食人魔

德國有名食人魔麥維斯(Armin Meiwes)是名收入豐厚的工程師，長相斯文風度翩翩，從小幻想將人吃進肚子裡，2001年透過網路徵求被吃的自願者，後來有名男子布蘭迪率先回應並同意被開腸剖肚，之後麥維斯割下並烹煮布蘭迪的生殖器，兩人共同享用，但三小時後布蘭迪因痛苦且失血過多，麥維斯於是結束他的性命並加以分屍，將人肉放置冰箱每天進食。犯罪心理學家發現，麥維斯從小父母離異，童年非常孤獨，19歲母親過世造成嚴重心理創傷，於是足不出戶，整天沉迷於網路，開始在自家頂樓設置人體屠宰場，並上網路上徵求願意被殺或被吃的自願者。2006年麥維斯因謀殺罪被判終身監禁，必須一輩子坐牢，只是坐牢後，這名食人魔卻開始吃素，這個案的心理分析也成為犯罪心理學教材之一。

學習心理學的出路

目前全球有500,000名以上的心理學家，其中33.6%從事私人工作，如諮商師或心理醫生；28.0%從事學術研究；19.4%在醫院從事臨床工作；8.5%從事其他工作；6.3%在工商業界服務；4.2%在學校或教育單位服務(Gerrig & Zimbardo, 2004; Santrock, 1999)。

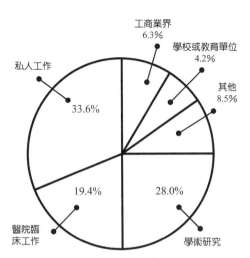

圖1-10 心理學家的職業屬性(Gerrig & Zimbardo, 2004, p.18)

▶ 表1-2 心理學各領域的研究問題及諮詢對象

研究問題	誰可以回答
人們如何有效處理每天所面對的問題？	諮商心理學家
老師如何處理偏差行為的學生？	教育心理學家
如何透過技巧訓練以提高學業成就？	學習心理學家
什麼因素造成個人特質差異？	人格心理學家
如何適應群體生活？	社會心理學家
什麼原因使嬰兒認識這個世界？	發展心理學家
為什麼工作使我感到憂鬱？	工商心理學家
如何說服消費者購買產品？	消費者心理學家
如何加速病患復原時程？	醫學心理學家
如何提高部隊士氣？	軍事心理學家
犯人犯罪的動機及精神狀況為何？	法律心理學家
為何我總是每次在重要的比賽都會失常？	運動心理學家

重點整理

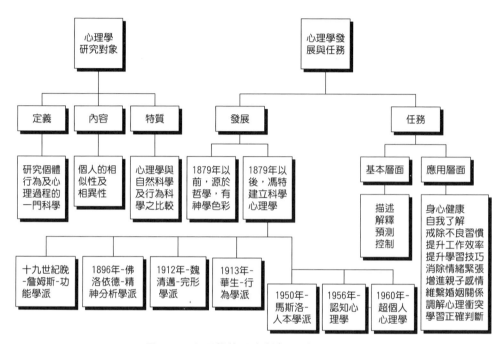

圖1-11　心理學的研究對象、發展與任務

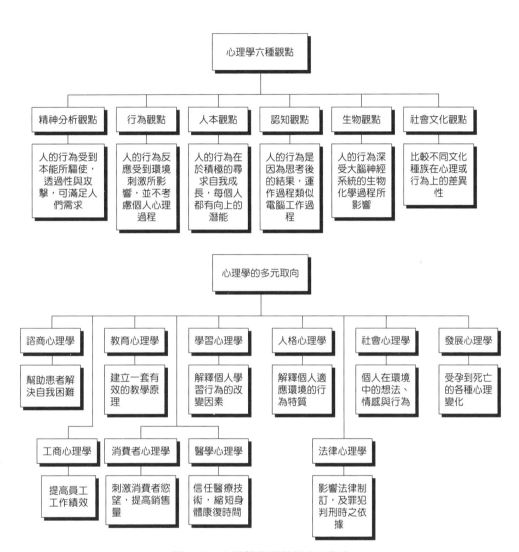

圖1-12　心理學的觀點與多元取向

🌱 課後活動

　　大腦體操源於1969年，由丹尼生博士(Dennison)結合運動機能學、東方醫學、瑜伽及神經語言程式綜合而成，目的在適度的透過刺激大腦，以減少思緒混亂、促進手眼協調及提升學習信心。現在，讓我們一起做大腦體操，為大腦充充電（李開閩譯，2005）！

1. 跨中線運動—這能加速左右腦之間訊息的傳遞，讓大腦運作更和諧。

(1) 在心中想像一個大「乂」的圖像。

(2) 交叉動作：當右手向左邊甩時，左腳向右踢，然後將左手向右邊甩時，右腳向左踢，重複數次（如圖A）；其次，右手向後摸左腳跟，然後再用左手向後摸右腳跟（如圖B）；最後，右手肘碰左膝蓋，左手肘碰右膝蓋。

(3) 懶惰8：先用慣用手（通常為右手）在空中畫一個「橫8」，再用非慣用手畫一個「橫8」，最後雙手一起畫二個「橫8」（兩手方向須相反）（如圖C）。

2. 伸展運動─這能讓大腦以正向的態度進行思考。

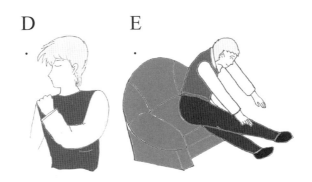

(1) 貓頭鷹：先以單手用力抓緊一邊肩膀，再將頭轉向那一邊並向後看，同時深呼吸。頭回正時輕鬆吐氣，然後換邊做，再重複做數次（如圖D）。

(2) 重力滑掌向下：兩腳踝先交叉，身體前彎，雙手盡量向前伸展並吐氣，手臂抬起時再吸氣。分別在自己的左方、右方及中間等方向各做一次。腳踝交叉後再重複上述動作（如圖E）。

3. 強化態度─這能讓我們快速調整心情。

(1) 庫氏掛勾：先將左腳踝放在右腳踝上，再將左手腕（兩手背朝外）交叉放在右手腕上，之後兩手反握讓十指交錯相扣，再將兩手由外朝內的方式向上翻轉，之後拉回胸前（如圖F）。以這種姿勢坐1分鐘，做深呼吸，之後再做第二式。雙腳平放於地，兩手指間相觸，再深呼吸1分鐘（如圖G）。

(2) 正向觸點：心情放輕鬆，以雙手指按壓眼睛上方，介於髮線與眉毛之間的兩側前額部分，壓的力量不需太大，約1分鐘（如圖H）。

Chapter 02 感覺與知覺

本章大綱

前言

我們對於外在世界的經驗，需要經過一連串的過程，才能在心智上產生作用，有了這個過程，我們才得與外在有了溝通，產生經驗與學習，更進一步產生知識，而這個歷程的初始階段，牽涉到生理的部分，也包括了心理的部分。像我們認出了某個人，產生對他的印象，這個過程是極其複雜的，包括了刺激、感覺受器、神經傳導、大腦皮質的運作、人臉的辨識、記憶的再認、社會脈絡的影響等。心理學作為一門了解人類心理歷程的科學，是綜合了許多領域的知識而發展起來的，這一章所談到的部分與「知覺心理學」和「認知心理學」有關，特別是心理物理學(psychophysics)這個領域，它曾經在心理學史的發展中扮演過重要的角色。第一節我們要說明感覺的基本歷程，我們會簡單介紹視覺、聽覺、嗅覺、味覺、膚覺等感覺系

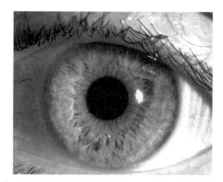

我們是透過感覺系統來瞭解這個世界的

人對外在世界的知覺並不等同於真實的物理世界

統，以及這些感覺系統所共有的一些心理學上的意義。第二節，我們要介紹知覺的基本歷程，包括它的幾個組織原則，如何影響了完形心理學的發展。第三節則討論影響知覺的幾個因素。

第一節 感覺的基本歷程

一、感覺與知覺的差異

人感知外在世界的歷程，可分為「感覺」(sensation)和「知覺」(perception)兩個階段。在心理學中，使用「感覺」這個詞，與我們口語中的「感覺」是不太一樣的，一般我們所說的感覺，常指稱對某事有了感受，或者我們對某件事物的想法，像我們會說「我對那個女生有了感覺」、「我感覺到有點難過」。但是在心理學裡，「感覺」指的是，刺激透過感官系統到達大腦，以獲得刺激的初級階段；而「知覺」則是較高的大腦皮層的處理階段。這樣的區分是有其意義的：在感覺階段，我們僅能感受到刺激的簡單物理特徵和強度，像我們看到某個東西是黃色的、看起來像月亮、有水果的氣味；而在知覺階段，我們則能對感覺的內容加以統整並

圖2-1 你要能夠看出這是花，必須經過感覺和知覺兩個過程

圖2-2 這是一隻狗，你看出來了嗎？將這些斑點組合成「狗」的過程就是知覺

加以解釋，而使原來的刺激成為有意義的訊息。像前面所指的東西，在知覺層次，我們「知覺」出那是一個香蕉。再舉一個例，圖2-2在感覺階段時，我們所看到的是幾個黑色的色塊；但當我們認出這是「一隻狗」時，這就涉及到知覺的階段了。

二、感覺閾與差異閾

　　並非所有的刺激均能引發感覺經驗，外界刺激的物理量必須超過某個最小值，才能被人類的感覺器官所感知，這個最小值我們稱之為「感覺閾」(sensory threshold)。表2-1說明了人類幾種重要感覺系統的感覺閾。

> 表2-1　人類重要感覺系統的感覺閾(Baron, 1989)

感覺類別	感覺閾值
視覺	晴朗的暗夜裡，可以看到48公里外的燭光
聽覺	靜室內可以聽到7公尺外，錶的嘀噠聲
味覺	兩加侖水中加一茶匙糖可以辨出甜味
嗅覺	一滴香水可使香味擴散至三個房間的公寓
觸覺	一片蜜蜂翅膀從1公分處落在面頰上可覺察其存在

　　上述的感覺閾，是指引起感覺經驗所需要的最低強度，而使人察覺兩個不同刺激的物理能量有所不同，這個所需要的最低刺激強度差異值，就稱之為「差異閾」(difference threshold)。例如：要你分辨一顆西瓜和一顆蘋果，這是很容易的事，因為它們之間的重量差別很大，遠超過你對重量感覺的差異閾，但要你分辨重量接近的蘋果和梨子，就不是件容易的事。

圖2-3　有經驗的品酒師，可以從酒氣味的細微不同，就分辨出酒的年份和產地

　　感覺閾和差異閾是因人而異的，對於音樂家可以分辨細微音調的不同、品酒師可以分別不同年份不同產地葡萄酒的差別、美食家可以察覺食物中很難辨認的味道，雖然一般人的感覺閾和差異閾並不會有很大的不同，但這種感受能力是可以隨著經驗被培

圖2-4　指揮家多有絕對音感，可以察覺音高的細微不同

養的，使我們對這個世界有更豐富的感覺。同時，因為有了心理學家對這些感官的心理物理測量，可以提供工業設計者，作為許多生活上應用，像是音響、眼鏡等的設計。例如：家中音響上音量旋鈕的刻度，不是依照物理強度（如電流大小）制定的，而是依照人對聽覺的差異閾來決定的。

三、感覺適應

　　一個人的感覺閾或是差異閾，常不是固定不變的，當某種刺激持續一陣子時，常會使得人的感受能力下降，也就是感覺閾或差異閾變大。像我們常說「入芝蘭之室，久而不聞其香；入鮑魚之肆，久而不聞其臭」，就是一個很好的例子。在刺激持久的狀態下，使得個體感覺敏銳度下降的情形，就稱之為「感覺適應」(sensory

圖2-5　剛下池游泳會覺得冷，但一會兒就不冷了，這是感覺適應的結果

adaptation)。感覺適應的情形，在我們的日常生活裡時時可見，像你剛下水游泳會覺得水溫很冷，但不要多久的時間就能適應水溫，而不會覺得冷；被刀子割到手，剛開始會覺得很痛，但過一會兒痛覺適應，就不覺得那麼痛了；到速食店唸書，剛開始覺得太吵，但一會兒適應，就不覺得那麼明顯了。這些感覺適應的例子很多，它可以減輕我們的負擔，不用一直受到這個

訊息的影響，可以專注在某個事情上；但是也有個缺點，它會使人喪失警覺性，而遭遇到不可知的危險，例如，如果溫度緩慢上升，鍋子裡的青蛙會因為溫度適應的關係，不會燙到跳出來而被煮熟。

四、感覺系統

人的感覺有好幾種，眼睛的視覺、耳朵的聽覺、鼻子的嗅覺、舌頭的味覺、皮膚的膚覺等都屬之，不同的感覺系統針對不同的刺激進行反應，具有不同的特性：

（一）視　覺

視覺是我們最重要的感覺系統，我們從視覺獲得的訊息遠比從其他感官所獲得的多，對其依賴度也最高，想像如果你失去視力，對你的影響有多大。

眼睛的構造

光線穿過我們的眼球要成像，需經過角膜、瞳孔和水晶體，投影於眼球後方的視網膜上。為了使影像在網膜上的對焦，不會太近，也不會太遠，必須要用控制水晶體的小肌肉，來調整水晶體的形狀，以形成良好的影像。瞳

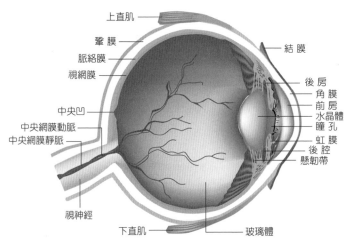

圖2-6　眼睛的構造圖及成像

孔的作用是控制進入眼睛光量的多少,它和照相機的光圈有著相似的功能。在較暗的環境裡,瞳孔會放大;在較亮的環境裡,瞳孔會縮小。同時,瞳孔的大小和人的情緒狀態也是有關聯的,人在興奮時,受到交感神經的作用,瞳孔也會有放大的情形。

　　視網膜上有兩種對光反應的細胞:桿狀細胞(rod cells)和錐狀細胞(cone cells),受到光照後,這兩種細胞能將光能轉變成為脈衝訊號,透過神經而傳到大腦。錐狀細胞對有色光和強光有反應,大部分分布在中央窩附近,對弱光較有反應的桿狀細胞,則大部分分布在網膜的外側。這兩種細胞對光反應的範圍是不同的,例如:平常的日光燈並不是恆亮的,它每秒閃動60次,但錐狀細胞分別不出這個差異,但假如你用眼角來斜視日光燈,就會發現日光燈閃爍的現象。錐狀細胞可以幫助我們分別事物的細節、顏色的差異,但在較暗的環境裡,桿狀細胞對光反而是較敏感的。

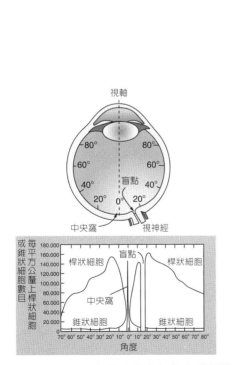

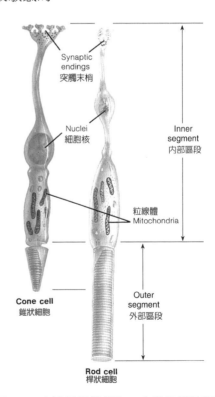

圖2-7　這是桿狀細胞和錐狀細胞在視網膜上分布的情形

圖2-8　右邊是桿狀細胞,左邊是錐狀細胞

心靈加油站

你知道桿狀細胞可以這樣用嗎？

　　你知道星象學家是怎麼看星星的嗎？斜眼看的。不要懷疑，真的是這樣的！當人類還沒有發明望遠鏡時，星象學家早就發現用眼角的餘光，可以看到更多的星星，特別是那些亮度不是很明顯的星星。現在，你學過心理學後，知道這是因為桿狀細胞和錐狀細胞不同功能所

造成的，桿狀細胞在微光下較容易作用，但它多分布在視網膜的周圍，所以要用眼角的餘光，才能讓光線落在桿狀細胞上，讓它發揮作用。你也許會有另一個經驗，在天氣很好的山上看星星，眼角常會看到流星劃過，但是正眼就很難瞧見流星，這也和桿狀細胞有關，其實平常就有很多隕石掉落地球，形成流星，但是它的亮度不夠，所以正眼看時，落在錐狀細胞太微弱，無法使其發揮作用，只有用斜眼看時，才能使桿狀細胞產生作用。下次去看星星時，想要看到更多、更清楚的星星時，或想比別人早一步看到流星時，知道該怎麼辦了吧！

視覺現象

1. 盲點

　　雖然視網膜上有許多的桿狀和錐狀細胞，但眼球上的某一點卻無視網膜細胞，這就是「盲點」(blind spot)，這是血管和神經傳出的地方，對光線是沒有作用的。

真的有盲點的存在嗎？

　　如果有盲點的存在，為什麼你沒有發現呢？想證明它的存在嗎？請利用下圖來試試：

　　請閉上右眼，用左眼注視著圖中的十字，將書本在距離30公分左右來回移動，你是不是發現在某個時候，左邊的黑點突然不見了，這就是因為黑點的影像投射在盲點上所造成的。假如有盲點的存在，為什麼你平常都不會覺得視野裡有個黑點呢？我們用下圖來說明。

　　請用與上面相同的方式來看上圖，你是不是覺得原本斷掉的線突然連在一起了，這是因為我們的大腦「以為」是盲點造成斷線的現象，而自動以附近的訊息來對這個缺陷進行修正，所以反而使斷線變成連續的線了。你看人的視覺機制是不是很奇妙呢！

2. 後像

　　有時，視覺刺激消失後，但我們仍然會「看到」與原來刺激相似的影像，這是視覺後像(afterimage)所造成的影像暫留現象。視覺後像可分成正後像和負後像。正後像是暫留的影像與原刺激的色彩、亮度都相似，例如：當你一直注視日光燈一陣子，閉上眼睛後，會看到又有一個日光燈的影像出

現，這就是正後像；負後像則是影像與原刺激相反，顏色互補，例如：你一直注視圖2-9的燈泡20秒，再移到白紙上，即會見到一個發光的燈泡，這就是負後像。

3. 視覺暫留

　　在視網膜上所形成的影像，不論物體是否仍留在原處，這個影像會維持1/16

圖2-9　一直注視這個燈泡20秒以上，不能眨眼，再移到空白的紙上，你看到什麼呢？

秒鐘，過了這個時間，影像會自動消失，這種現象叫做視覺暫留。電影、動畫都是利用我們眼睛視覺暫留的特性而設計的。另外，雨點落下看起來像直線，也是這個道理。

4. 視覺適應

　　前面我們說過，感覺系統會有感覺適應的現象，視覺系統也不例外，我們對視覺的敏感度，會因光線變化，而產生調節的作用，這就是視覺適應。當你離開一個光亮的地方，進入一個黑暗的地方，像電影院，我們對光的敏感度很低，所以一時很難找到自己的座位，但經過一段時間適應，就能看清楚了。視覺適應也可能發生在相反的情況，當你剛離開電影院，會

圖2-10　進入黑暗的房間，要一段時間才能看清楚四周的東西，這就是視覺適應

覺得外面的光線怎麼那麼亮，看不清眼前的景像，必須瞇著眼睛，但過一會兒，就不覺得那麼刺眼了，而看清楚東西了。這兩個情況都是視覺適應的現象。

（二）聽　覺

　　視覺的特性在於，光線是直行前進的，若遇到了阻礙，便無法被看到，我們人類大約可以看到左右各150度的視野範圍，但聽覺正好可以彌補這個

特性，只要聲音的強度夠，無論刺激從哪裡來，我們都可以聽到。但與光線相同的是，我們也只能接受一定頻率範圍的聲音，大約是20~ 20,000赫茲頻率的聲音，而其他動物，如狗或貓則可聽到更大範圍的聲音。

1. 耳朵的構造

耳朵主要由三個部分所構成：外耳、中耳、內耳（圖2-11）。外耳就是我們的耳廓部分，它可以蒐集空氣中的聲波振動，而引起鼓膜的振動。中耳有三塊小聽骨，這三塊小骨頭可以傳送及放大鼓膜的振動，並將訊息傳到內耳的耳蝸。內耳的耳蝸是個像蝸牛的組織，其中充滿了液體，三塊小聽骨傳來的振動，會使耳蝸中的液體隨之產生流動，並造成管內的聽毛細胞彎曲，轉換成為神經衝動，並透過神經傳導到大腦的聽覺皮質區。

2. 聽力障礙

有許多的方法會破壞聽覺系統的機制。當中最容易受傷的，當屬耳膜，像打耳光、氣壓突然的改變（潛水、爆炸、氣溫劇烈的變化等），都可能使

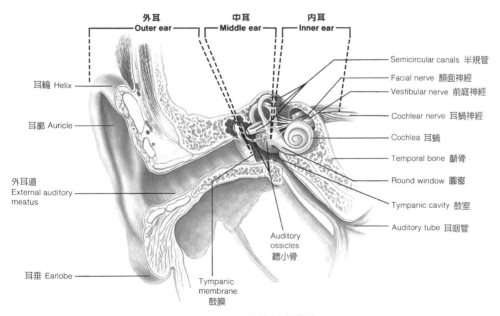

圖2-11　耳朵的基本構造

耳膜受到永久的傷害，目前已經可以用外科手術加以修復，但仍無法完整的復原。

　　暴露於非常強的聲音中，會使耳蝸中的聽毛細胞受損，因為不同的聽毛細胞只對某個頻率的聲音作反應，所以會受到損害的只是某個音調範圍的聽力，還能保有其他的聽力。目前可以利用特殊的助聽器來增強頻率的聲音，而達到恢復聽力的作用。隨著年紀的增加，聽毛細胞會受到退化的影響，特別是高頻音的部分，助聽器的設計就是擴大了較高頻率的聲音，而使許多老人也能恢復正常的聽力。

（三）嗅　覺

　　呼吸總是成雙成對的，只有兩次例外—出生和死亡。每一次我們呼吸，就把許多的氣體分子帶到我們的嗅覺器官裡，使我們產生了關於氣味的感覺。嗅覺的接受器在兩個鼻腔的深處，埋於鼻腔的上皮黏膜細胞裡，只露出像觸手般的嗅毛，樣子有點像是珊瑚礁上的海葵（圖2-12）。正因為它位於鼻腔的深處，所以每當我們要仔細聞某個氣味時，都會不自主地深吸一口氣，以使氣體分子能充分進入鼻腔，被嗅覺的接受器所感應。

　　要被嗅覺所覺察，必須要形成氣體分子，才能被我們所聞到，像我們日常生活裡常見的許多物體，包括石頭、玻璃、銅鐵等，在室溫下並不會蒸發，因此嗅不到氣味。在太空中，因為失去重力，分子無法揮發，氣體分子

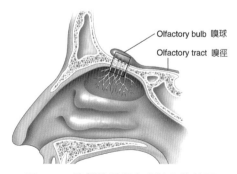

圖2-12　嗅覺接受器在鼻腔內的位置

圖2-13　食物之所以好吃主要是來自於嗅覺

無法進入鼻腔，使得太空人會失去嗅覺，所以太空食物是嚐起來沒什麼味道的。食物的味道大半來自於其氣味，氣體的分子有千百萬種，我們可以辨認的氣味有千種以上，而我們能嚐出的味道卻只有四種。當我們在吃好吃的食物時，想要品嚐它的味道時，就會充分地咀嚼、深深吐氣，以使口中的氣味散布至嗅覺細胞，使我們更容易得到它的味道。因此，有些人甚至宣稱酒也不過是一種香氣濃郁的液體，它嚐起來其實沒有什麼味道。

嗅覺是個原始的感覺系統，它是充滿訊息的符號，對昆蟲和動物而言，它可以是溝通的方式（如螞蟻）、可以是防禦的利器（如鼬鼠）、可以是維持領域的標記（如狗）、也可以是生殖的號角（許多昆蟲或動物利用在空氣中散布自己的氣味，以使幾公里外的異性得以察覺）。對於人而言，它也一直與我們的情緒和性有很強的關聯，在生理上，我們可以發現它和掌管情緒和運動的邊緣系統，以及下視丘、腦下垂體和性腺間有緊密的連結。所以當流行情歌唱著懷念情人的襪子和菸草的味道，這就一點也不奇怪了；而香水，一直是廣告商用來宣傳，增加性魅力最好的一種物品。

圖2-14　公羊在幾公里外憑著嗅覺就可以發現發情的母羊

心靈加油站

為什麼手帕交的月經會同時來？

　　心理學家發現，住在宿舍的女孩或是較親密的手帕交，月經來的時間常有同步的現象，這個因為人的體味透露著生理上的訊息，而使得經期產生了同步。心理學家George Preti(1986)曾做過一個實驗，他讓十名女性定期在鼻下塗抹其他女性的汗液，3個月後，這些女性的月經期和她們所

聞汗液的女性相同，另一組對照塗抹的則是酒精，卻沒有這個情形。因此，嗅覺並不是個退化的器官，它常在各個我們沒有察覺到的地方影響著我們。

（四）味　覺

　　平常我們所說的味覺，其實包含了其他感覺訊息（顏色、質感、溫度、氣味等），才得到複合的反應，這裡所指的味覺是物理刺激作用於舌中感覺器官所產生的感覺。味覺主要有四種基本性質：甜、酸、鹹、苦，所有的味道都由這四種味道所調合而成（圖2-15），其接受器是味蕾，舌尖的味蕾對甜較有反應、舌根對苦較有反應、舌前兩側是鹹，舌邊緣是酸。味蕾會恆常地死亡，並進行替換，如果你被熱咖啡傷了味蕾而暫時失去了某些味覺，通常經過7天之後，新的味蕾就會生成，並恢復味覺。

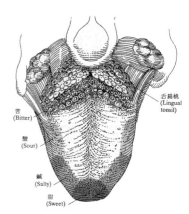

圖2-15　四種味覺的分布

（五）膚　覺

　　人體的皮膚覆蓋了絕大部分的身體，它提供了人體保護的功用，也提供與外界接觸的機會。皮膚內有幾種不同的受器，它提供了不同感覺的來源，包括觸覺、冷熱的感覺和痛覺。

1. 觸覺是皮膚表面承受物體壓力或觸及某物的感覺，身體不同部分的觸覺受器分布差異很大，像活動較頻繁的手指、嘴唇等，觸覺的敏感度較高，而背部、腹部的部分，敏感度則較差。

2. 冷、熱有不同的感應器，熱的感受器在皮下較深之處，數量也較少，所以，我們對於冷的改變較敏感，通常外界的溫度較皮膚溫度低0.15℃，我們就能察覺，而外在溫度要高於皮膚溫度0.4℃，才能被察覺。這樣的

差異可能是演化而來的，失溫的危險對於溫血動物的我們，是較為重要的，所以才使冷覺較為敏感。

3. 痛覺不同於其他的感覺，每一種感覺都有自己的接受器，但是痛覺並沒有，當皮膚、肌肉、關節、內臟受到傷害時，就會引發神經末梢的反應，而產生痛的感覺。另一個不同是，痛覺的適應現象很難發生，雖然利用一些方式來轉移注意力，可以暫時忘卻痛的感覺，但是痛覺的訊息會持續一直出現，這具有生物學上的意義，避免個體警覺意識不足，而造成危險。

第二節　知覺的基本歷程

我們在日常生活中，無時無刻都在接受著大量的訊息，看到五顏六色的影響、聽到各種聲調的聲音、聞到各式各樣的氣味、嚐到不同的食物、觸摸到各種物品，這些豐富而複雜的訊息，如果不經過處理與整合，對我們而言，只不過是分離而片段的訊息，只能算是無用的訊息。知覺就是對感覺系統而來的不同訊息加以整合與處理，以產生有意義的資訊。例如：我們對香蕉的認識，是觀察它的顏色、形狀，感受到其水果香氣，甚至觸摸其表面的光滑程度，品嚐其味道，才構成我們對於香蕉這個水果的認識，這個整合的過程就是知覺。在這一節，我們要討論知覺的特性。

一、知覺的選擇性

每天作用於感覺器官的訊息，是何其多，請仔細觀察一下，此刻當你在讀這本書時，你的感官接受到多少的訊息：文字的影像、手握書本的觸感、身體靠在椅子上的感覺、眼睛疲累的痠痛、收音機傳來的音樂、房間裡各式各樣物品（衣櫃、牆壁、鬧鐘、筆、偶像照片等）的影像、冷氣機呼呼的響聲、桌前薰衣草的香味、口中殘留之前吃粽子的味道等，你可以發現僅是此

刻，就有無數的訊息一直被你的感覺系統
所接收，那為什麼你沒有察覺呢？這是因
為我們人的注意(attention)是有限的，我
們所接受的訊息雖是無限的，但這遠超過
我們認知系統所能處理的，故我們只會選
擇性地處理接受到的訊息，而壓抑了其他
的訊息，這稱之為「知覺的選擇性」。就
像你在念書時，如果很專心，你只會注意
到課本上的文字，而收音機的音樂、冷氣
機的聲音、肚子餓的感覺等訊息，就不會
那麼容易被你注意到了。

圖2-16　隨時隨地都有許多的訊息被
感覺系統所捕捉

　　雖然我們能夠依據自己的興趣和動
機，選擇自己要知覺的目標，當外界的刺
激很明顯或是非常熟悉的訊息出現時，不
管我們當時所接受到的訊息是什麼，我們
都會馬上不由自主地將注意力轉移到該
刺激上，這個無法被抑制而自動喚起的

圖2-17　在棒球場上雖然聲音很吵，
但你仍然可以聽清楚隔壁說話的聲
音，是因為知覺選擇性的緣故

知覺現象，我們稱之為「知覺的自動化」(automaticity)(Schneider & Shiffrin,
1977)。例如：當你在pub和朋友聊天時，因為知覺選擇性的緣故，你不會特
別注意到別人在說什麼，只會注意與朋友對話的內容，可是當附近有人說到
你認識的人的名字，你卻可以馬上留意到；可是若那說的是與你完全無關聯
的名字，你卻不會注意到。另外，假如一個很帥的男生，從你眼角餘光中出
現，雖然只是一瞥，你的注意力可能也馬上被吸引過去，這些都是知覺自動
化的例子。

二、知覺的組織性

　　對於眾多的訊息，我們要依據什麼規則來將其組織成有意義的單位呢？前面我們提過完形心理學，它就嘗試說明人對於認知的整體性是如何構成的，我們稱之為「完形組織原則」(gestalt organization principles)。底下我們將介紹他們研究出來的幾個重要原則，它們分別是：接近律、相似律、封閉律、連續律和圖像—背景組織原則(figure-ground principles)。以下我們利用圖形來說明這些組織原則。

1. 接近律：這是指我們傾向於把較為靠近的訊息組織在一起。像在圖中，同樣是十六個黑點，但我們傾向於把圖A看成四條直線，而把圖B看成是四條橫條。

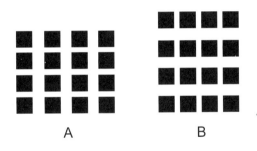

A　　　　　　　　B

2. 相似律：我們傾向於把相似的訊息組織在一起，而把其看為整體。在下圖中，都是小白點和小黑點，我們傾向於把小黑點看成一個整體，因此知覺到英文字的H。

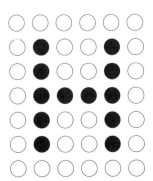

3. 封閉律：我們傾向於把可以圍繞成封閉圖形的線段，組織成為一個集合。像下面的圖，因為封閉律的關係，你就較難看出下圖它其實是一個英文單字的鏡射。

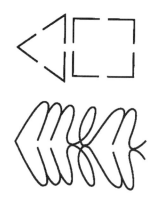

猜猜看左圖是哪一個英文
單字呢？(Kohler, 1982)

4. 連續律：我們傾向於把平滑且連續的圖形組織成為一個整體。在圖中，我們會傾向於把曲線視為連續的，只是被正方形波擋住了，而不是斷裂的。

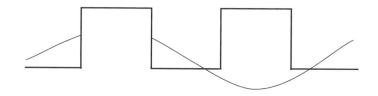

5. 圖像－背景組織原則：這個組織原則就是從背景中知覺出事物（圖像）的傾向，我們在知覺的過程中，傾向於把某些部分當作是背景的框架，而把某些部分當作是主體，例如：圖2-18(a)中，一般人大部分都會把這個圖形看作是一個白色的正方形疊在四個黑色的圓圈上，也就是我們傾向把四個黑色的圓圈當作是背景，而把白色的正方形當作是圖像。這種知覺組織的傾向是自動的，而且我們幾乎不會注意到它的存在。

　　有時，一個圖形有兩種知覺的方式，這類的圖形稱之為可逆的圖形 (reversible figure)。像圖2-18(b)，我們以為看到兩個對看的人臉，但有

時，我們又會看到一個白色的燭台，這就是圖像—背景組織原則作用的結果。如果我們把白色的部分當作背景，那我們就會看出黑色兩個人的側臉；如果我們把黑色的部分當作是背景，那就可看出白色燭台的圖像了。圖2-19~2-22也是可逆的圖形，各有兩個圖像，你發現當中的奧祕了嗎？

(a)　　　　　　　　　　　(b)

圖2-18　可逆圖形

圖2-19　請問你看到的是幾歲的女生呢？
(Hill, 1915)

圖2-20　請問圖片裡一共有幾個女孩呢？

圖2-21　你看到什麼人呢？

圖2-22　請問你看到哪個民族的人呢？

三、知覺的恆常性

　　當我們看著某個人遠去時，他在我們的視網膜所形成的影像會同時也變小，但是我們知道人影變小，是因為距離變遠的緣故，而不是他突然間縮小所造成，這種不因距離、光線、角度的改變，而對該物體保持相同知覺的作用，就是「知覺的恆常性」(perceptual constancy)。

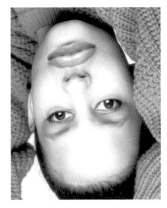

圖2-23　你有沒有覺得這個女孩怪怪的，但哪裡長得奇怪呢？

　　這種知覺的恆常性，有對大小的恆常（例如：當一個人走遠，我們不因視網膜上的影像變小，而改變對人大小的知覺）、有對形狀的恆常性（例如：開一扇門時，不會因為門的形狀改變，仍然知覺其為長方形）、有對顏色的恆常性（例如：一顆蘋果拿到很暗的室內，雖然在視網膜上形成的顏色改變了，但你仍然會知覺為紅色）、有方向的恆常性（例如：圖2-23的女孩看起來很正常，但是請把書本倒過來，有沒有發現長相差很多，這就是方向恆常性的作用）。

心靈加油站

數位相機也有知覺的恆常性—白平衡

　　在不同的光線下，我們實際感覺到的光線是不一樣的，像在鎢絲燈燈泡下，物體的顏色會偏暖色調，而在日光燈下，顏色則會偏冷色調。當我們看到一個人從室外走進有日光燈的屋子裡，再坐到有燈泡的書桌前，雖然皮膚的顏色因為光線的關係實際上有了改變，但是我們對皮膚顏色的知覺仍然相同，這就是顏色的恆常性作用。這種恆常性的功能，有些數位相機也採用，稱之為白平衡的功能，它利用校正的方式，對成像進行色彩調整，

使得在不同光線照射的物體，更接近自然光線下的情形。利用這個功能，相機照出來的人像，看起來會比較自然，不會因為色差的關係，變成青面獠牙或是紅過了頭，而和眼睛看到的差距太多。下次使用數位相機，不要忘記利用白平衡功能，照出來的相片才會美美又水水。

四、錯　覺

　　知覺的組織性和恆常性可以幫助我們去認識外在的世界，形成有意義而恆常的整體，這個過程是自動化的，並不會被我們所意識到，我們也無法用意識去進行控制。一般來說這種對知覺的調整機制，大部分的情形是正確的，但是在有些情形下，反而產生過度補償的效果，這就是我們常聽到的「錯覺」(illusion)現象。人類很早就發現了這種錯覺現象，早在我們春秋戰國時期，荀子就曾分析過許多錯覺的現象，像《列子‧湯問篇》中就有兩兒辨日的故事：「日初出大如車蓋，及日中，則如盤盂，此不為遠者小而近者大乎？」這是因為距離線索造成的錯覺，實際上月亮的大小是一樣的。錯覺的現象很多，下面都是一些錯覺的例子：

看起來扭曲的線其實都是平行線

這是Grid火花錯覺(E. Lingelbach, 1994)

第三節　影響感覺與知覺的因素

　　我們對一件事物的感覺與知覺，並不是一成不變的，特別是在訊息不明顯時，我們的感覺閾會受到影響，知覺到的部分也會產生差異。下面所列的都是可能影響的因素：

一、生理的因素

　　人的注意力是有限的，前面我們也提到注意力有選擇性的現象，如果因為一些生理上（如：疲勞、睡眠不足、飲酒、藥物等）或心理上（緊張、害怕、興奮）的因素，會使我們的注意力下降，像是在喝過酒後，我們對於運動知覺的速度會變慢、時間感會降低、感覺閾也會下降，因此喝酒開車時，無法準確察覺來車的速度，出了車禍也不會覺得很痛，這些都是生理上的因素。

二、脈絡線索

　　物體所在脈絡提供的線索，會影響我們的知覺判斷，請看圖2-24當中的例子，對於左邊的圖來說，如果我們先遮住A和C，中間的字就會被看作是「13」，但是如果我們遮住的是「12」和「14」，反而看到的是英文字的B。旁邊的字「12」和「14」、「A」和「C」，這些就是脈絡線索，它影響了我們對中間字的知覺。這樣的情形在我們的日常生活也常發生作用，像我們去美術館看畫時，假如你對於畫的內容不太了解，可是當旁邊的人都說，這個畫家畫的很棒，表現的方式很特

```
12        我
A B C   自 己 人
14        經
```

圖2-24　脈絡線索

圖2-25　猜猜看這是什麼？

別，於是你就會認為你「看到」一幅好畫了。圖2-25也是一個情境脈絡的例子，假如沒有特別說明，你可能很難看出圖中的物體是什麼，但是如果這時有個「哞」的聲音發出來，你馬上就可以發現圖中的原來是一頭犀牛了。

三、預期的影響

有時我們對某事物有先入為主的預期，也會影響我們對事物的知覺，如法律上指認犯罪加害者時很容易受到預期的影響。請看圖2-26，請問你看到了什麼？如果先告訴你這是一場舞會，你會看到一位男士，拿著一支枴杖或劍，與一位穿著西洋仕女服的小姐正在跳舞。但是如果告訴你，這是一場馬戲團表演，你就會發現這原來是一個馴獸師拿著鞭子，指導海豹在頂球。為什麼呢？事先告訴你這個場景的不同，我們對這幅畫的預期就會有所不同，而影響到你對這幅圖畫的知覺。當舞會的提示出現，你會努力把一些刺激都知覺成與舞會有關的事物，像是男士的劍或枴杖、女士有流蘇的帽子、女士高臀的服裝、女士手上提的包包；但提示變成馬戲團，相同的刺激卻被知覺成為：馴獸師的鞭子、海豹頂的球、海豹、馴獸師手中

圖2-26　看出來這是什麼圖了嗎？
(Weiten, 1992)

圖2-27　有時我們覺得食物好吃，是來自於對名店的預期

的魚，所以，我們先前的預期影響了對這幅畫的知覺。相同的情形也會發生在雷達偵測員身上，通常雷達螢幕上所顯示的訊息具有某種模糊性，有許多無相關的刺激也會在雷達螢幕上出現，雷達偵測員必須根據經驗來判斷，某個訊息到底是對方飛機或飛彈、我方的飛機或飛彈、民航機等。一般的狀況

下，這些訊息可以被正確的判讀，但如果我們事先產生了預期，就有可能影響偵測員對訊息的知覺。例如：美國出兵伊拉克，就曾發生幾起誤擊友機的事件，這很可能是偵測員因為某些原因，事先「預期」雷達螢幕出現的刺激是敵機，而錯誤的知覺產生誤擊的事件。

四、價值觀與態度

價值觀不只影響我們的人格和平常的行為，也對知覺發生作用。心理學家曾以實驗來證明這一點(Ashley, 1951)。他們以家庭貧富的程度來區別

一群兒童，讓他們評估相同錢幣的大小，實驗結果發現，貧窮家庭的兒童比富裕家庭的兒童普遍高估錢幣的大小，也就是貧窮使得人有把錢看得比較大的傾向。

圖2-28　對財富的價值觀會影響我們對錢幣大小的判斷

這可能是因為，匱乏使得人過度強調了某種東西的重要性，進而扭曲了我們對其的知覺。這樣的現象和我們的經驗法則也很吻合，像我們肚子很餓時，雖然只是很平常的食物，也會覺得很好吃。

重點整理

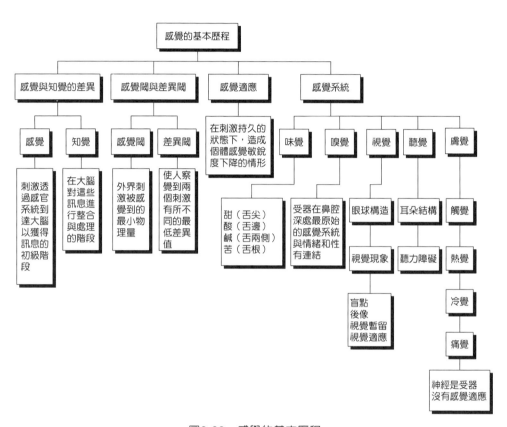

圖2-29　感覺的基本歷程

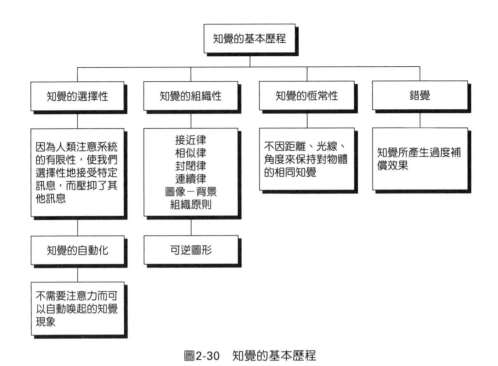

圖2-30　知覺的基本歷程

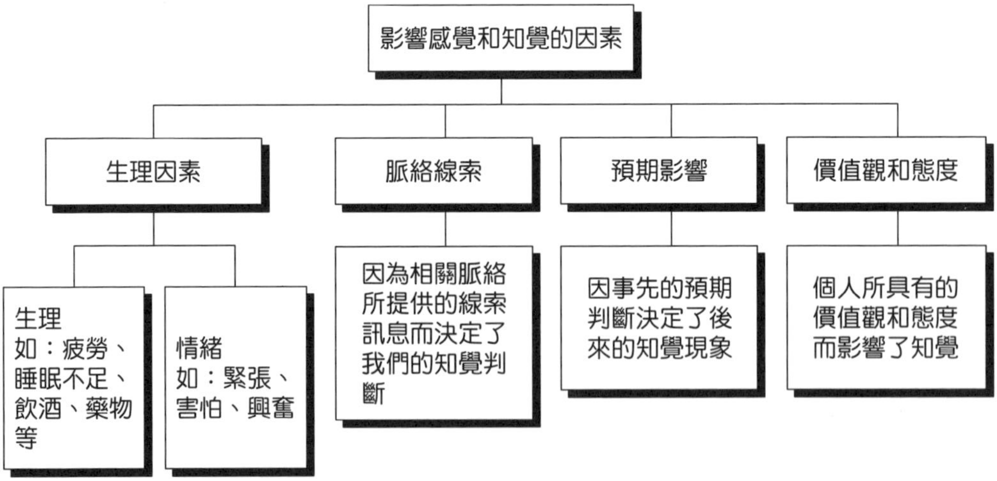

圖2-31　影響感覺與知覺的因素

課後活動

　　我們所看到的東西都是立體的，而不是平面的，這種視覺的效果叫深度知覺，試想視網膜是平面的，怎麼會產生3D的知覺呢？產生深度知覺的線索其實很多，像畫面中的物體是否有重疊、是否有陰影、能不能透視等，另外靠著雙眼所形成的像差，也可以提供明顯的深度的知覺，像下圖，ABC三個點的遠近距離，因為落在視網膜上位置的不同，從水晶體的聚合程度，我們就可以判斷其遠近。

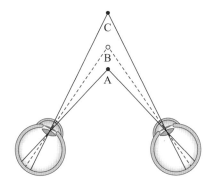

　　利用這種雙眼像差，已經有人設計出可以產生3D立體圖的平面畫，下面一幅圖是3D立體圖畫，試試看你能不能看得出裡面是什麼東西呢？（要看到深度知覺的訣竅是，焦點不能放在圖的平面上，要在之前或是之後，你可以用鬥雞眼聚焦在眼前幾公分或是兩眼發呆，直視遠處，再保持這種焦距移到書本上，你就可以看到這個圖有吉他「躍然紙上」形成立體圖了。

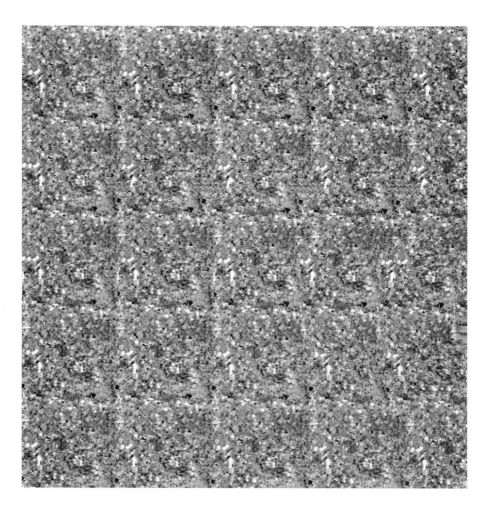

Chapter **03** 記憶與學習

本章大綱

前言

　　明明記得某人的名字，但一旦遇見時卻記不起來；有時對於電視新聞上偶發的重大災難報導卻久久不能忘懷；或者是一目十行，過目不忘，這些都與個人記憶系統有關。以下我們將介紹記憶的意義、類型、系統運作及遺忘的原因。其次，每個人從兒童時期的懵懵懂懂，發展到成人時期具有謀生的生活技巧，都是透過持續的學習及反覆的練習所得。因此在本章第三節與第四節部分，我們將介紹人類基本的學習歷程，以及如何透過學習策略，以增進個人的學習效果。

第一節　　記憶概述

一、記憶的意義

　　記憶是指我們在儲存(store)、保持(keep)及檢索(retrieve)資訊的能力。「儲存」是記憶的第一個階段，主要是將我們所知覺的事物，透過感官運作與大腦處理，將所學習的知識經驗儲存在大腦內。「保持」則是指我們過去所學習的知識或經驗在大腦內的保持狀態。記憶的第三階段則為「檢索」，是指我們透過搜尋大腦中過去的知識經驗，以便於實際應用的過程（張進輔，2002；Gerrig & Zimbardo, 2004）。記憶是人類最基本的心理過程，我們也可以透過記憶再進行更高深的思考、推理與想像，對於日常生活具有非常重要的影響。

二、記憶類型

　　根據記憶內容的不同，記憶的種類可區分為影像記憶、回音記憶、語意記憶、情緒記憶與動作記憶。

記憶與大腦

　　1953年，美國醫生為了醫治亨利的癲癇症，摘除左大腦中的一部分以減少癲癇發作，但卻發現手術後亨利的記憶能力受到相當的損傷。亨利發現他的記憶只能持續幾分鐘，自己就算每天重複閱讀相同的故事，也記不起來，而前幾分鐘才見過的人，一下子就完全遺忘，似乎喪失的短期記憶的能力。雖然如此，亨利仍保有長期記憶，他可以記得手術前所認識的人、事、物，也記得回家的路，自己愛吃的食物及愛穿的衣服，因此癲癇手術可能影響到他的短期記憶區，但卻沒有影響到他的長期記憶區，由此可知短期記憶及長期記憶分別由我們大腦不同區域加以管理，這也顯示這項手術可能破壞了亨利腦中將短期記憶轉換成長期記憶的機制—海馬體（張麗瓊譯，2003）。

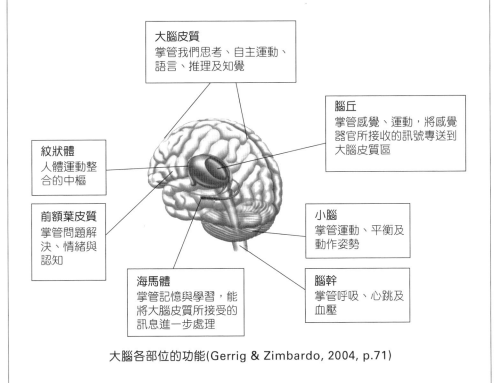

大腦皮質
掌管我們思考、自主運動、語言、推理及知覺

腦丘
掌管感覺、運動，將感覺器官所接收的訊號專送到大腦皮質區

紋狀體
人體運動整合的中樞

前額葉皮質
掌管問題解決、情緒與認知

小腦
掌管運動、平衡及動作姿勢

海馬體
掌管記憶與學習，能將大腦皮質所接受的訊息進一步處理

腦幹
掌管呼吸、心跳及血壓

大腦各部位的功能(Gerrig & Zimbardo, 2004, p.71)

（一）影像記憶

影像記憶(iconic memory)是一種視覺暫留的現象，屬於感覺記憶的一種。這種記憶類型可允許我們在短時間內大量吸收外在訊息，但一旦所接觸的外在訊息消失後，在大腦暫時留存的時間可能僅有1/2秒(Gerrig & Zimbardo, 2004)。影像記憶也是人類最初記憶的類型，嬰兒出生後數月就可憑著影像記憶來區分母親與陌生人的差別。

圖3-1　影像記憶測試

請看這張圖10秒，然後將課本蓋上，並猜看看圖中老太太是否有戴眼鏡？回教徒哪一隻手拿書？

（二）回音記憶

回音記憶(echoic memory)也是一種感覺記憶，屬於聲音記憶的一種，不過回音記憶在大腦停留的時間比影像記憶長，約可達5~10秒。而回音記憶的時間長短可能與聲音持續的時間，以及聲音頻率的高低有關，因此當外在環境所發出的聲音越長或頻率越高時，則我們大腦的回音記憶時間就可能越長(Gerrig & Zimbardo, 2004)。

圖3-2　當你聽到河馬的叫聲時，你的回音記憶可能持續數秒，但是影像記憶可能只有1/2秒

（三）語意記憶

語意記憶(semantic memory)是指我們記憶事物本身所代表的意義，內容通常不屬於個人本身，也不涉及特定時空。例如當您跟別人討論「ET外星人」這部經典名片時，您可能記得故事的大綱，但是對於男女主角是由誰主

演，可能早已忘記。因此語意記憶強調人類思考的邏輯性，會隨著個人的注意焦點及抽象思考能力而逐漸發展，這也是我們人類所具有的特殊記憶。

（四）情節記憶

　　情節記憶(episodic memory)與語意記憶類似，但是情節記憶指的是記憶內容需與我們本身有關，通常是指我們對於特殊事物的印象，或者是經歷過特殊情境所產生的記憶。情節記憶的內容以具體發生過的事實為主，而非抽象式的概念。例如：有些人害怕看鬼片，並非是他天生就怕看鬼片，可能是因為他過去看鬼片時有被嚇過的經驗，心中仍然存在不是很好的情緒記憶所致。

（五）動作記憶

　　動作記憶(movement memory)是指我們過去所學習過的操作技巧或肢體動作。雖然動作記憶也會有遺忘的現象，但通常僅需要簡單的回憶就可以恢復到過去的狀態，例如：騎腳踏車、書法、畫畫、彈琴、游泳等動作均如此。因此動作記憶在學習時較為困難，但一旦學會後，就不容易忘記，對人類學習技巧及技術具有重要影響力。

第二節　　記憶系統

　　人類的記憶系統根據不同的時間架構可區分為感覺記憶、短期記憶與長期記憶等三個系統，這三個系統能讓訊息在不同的系統之間傳遞，其中感覺記憶停留時間最短，其次為短期記憶，最後長期記憶則是永久性記憶，保留時間約為1分鐘至永久。

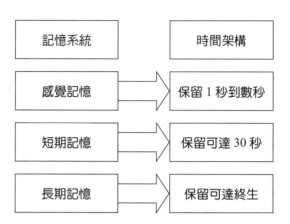

圖3-3　記憶系統與時間架構的關係(Santrock, 2000, p.202)

一、感覺記憶

(一) 定　義

　　感覺記憶(sensory memory)是指我們憑著視覺、聽覺、味覺、嗅覺、觸覺等各種感覺器官，接觸到外在環境的各種刺激所引起的短暫記憶，其中主要的感覺記憶來自於影像記憶與回音記憶，味覺、嗅覺及觸覺則僅能引起我們小部分的注意(Santrock, 2000)。

(二) 感覺記憶的特徵

1. 感覺記憶能透過視覺、聽覺及其他感覺在短時間內吸收大量的訊息，但保留的時間很短。

2. 感覺記憶的記憶方式並未經過大腦高層次的處理，因此感覺記憶的保留較為具體化，而非抽象化。

3. 感覺記憶中的訊息只有經過我們的注意，才會進入短期記憶系統中儲存，未經注意的感覺記憶很快就會遺忘。

記憶轉移

　　美國有一位接受眼角膜移植的患者在睡前時一直深受困擾，經常會看見兇殺現場中的凶器、血液、攻擊行為，甚至兇手的特徵。經與醫院與警方的聯繫後才發現，當初這名患者接受了一名小女孩的眼角膜移植，而這名小女孩是被人殺害，但兇嫌仍未落網，之後警方根據這名患者在睡前所看見的兇嫌模樣進行調查，最後順利將兇嫌逮捕歸案。同樣情形發生在1988年一名芭蕾舞蹈家接受心肺移植手術前，這名舞者很重視身材，但移植手術完成後，她立刻狂吃炸雞等高熱量食品，性格從優雅變成衝動，經過調查才發現她所移植的心肺來自於一名死於機車意外的18歲青年，這名青年生性衝動好鬥，而且也喜歡吃炸雞。

　　台灣金馬獎影后李心潔所主演的「見鬼」與上述個案有異曲同工之妙。劇中女主角「汶」自小失明，但在成功接受眼角膜移植手術後，汶卻可以看見許多常人看不見的事情，看見死神出現即預告有人將死亡，造成她生活許多困擾。於是他追蹤眼角膜的來源，發現這是一位在泰國因自殺而死去的女子眼角膜，這名女子生前極有預知災難及他人即將死亡的能力（取材自「見鬼」中文官方網站，網址：http://theeye.kingnet.com.tw）。

　　目前美國國家衛生部針對這類記憶轉移的問題進行多種研究，研究說明人的心臟如幫浦般的運作將會釋放一種電磁能量，而血液則將此種電磁能量在心臟、大腦與器官之間傳導，因此個體雖然死亡，但其器官內或許存在這種電磁能量，可能會在接受器官移植者的身上顯現捐贈者生前的影像、聲音或想法，但目前仍須更多研究加以證實（取材至Discovery科學新知，2003年9月）。

二、短期記憶

（一）定　義

短期記憶(short-term memory)是人類記憶系統中的第二階段，又稱為工作記憶(working memory)。其中感覺記憶中的訊息經過我們特

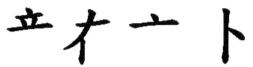

圖3-4　先看這張圖，然後離開30秒後，再看圖3-10

別注意後，才會進入短期記憶的系統中。例如經由查號台所查詢的電話號碼，如果沒有反覆背誦或者是寫下來，可能在撥完電話後就忘了。

（二）短期記憶的特徵

1. 短期記憶的時間

短期記憶的平均時間高於感覺記憶的時間，平均約30秒。如果要將訊息傳送到長期記憶系統，也需要反覆的練習或大腦做高層次的運作處理，才能將訊息傳送到長期記憶系統中。因此在考試前一刻才看書的同學，都希望老師早點發考卷，以免剛背的東西一下子就遺忘。

圖3-5　老師，能不能快點考試，我們剛背的快要忘記了

2. 短期記憶的容量

短期記憶的容量相當有限，根據米勒(Miller)的研究發現，人類的短期記憶容量為7加減2個單位，又稱為「神奇的7」。因此，我們可以發現各國電話號碼、身分證字號等跟數字有關生活必備資訊，其數字單位都以此原則加以設計，如此才有益於人類短期記憶。

3. 短期記憶的處理

(1) 組塊化(chunking)：將一群沒有意義的訊息加以賦予意義或進一步處理，以符合記憶容量(7±2)的限制。如看見一串數字

149218761553，您可能很難記得這一串數字，但假使將它區分為1492-1876-1553等三個單元，且每個單元第一個數字皆為1的情況，是不是較為容易記得呢？

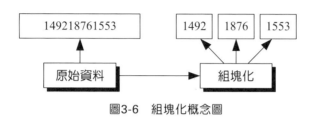

圖3-6　組塊化概念圖

(2) 複誦(rehearsal)：是指以出聲或不出聲的方式反覆練習我們想要學習的訊息或材料。一方面可將所學習的材料保存在短期記憶系統中，另一方面也可以進一步傳送至長期記憶系統中。

（三）影響短期記憶的因素

1. 初始效應(primary effect)：我們根據學習材料出現的順序而加以學習後，當我們嘗試回想這些學習材料時，會發現最先學習的材料較容易記住。

2. 時近效應(recent effect)：這個效應與初始效應相反，是指我們雖然根據學習材料出現的順序而加以學習，但當我們嘗試回想這些學習材料時，最晚學習的材料會較容易記住及

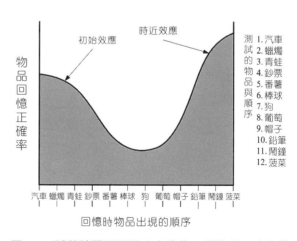

圖3-7　試著練習記下圖中右邊的12項物品，之後蓋上課本，再嘗試依序寫下這12項物品。你是否也會出現初始效應或時近效應的情形呢？(Lahey, 2003, p.197)

回想，通常記的也最多。因此在偶像劇快結束時的廣告時段費用最貴，因為偶像劇通常具有高吸引力，在劇情快結束時的廣告也較容易深植人心。

3. 閃光燈效應(flashbulb effect)：閃光燈效應是指發生在我們周遭，與人有關但卻令我們感到震撼的事件。例如：1999年發生921大地震，瞬間造成多數房屋倒塌並死傷慘重，這種經歷令人永生難忘。

4. 萊斯托夫效應(Restorff effect)：這種效應是指我們所接觸的外界訊息中最為特殊的事件，也就最容易記憶。例如：許多女明星在參加金曲獎的頒獎典禮時，都會在服裝上精心設計，如此才容易引起觀眾的目光。

圖3-8　臉部彩繪是否較容易引起他人的注意呢？

三、長期記憶

(一)定　義

　　長期記憶(long-term memory)是指記憶中能夠長期時間保存，而且容量幾乎無限大的一種記憶系統。長期記憶是記憶系統的第三階段，主要接受感覺記憶和短期記憶所傳送進來的訊息，經過複誦、練習及組織化後，以在大腦中長期或永久保存的一種記憶系統。例如：家中的電話號碼、家人的姓名、身分證字號、好朋友的居住地或學會電腦打字的技術等，都經過無數次的練習或複誦，因此都屬於不易遺忘的長期記憶。

　　當你看見圖3-11這張模糊不清的圖像時，你會嘗試從大腦長期記憶區中進行相似圖像的檢索及提取，如果您認為是鴨子，大腦就會賦予鴨子的特徵，如果您認為是兔子，大腦就會顯現兔子的特徵。

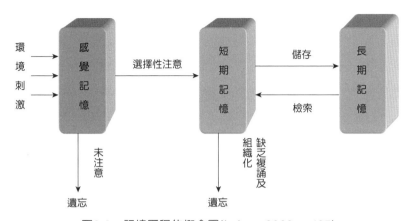

圖3-9　記憶歷程的概念圖(Lahey, 2003, p.195)

圖3-10　試著將圖3-4的影像疊在這張影像上，你能判斷這張圖中是哪一個成語嗎？

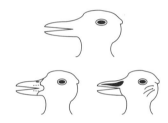

圖3-11　鴨子或兔子？(Gerrig & Zimbardo, 2004, p.97)

（二）長期記憶的處理與儲存

1. 長期記憶如何處理學習材料

　(1) 群聚作用：群聚作用是指我們在記憶時會根據不同類別的材料加以記憶，透過這種方式儲存學習材料，才使我們在回憶學習材料時，能夠進行快速的檢索。

圖3-12　圖中有20種類型或用途不同的物品，您會如何分類呢？

(2) 聯想作用：我們會把各自獨立的學習材料，透過聯想的方式組合在一起，這樣比較有利於學習材料在長期記憶系統內的儲存，又可區分為下列四種次要的作用方式（張春興，2005）：

A. 相似律：兩個學習材料之間具有高度的相似性，如書桌與餐桌。

B. 對比律：兩個學習材料之間具有高度的對比性，如黑色與白色。

C. 連續律：兩個學習材料之間通常會有依序出現的現象，如閃電後會打雷。

D. 並存律：兩個學習材料通常會同時存在的現象，如黑板與板擦。

(3) 心像作用：在我們心理可以將學習材料轉換成具體圖像的方式去記憶，這樣的記憶效果會比機械式的記憶方式效果要好。比如要

圖3-13　「燙」和tongue的發音是不是很像呢？

學習舌頭tongue這個單字時，我們可以把它想像成當自己喝到熱水時，一定會感到舌頭很燙，這個「燙」就和舌頭的英文發音很像。

2. 長期記憶如何儲存學習材料

(1) 空間組織：許多學習材料在我們的大腦中都是以空間的方式加以儲存。比如，大腦會區分出籃球會比高爾夫球大，而棒球又會比花生大。

(2) 系統組織：我們在記憶時會按照學習材料本身一定的順序加以記憶，如此在大腦中才容易組織起來。比如在我們背英文字母時，都是從A背誦到Z。假使讓你按照相反的順序來背誦英文字母，就會變得非常困難。

(3) 層次組織：許多學習材料的儲存也是按照層次組織加以儲存在大腦中。每一個層次都有其特定的特徵，而上一個層次的特徵會比較廣，也會概括下一層的特徵。如果最高層次是食物，它具有下一層次食物所具有的共同特徵，如第二層的水果類、蔬菜類及肉類，而

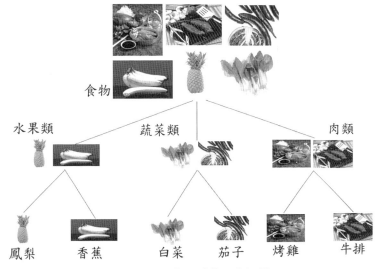

圖3-14　長期記憶的層次組織

第二層中的肉類再可細分為第三層的烤雞及牛排等；第二層的水果類也可細分為第三層的鳳梨及香蕉等。

（三）影響長期記憶的因素

理論上，長期記憶的儲存時間應可以永久保留，但實際上我們卻發現只要大腦內所儲存的訊息或學習材料長期不練習或使用時，就會隨著時間流逝或其他因素的干擾而慢慢遺忘，

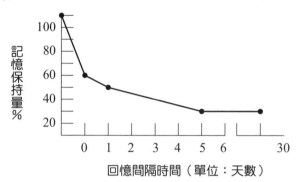

圖3-15　艾賓浩斯遺忘曲線(Gerrig & Zimbardo, 2004, p.207)

例如在路上遇到很久沒見面的同學，明明知道是認識的同學，但是卻叫不出名字。或者是在寫考卷時，明明記得這題的答案，但一時卻又記不起來，直到交考卷後才又記得，這種明明記得某人某事，卻又臨時忘記的現象稱為「舌尖現象」(tip-of-the-tongue phenomenon)。

基本上時間過得越久，遺忘的量就越多，保留下來的記憶量也就越少。因此假使我們將記憶所保持的量，隨著時間增加而畫成一條曲線，我們可以發現學習後如果不復習，隔一天所測得的保留量為50%，遺忘的量即為50%；隔二天所測得的保留量為40%，遺忘的量則為60%，到第六天時保留量僅剩下20%，遺忘的量即為80%。這一條逐漸遞減的曲線就是著名的「艾賓浩斯遺忘曲線」(Ebbinghaus's forgotten curve)。基本上，遺忘時常發生在我們的生活經驗中，是什麼原因造成人們遺忘呢？

1. 記憶痕跡的衰退

這是一種比較傳統的觀點，主要說明當人們透過學習後，記憶痕跡會在大腦中形成暫時性的神經聯繫，在重複的練習下，記憶痕跡可以一直被強

化，學習材料可以一直保留在大腦中，但那些得不到強化的痕跡，就會隨著時間衰退而產生遺忘的現象。不過有時我們可以發現有些學習材料就算天天練習，還是容易遺忘，而有些經驗，只要經歷一次卻永遠忘不了（張進輔，2002）。

2. 學習材料之間的干擾

目前比較受學界所肯定的遺忘理論為學習材料之間的干擾。早期在睡眠與記憶的關係中發現，記憶後立即睡眠比記憶後繼續工作的回憶效果要好，無夢睡眠也會比有夢睡眠

圖3-16　順向抑制概念圖(Lahey, 2003)

的保持效果要佳，這顯示干擾會對記憶產生負面影響，因此良好的睡眠比較有利於記憶的保持（張進輔，2002）。

長期記憶中有關於學習材料之間的干擾主要有兩種不同的方向，先前記憶的學習材料對後來記憶的學習材料產生抑制的現象稱為順向抑制(proactive inhibition)，例如：在班上你先記春嬌的學號，之後再記志明的學號，如果要你說出志明的學號時，你會發現回憶時會受到春嬌學號的干擾，這即為順向抑制（圖3-16）。至於後來記憶的學習材料會對先前記憶的學習材料產生抑制的現象則稱為逆向抑制(retroactive inhibition)，例如：你先記一組電話號碼8302821，之後再記另一組電話號碼4912960，你會發現當你回憶第一組號碼可能會有困難，這就是第二組電話號碼對第一組電話號碼產生逆向抑制的效果。因此學習時應避免在太近的時間內同時記憶太多東西，以免互相干擾，這樣反而會降低記憶容量及學習效果。

3. 動機性遺忘

　　動機性遺忘產生的原因在於個人過去有不愉快的經驗，就會把這些經驗壓抑在潛意識內，而不被自我所接受，也不能回憶，這就容易產生遺忘的現象，這個觀點最早是由佛洛依德在臨床實驗中所發現，但如果這種壓抑被解除，記憶也就能恢復。例如：有一位女士很怕看見海，也很怕坐船，後來經過醫生的深度催眠才發現這名女子在年輕時曾與當時男友在船上發生性行為，但感覺卻非常糟，後來又被男友所拋棄，所以只要看見海或船，她的潛意識為了避免情感痛苦，就會基於保護的理由將這件事情忘掉，後來經過心理師催眠後說出真相，這名女子也逐漸康復（王溢嘉，2006）。

4. 器官受損或老化因素

　　個人因為服用藥物、濫用酒精或腦部受傷等因素而導致大腦功能損壞，也會產生遺忘的現象。例如：許多在車禍後受到腦傷的患者，都會導致部分或全部記憶的喪失。而腦部發生病變的阿茲海默氏症患者，或器官老化的影響，也會導致記憶喪失的現象，如家中年紀較大的老人家就容易忘東忘西，這正是器官老化對記憶的影響。

阿茲海默氏症—美國前總統 雷根

　　2004年6月5日是美國前總統雷根逝世之日，這位最著名的反共愛國總統曾於1994年11月宣布患上阿茲海默氏症，之後就逐漸喪失記憶力與生活自理能力，並在醫院度過晚年餘生。阿茲海默氏症患者的腦部可能會有神經糾結及斑點的出現，臨床上會有忘東忘西、出門忘了關燈、煮水忘了關瓦斯，甚至忘了回家

的路等現象，當侵犯到大腦長期記憶區時，可能出現說話理解障礙、妄想與幻覺及生活無法自理等症狀。雷根患病後初期仍然固定每週與朋友一起打高爾夫球，但由於病情的逐漸惡化，打球時竟然連球洞的方向在哪都不知道，最後連相處數十年的妻子南茜及兒女的名字都逐漸忘記，也喪失生活自理能力！目前並沒有藥物能夠阻止阿茲海默氏症的發生，只能減緩疾病的發展。其中以乙醯膽鹼酶抑制劑、身心科用藥可維持腦內神經細胞的數量，以減少神經細胞逐漸變少，這在臨床上可以減緩病情惡化的速度（ETtoday，2004年7月）。

第三節 　學習的各種觀點

一、學習的意義

　　學打字、學開車、學游泳、打棒球及學心算等，或許學習過程都曾令我們吃盡苦頭，但學會後似乎都能保留一輩子而不會忘記。因此在學習過程中經常伴隨著某些經驗發生，而透過學習，也會造成我們在行為上的長久改變(Santrock, 2000)。心理學家即認為我們許多學習經驗中其實都包含特定的學習過程，如古典制約學習、操作制約學習、社會學習理論及認知學習理論等，以下將分述之。

二、古典制約學習

（一）巴夫洛夫的實驗

　　古典制約的學習理論源於西元1900年期間，由俄國生理學家巴夫洛夫(Ivan Pavlov)透過對狗的實驗，而建立刺激—反應的人類行為法則。他首先將測量唾液流量的儀器附在狗的唾液腺，之後開啟狗面前的燈光，再將食物送到盤子，這時狗就會自動流出口水，這種未經學習的自然反應，稱為非制約反應(unconditioned response, UCR)（圖3-17、3-18）。巴夫洛夫將這種實驗過程重複數次，依序為：燈光、食物、燈光、食物等循環不斷反覆出

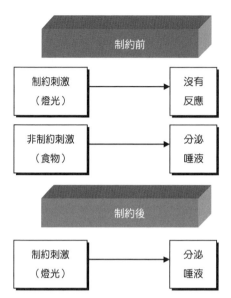

圖3-17　制約前後，刺激與反應之間的關係

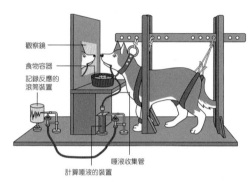

圖3-18　狗的古典制約裝置(Lahey, 2003)

現，之後發現當實驗者一開燈卻不送食物時，狗只要看見燈光就會流口水，這代表實驗者已經透過食物的刺激，讓狗學習到燈光與流口水的關係，因此燈光這時稱為制約刺激(conditioned stimulus, CS)，流口水則稱為制約反應(conditioned response, CR)，動物的刺激─反應(stimulus - response, S-R)的行為模式就可以被建立。後來美國心理學家華生(Watson)將這種理論運用在人類學習行為上，認為這種模式不但可用於解釋動物的行為，而且可以用來解釋人的行為，因此在行為的基礎上，人與動物並沒有分別(Lahey, 2003)。

（二）類化與辨別

1. 類化(generalization)：如果我們的行為經過制約刺激而形成制約反應後，在實驗中採取其他類似的制約刺激，也會引起類似的制約反應。例如：過去曾被兔子咬傷（制約刺

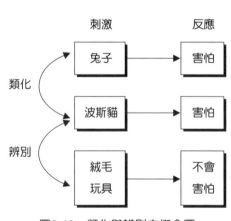

圖3-19　類化與辨別之概念圖

激）的孩子再次見到兔子就會感到害怕（制約反應），長的像兔子的波斯貓也會造成兒童的恐懼（圖3-19）。

2. 辨別(discrimination)：當我們的行為經過制約刺激而形成制約反應後，對於類似的刺激卻能辨別出與原刺激物不同的地方，並且不做相同的反應，這稱為辨別。例如：絨毛玩具雖然長的像小白兔，但玩具不具有生命力，當兒童辨別到這點差異，就不會感到害怕。因此類化是趨同，辨別是趨異，兩者需要相互運用，才能構成精密的行為學習。

（三）消弱與自然恢復

1. 消弱(extinction)：當我們的行為經過制約刺激而形成刺激反應後，如果重複出現制約刺激（燈光），但不出現非制約刺激（食物），則原來形成的制約反應（燈光－唾液腺分泌）就會逐漸減弱，最後漸漸消失。

2. 自然恢復(spontaneous recovery)：這是指已經形成的制約反應如果產生消弱現象，以後再提供非制約刺激（食物）時，則制約反應（唾液腺分泌）會因食物而恢復，進一步如果不用經過非制約刺激（食物）的刺激，制約刺激（燈光）又會導致制約反應時（唾液腺分泌），這時就稱為自然恢復現象。

低卡飲料反而容易增肥

　　美國普渡大學戴維森與史威瑟根據巴夫洛夫的古典制約原則，認為人會評估所吃的東西所含的卡路里多寡，而反射性的決定要吃多少食量。但人類吃多了人工代糖所製造的食品，也會削弱本身對卡路里估計的能力，而不再憑本身的味覺來估算卡路里，因為本能上你會認為人工代糖的食物不會變

胖，但卻在不知不覺中飲食過量，如此就容易失去控制食量的能力，這或許可以解釋為何許多靠著吃低卡食物而減肥的人們，其體重卻不減反增之現象（Davidson & Swithers, 2004）。

三、操作制約學習

教導人類或動物學習新的事物時，並不能採取古典制約的方式，而要採取操作制約的訓練方式。操作制約是指在環境的刺激下，一旦個體發現反應某種特定行為將可導致他們所想要的結果，則他們就會反覆表現這種特定的行為(Santrock, 2000)。例如：魚對海獅而言是一種刺激，而如果要訓練一隻海獅拍手，你就

圖3-20　海洋世界的海獅正在從事各種表演

必須先說服牠做出這個動作，再給予食物獎勵，一旦當海獅學習到這兩者的關聯時（拍手與魚），海獅就容易聽從訓練員的指令，做出拍手的動作（圖3-20）。同樣的情形在嬰兒上可發現，當嬰兒覺得哭鬧可吸引父母的注意，他就會藉由頻繁的哭鬧以吸引父母更多的注意。

（一）桑代克的迷籠 (Puzzle Box) 實驗

桑代克(Thorndike)所採取的實驗方法是將貓關在一個籠子裡，貓可從籠內看見與聞到籠外的食物（刺激），但卻無法跑出籠外，除非貓用前爪踏到開門的機關（反應），才能出籠且獲得食物（強化物），經過多次的實驗後，貓最後學習到正確踏到機關就能夠出籠而獲得食物(Lahey, 2003)。經過多年研究，桑代克提出了他的學習理論，分別為（張春興，2005）：

1. 試誤學習(trial-and-error learning)：個體的學習都是由錯誤多正確少，逐漸成為錯誤少正確多，最後達到正確無誤的地步。

2. 學習三律：在試誤學習中，主要影響我們學習效果的三大法則分別為：
   (1)練習律(law of exercise)：練習次數的多寡會影響刺激反應之間連結效
   果的強弱；(2)準備律(law of readiness)：我們的身心狀況是否準備好要學
   習，會影響刺激與反應之間的連結；(3)效果律(law of effect)：我們認為
   學習之後是否能獲得自己想要的結果，也會影響到學習效果，這也是三
   大法則中會影響個體學習最重要的法則。

3. 學習遷移(transfer of learning)：當我們在某種刺激的情境下所學習到的事
   物，在其他具有相似的刺激情境下，我們也可以將之前所學習的事物加
   以表現出來。譬如許多學校要求學生熟悉CPR技巧並取得相關證照，之
   後如果遇到緊急狀況時，先前所學的技巧也可以派上用場。

（二）史金納的史金納箱 (Skinner Box)

　　史金納(Skinner)繼承了
行為觀點的心理學，除了
根據動物實驗建立刺激―
反應的連結關係外，他更
參考桑代克的試誤學習及
學習三律，建立心理學界
中相當重要的操作制約學
習理論。史金納設計一套

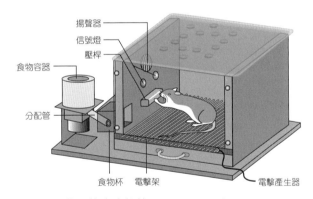

圖3-21　典型的史金納箱(Lahey, 2003)

包含燈光、反應橫桿（實驗對象為白鼠）、啄鍵（實驗對象為鴿子），食物
的盤子，具有電擊效果的地板，以及反應記錄儀等。典型的史金納箱如圖
3-21所示，當老鼠放進史金納箱時，他會到處搜索，只要正確的壓下壓桿，
食物就會自動掉落至食物盤裡。因此當老鼠學習到壓桿與食物兩者的關係
時，老鼠就會逐漸透過正確的壓桿以獲得食物，史金納特別將這種可增強個
體反應行為的物品稱為強化物（溫世頌，2000）。

正強化		
行為表現 殷勤獻媚	結果 獲得約會機會	未來行為 增加殷勤獻媚行為

圖3-22　甜言蜜語的正強化作用

負強化		
行為表現 頭痛服用止痛藥	結果 頭痛消失	未來行為 頭痛即服用止痛藥

圖3-23　止痛藥的負強化作用

1. 正強化物與負強化物

當我們學習到刺激與反應之間的關係時，可讓我們增加相同反應的事物稱為正強化物(positive reinforcer)。例如：約會經驗如果是美好的（正向刺激），對異性的甜言蜜語（正強化物）可獲得約會的機會，則以後你就會用甜言蜜語換取約會的機會（正強化作用）（圖3-22）。至於負強化物(negative reinforcer)是指導致我們反應的原來負向刺激消失，將有利於我們的正向反應，稱為負強化物。例如：頭痛讓你很不舒服（負向刺激），服用止痛藥可消除疼痛（負強化物），則以後你一旦頭痛時，你會服用止痛藥（負強化作用）（圖3-23）(Santrock, 2000)。

2. 後效強化(contingent reinforcement)

從史金納的強化原則而言，正強化（增加正向刺激）或負強化（移除負向刺激）都有益於我們的學習結果，因此如果我們能了解自己的反應將導致何種結果，這種結果也會決定以後在相同情境下，我們將採取何種行為，也就是個人會因努力而成功，以後就會繼續努力；因逃避而免於受到處罰，以後就會繼續逃避，這就稱為「後效強化原則」，也是決定我們是否學到某種特定行為的關鍵因素（張春興，2005）。

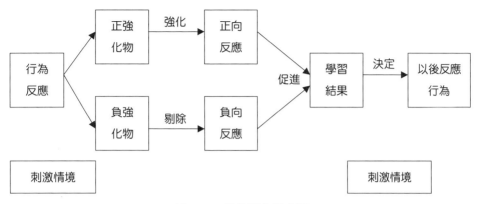

圖3-24　後效強化概念圖

3. 強化程序(schedule of reinforcement)

　　採取後效強化原理進行操作制約的學習實驗時，會因提供強化物的不同時間，而有不同的學習效果，其中立即強化(immediate reinforcement)會比延宕強化(delayed reinforcement)的效果要好；而針對部分正確反應之後提供強化物的部分強化(partial reinforcement)，也會比每次反應正確都給予強化物的連續強化(continuous reinforcement)有較佳的效果（張春興，2005）。

4. 連續漸進法(successive approximation)

　　史金納根據強化原則進一步設計連續漸進法以塑造人類行為，此法特別適用於學習障礙或年齡較低的學童。此法使用的程序為：(1)先求將個體的學習目標寫下來（如讓學習障礙的孩童在睡覺前自己刷牙）；(2)睡覺前他自行走進廁所的洗臉盆前（第一個反應），立即給予獎勵（強化）；(3)他自行拿起牙刷與牙膏（第二個反應），立即給予獎勵；(4)他開始動手刷牙（第三個反應），立即給予獎勵。像這種先將整體動作分解成部分動作，再將部分動作逐一透過強化而組合成整體動作之模式，即為連續漸進法。

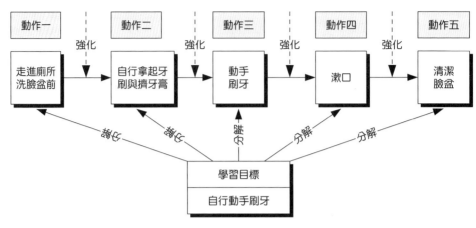

圖3-25　連續漸進法之概念圖

5. 代幣法(token economy)

　　代幣法是根據操作制約的理論設計而成，並經常運用於心理治療上的一種行為矯正技術。是指以具有交換價值的象徵物來代替金錢或其他物品，以作為當個人做出適當行為時的正強化物。如父母與孩子約定每次吃飯都能將飯吃完，就給予一張交換券，等到收集滿十張交換券，就可以用這十張交換券去換取孩子自己喜歡的玩具。

四、社會學習理論

（一）班度拉社會學習理論

　　人類具有獨立思考與判斷的能力，有時候我們可以不靠直接的經驗，透過觀察或模仿別人就可以學習到新的事物（溫世頌，2000）。例如：看見自己朋友酒後駕車釀成重大車禍，自己可能就會心生警惕而不敢酒後駕車；而在醫院許多攸關生命的緊急手術，實習醫生也是先從觀察主治醫生的治療技巧開始。1960年代左右，班度拉(Bandura)融合了個體認知與環境影響等觀點，提出了以觀察學習為主的社會學習理論，也修正了行為學派過度狹隘的學習觀點。

（二）三元取向的學習理論

　　班度拉認為在社會環境中，個人行為、個人對環境的認知，以及環境因素三方面會互相影響，這才能形成個人最後所學到的行為，因此班度拉的社會學習理論又稱為三元學習理論(triadic theory of learning)（張春興，2005）。

圖3-26　社會學習理論概念圖(Santrock, 2000, p.190)

（三）觀察與楷模

　　社會學習理論認為個人學習主要來自於對別人的觀察與模仿。觀察學習(observational learning)是指我們能以旁觀者的角度，不必親身參與就可以藉由觀察別人的行為結果，而學到新的學習經驗。例如：許多小孩進醫院看病，看見其他小孩打針而哭鬧，如果輪到他要打針時，也會表現出恐

圖3-27　楊丞琳等知名藝人以開朗的人生觀作為防治憂鬱症的代言人，其公益看板豎立於捷運站等候區，希望對於廣大的粉絲會具有模仿的作用

懼與哭鬧。另一個概念則是楷模學習(modeling)，是指我們可透過觀察學習的方式，學習與社會中某個楷模(model)相類似的行為。如政府媒體或公益團體經常會請知名演員或明星代言反菸、反毒等公益廣告，目的就在讓廣大的青少年能夠模仿這些明星，也能夠對香菸或毒品採取拒絕的行為，因此偶像明星本身的形象也特別重要。

（四）觀察學習的歷程

　　觀察學習的歷程主要分為四個階段(Santrock, 2000)：

1. **注意(attention)**：楷模能夠引起個人的注意。

圖3-28　跳水是一種需要高度技巧的運動，從觀察學習的歷程而言，選手首先必須注意到教練示範各種動作；第二為記住教練所教的各種動作，以及避免受傷的方法；第三則為選手需有運動天分與技巧，可以順利做出各種跳水動作；最後則由教練口中獲得讚美或從比賽中獲獎，選手自己才能從中獲得成就感，對跳水持續保持高度的學習動機，相對的，選手被教練一昧的責罵或經年累月的練習卻未能獲獎，則會對以後從事跳水運動缺乏動機(Santrock, 2000, p.190)

2. 保持(retention)：個人能將楷模所表現的行為及後果記憶在大腦內。

3. 再生(production)：個人要有能力在事後表現出他從楷模身上所學習到的行為。

4. 動機(motivation)：個人不僅能從楷模身上學到行為，也有意願在適當的時機表現出來（圖3-28）。

五、複雜學習

以下即介紹兩個以心理認知為取向的學習型態，分別為認知地圖與頓悟學習。

（一）托爾曼的認知地圖

美國心理學家托爾曼(Tolman)認為人類的學習行為並不是刺激─反應之間的直接連結，而是透過個體的認知作用才導致了最終的行為，因此他主張將刺激─反應(S-R)學習公式，改變為刺激─有機體─反應(S-O-R)的學習公式，其中S是指環境刺激，O是指有機體的內部認知運作，R是最終行為(Santrock, 2000)。1946年托爾曼與他的同事證實了「經驗」在學習行為中所扮演的重要角色，他最著名的實驗即為研究老鼠如何在複雜的迷宮中找到牠們想要走的路，他認為老鼠在迷宮中跑來跑去找尋食物，並不是漫無目的的尋找，而是在透過經驗以發展心理上的認知地圖(cognitive map)，以便於快

圖3-29 認知地圖實驗

圖3-30 剛到一個城市時，我們可能需要看地圖以了解方向與路名，等你熟悉這個城市後，心中的認知地圖就會告訴你要往哪走才對

速找到食物。圖3-29即是一個由八條走道所組成的一個迷宮，實驗者在每條走道末端放置食物，老鼠必須學習走到道路末端尋找食物，但不能走回頭路。經過約20次的練習，實驗者發現老鼠可以不再走已經走過的路，而直接走新的路找尋食物，這顯示老鼠已經能夠認知到走道之間的空間關係，對每次已走過的道路在心理留下記號，也就是老鼠已經對走道的空間關係建立了心理的認知地圖（曾慧敏等，2002）。而近年有關於靈長類的動物實驗或在人類的實驗成果上也可以支持這種學習觀點的建立。因此托爾曼的認知地圖在學習上具有二點重要意涵(Gerrig & Zimbardo, 2004)：

1. 個體會使用空間記憶去認識環境的特徵，並在心理組合成認知地圖。

2. 個體在環境中會透過空間記憶去計畫想要走的路線，試圖去找到想要找到的目標。

（二）頓悟學習

　　另一個以認知取向為主的學習理論為德國心理學家柯勒(Kohler)的頓悟學習(insight learning)，他於1920期間，花了4個月的時間觀察黑猩猩的學習行為，提出了人類的學習並不是漸進式的試誤學習，而是個體對學習情境做過整體的了解觀察，心理突然領悟到要如何才能達到目的的一種過程

(Santrock, 2000)。柯勒用欄杆將黑猩猩區隔在一個密閉的房間，並在欄杆外放置猩猩喜歡的食物（香蕉），與長短不一的棒子。研究結果顯示，黑猩猩雖然無法直接拿到食物，但它會利用短棒去勾取長棒，再用長棒去勾取食物。另一個實驗則將香蕉掛在天空中，黑猩猩用手並無法勾到香蕉，但它為了解決這個問題，猩猩會將身邊的箱子堆高，以取得香蕉。柯勒的頓悟學習在學習理論上具有二點啟示：

1. 個體會透過心理認知運作以解決問題，而並非不斷地嘗試錯誤。

2. 個體能將每次成功解決問題的策略儲存在大腦內，當以後遇到類似的問題情境，就會用這種策略去處理所面臨的問題。

圖3-31　柯勒為黑猩猩所設計的多節棒問題。黑猩猩可用短棒去勾取長棒，再用長棒去勾取食物，由此可知，黑猩猩已經了解棒子與食物的關係，並可應用棒子去解決問題

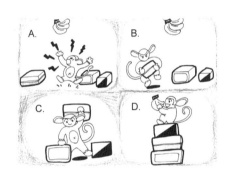

圖3-32　為了拿到掛在天花板上的香蕉，黑猩猩會將箱子堆高，以解決高度不夠的問題

第四節　有效的學習策略

　　心理學家認為除了典型的上智下愚外，學習效果不佳或學習挫敗的學生，主要都是因為學習策略不佳所致。因此培養良好的學習環境，善用有效的學習策略，都可以提高我們的學習效率及學業成就。

一、培養精熟的學習目標

我們應該以是否精熟作為自己在學習評量上標準，並養成與自我比較的習慣，而不是與他人比較成績，因為自己是否學習到東西，才是最真實的學習成果。

二、吸收多元的學習資源

在目前資訊日新月異的時代裡，我們應該將自己學習的觸角延伸到各種學習資源，如網路、雜誌、演講、參與活動等，這都是幫助增廣見聞的有效方法，以拓展自己的學習廣度與增進自己思考的深度。

三、學習時間管理策略

時間對每個人都是相同的，只要充分利用時間並配合有效的學習技巧，都可以提高自己的學習效果。

四、自我調節的學習策略

自我調節學習策略(self-regulated learning)是目前教育心理專家廣為推廣的學習改善方法，主要包含計畫、監控與調整等三個步驟。

1. 計畫：主要是指學習前的準備工作，包含了解自己的學習目標，了解學習材料的摘要內容，以及了解自己學習過程中可能遇到的問題。

2. 監控：監控是自我調整學習最重要的步驟，主要是指我們在學習過程時，能夠監控自己是否具有注意力，以及自己對學習材料的理解程度為何，並能運用自我測驗的方式，了解自己對學習材料的吸收程度。

3. 調整：調整策略伴隨於監控策略之後，主要是透過監控策略，我們能夠了解自身的學習狀況，進而採取改進學習的一種策略。例如在自我測驗中如果發現自己對學習材料的某些內容不甚了解（監控策略），於是進一步採取重新閱讀與理解的動作（調整策略）。

五、增進記憶的方法

運用有效的記憶方法，也可以提高我們的學習效率（張春興，2005）。

1. **專注**：選擇一個不受干擾的學習環境專心學習。

2. **分散學習**：對於困難或繁重的學習課業應該採取分散學習的方式，而非在短時間內大量的記誦學習，以減少學習材料之間的干擾作用。

3. **組織歸納**：將雜亂複雜的內容加以分析、組織與歸納，透過理解後再記憶，才有助於長期記憶的儲存。

4. **心像化或聯想法**：將要記憶的內容，運用心像化的作用以圖像記憶的方式儲存在大腦內，將有助於記憶的保留；聯想法則是將無意義的學習材料與相關事物聯想在一起，或者自己將學習材料自編成一個有意義的故事以幫助記憶。

5. **PQRST方法**：這個方法已被證實是改善記憶，增加學習效果非常有效的方法（曾慧敏等譯，2002）。這方法採取五個步驟的第一個英文字母來命名，分別是：預習(Preview)、提問題(Question)、閱讀(Read)、自我背誦(Self-recitation)及測驗(Test)。

   (1) 預習：以瀏覽的方式先將學習材料預習一遍。

   (2) 提問題：在學習材料的每個主要的段落中，反覆問自己問題。

   (3) 閱讀：仔細閱讀學習材料並在內容的重要句子畫線或做記號。

   (4) 自我背誦：在讀完一段落後，嘗試回憶剛剛記了什麼，並以自己的用語重述剛才記了哪些東西（大聲讀出比較好，但如果並非獨自一個人，則對自己念），以確定自己所背誦的材料是否正確與完整。

   (5) 測驗：當閱讀完一個段落後，你應該測驗自己對學習材料的了解程度，學習材料中事物彼此的因果關係，以及理解學習材料的組織方式。

視覺記憶的訓練

　　視覺記憶是一種心像法的運用，目的在透過圖片聯想，讓複雜難懂的文字或資料轉換成有意義的圖片或影像，讓大腦便於吸收與記憶。

1. 視覺記憶訓練的第一步在於連結不同的圖像，並且將想要記住的東西編成一個故事，所以請您發揮想像力吧！想像力的練習如下圖所示。

練習一：　　　　　　　　　　　練習二：
土司　＋　仙人掌　　　　　　　食道　＋　沙發

 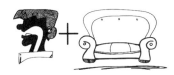

2. 視覺記憶訓練的第二步在於編造故事

練習一：想像你走在一望無垠的沙漠上，口很渴，卻沒水喝，這時你很生氣的將手中的土司朝仙人掌丟過去，結果仙人掌的刺反而將土司卡在仙人掌上，因此是仙人掌導致土司被卡住，所以仙人掌的英文cactus念法近似「卡土司」，這樣透過視覺及想像力，這張圖在你心中是否歷歷在目呢？

練習二：想像你在一個燈光好，氣氛佳的酒吧，你慵懶的躺在沙發上並且移來移去，桌上放著一杯你愛喝的汽水，你毫不猶豫的拿起來喝，當汽水通過食道時，你不經意的打了一聲嗝，所以食道的英文esophagus是「移動」＋「沙發」＋「嗝」，這樣透過視覺及想像力，這個很難記的單字是否變得容易多了（許秀全譯，2006）？

重點整理

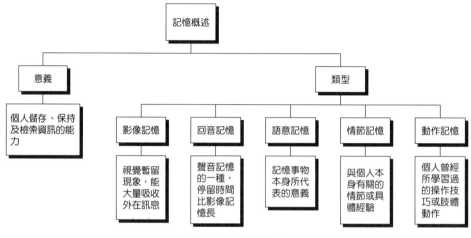

圖3-33　記憶概述

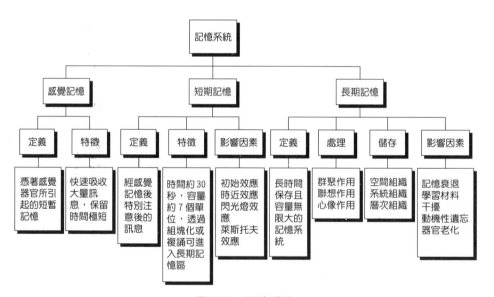

圖3-34　記憶系統

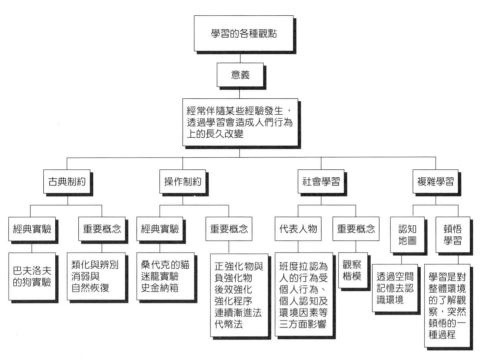

圖3-35　學習的各種觀點

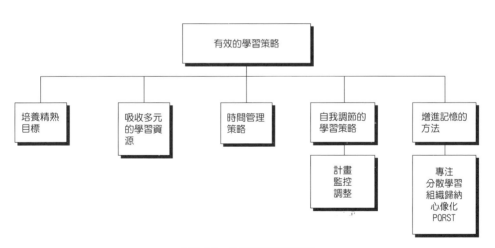

圖3-36　有效的學習策略

 **課後活動**

1. 你的記憶力是不是很靈光呢？試試看下面的方法就知道了，上課前，請隔壁的同學寫下7個數字的號碼，然後自己默念幾次，再試著把這組號碼念出來，如果完全正確，代表這組號碼已進入你的短期記憶區。直到下課前，你再試著將剛剛所記得號碼寫下來，如果仍然完全正確，代表這組號碼已進入你的長期記憶區。

2. 你自己是否有做到時間管理呢？請將上週要完成的事情，根據重要的程度加以分級，並檢查是否有在期限內完成？

> **上週完成的任務檢核**

時間	從　　月　　日　至　　月　　日	完成打√
重要程度	事情摘要	

說明：重要程度分為「A」、「B」、「C」三種，越重要的事情應該排在前面。

3. 請全班同學閉上雙眼，用耳朵仔細聆聽，然後老師用拍手的方式拍出不同旋律，如3-1-2（拍3下、停1拍、拍1下，停1拍、拍2下）或4-1-2-1等節奏，之後再請學生將聽到的節奏拍出來。老師也可以自由變化旋律多寡，以測試同學回音記憶。

Chapter **04** # 行為的發展

本章大綱

────────────── 前言 ──────────────

人類從出生到死亡是個奇妙的旅程，幼時的行為受到先天及生理發展的影響較多，之後隨著個體在生理、認知、心理及社會各層面逐漸發展，行為則深受學習及經驗所影響。基本上，我們身心發展幾乎都呈現相同的次序，只是每個人可以達到的層次並不一樣。儘管如此，每個人在有限的生命旅程中仍可盡力展現自我，經歷並珍惜各種第一次經驗，在不斷反省及尋找自我價值的過程中，或許可以順利渡過各種發展危機，只端視個人是否有足夠的勇氣與毅力。誠如電影「班傑明的奇幻旅程」中的部分台詞頗令人省思：

「一件事無論太晚或太早，都不會阻攔你成為你想要成為的那個人。

這個過程沒有時間的期限，只要你想，隨時都可以開始。

要改變或保留原狀都無所謂，做事本不應有束縛。

我希望你有時能駐足於這個令你感到驚嘆的世界，體會你從未有過的感覺，

我希望你能見到其他與你觀點不同的人們，

我希望你能有一個值得自豪的一生，

如果和你想像的生活不一樣，我希望你能有勇氣重新啟程。」

第一節　發展概述

一、發展的意義

人類行為的發展主要說明個人一生中生理、認知、人格、社會及情緒轉變等過程，不但包含了質和量的改變，也是學習與成熟的結果。所以，發展在個人整個生命過程中一直都在持續進行，不僅是隨著年齡增加，在生理上會持續變化，也包括個人與環境互動後在認知、心理及社會方面的成熟，而這都會反映在個人內在思考及外顯行為上之改變。

二、發展的內涵

（一）生理方面的發展

　　包括從受精卵、胎兒發育成長到老年死亡期間的各項生理變化，包括細胞、器官及各組織系統的成熟，以及感覺、運動、呼吸、消化等生理功能的變化，最明顯可見的是身高、體重、外貌、體態等變化。生理方面的發展與個人所獲得的遺傳基因也有密切的關係。

（二）認知方面的發展

　　認知是指我們對內在與外在環境的刺激，藉由接收、詮釋、組織、儲存、修正、協調及運用等過程所發展出的能力，包括了學習如何解決問題、記憶、分析、推理及抽象思考等能力。認知發展受到中樞神經系統之發育，以及個人經驗之影響，此外也受到先天遺傳基因所影響。

（三）心理及社會方面的發展

　　心理及社會的發展是一個人特有的習性、態度及觀念之統合，以及個人對社會刺激之反應，包括道德、語言、情緒、價值觀、自我概念、人際關係、社會化及社會關係等各方面的發展。

圖4-1　人的行為發展會從個別分化演變成複雜統合

（四）分化與統合

　　人類的生理或心理社會之發展會透過分化的過程，由單純、一般化逐漸演變成較複雜、特殊的型式。如人體細胞會漸漸分化出循環細胞、骨骼、肌肉細胞、神經細胞等；個人對事物的對錯觀念會自學齡前期的單純化演變為成人的複雜化；新生兒看主要照顧者的面貌會由模糊逐漸學會辨識主要照顧者面貌中的細部特徵。當分化過程後，人類個體就會開始將各分化的部位、功能或想法加以組織與協調，進而統合到人類組織系統內。如最初嬰兒手部的動作是用

手指去抓捏，漸漸統合到自己用手去拿東西來吃；心理及社會方面的發展也有這種特性，如幼兒最初對事情的判斷具有自我中心特質，漸漸成長後才能統合他人的觀點並修正自己的看法，因此人類發展的過程也是一種從分化到統合的成長歷程(Gormly, 1997)。

如果世界是一百人村

　　目前全世界約有63億人口，如果我們把它化約成只有100人的小村子，那會變得怎麼樣呢？

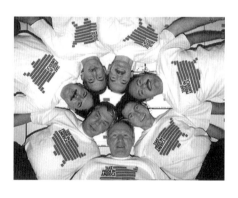

1. 在這100人的村莊裡，57％是亞洲人，21％是歐洲人，14％美洲人、8％是非洲人，亞洲人居多數，其中中國人、印度人及日本人又占絕大多數。

2. 52％是女人，48％是男人，女人其實比男人多。

3. 89％屬於異性戀，11％屬於同性戀，屬於同性戀的比率其實並不低。

4. 70％的人不識字，只有30％看得懂文字，識字的人其實比較少。

5. 80％的人生活在惡劣的環境中，50％的人營養不良，絕大多數的人都處於生活困頓中，其實只要家裡冰箱有食物，有衣服穿，睡在有床和屋頂的房子，你就比世界上75％的人要富裕。

6. 只有6人擁有全世界59％的財富，而且都是美國人。

7. 每一百人，只有1人有電腦，也只有1人能擁有較高的學歷。

8. 如果你在銀行有存款，皮包裡有錢，你就屬於世界上8％的富裕一族，因為其他92％的人都沒有任何存款。（游蕾蕾譯，2005）

第二節　生理的發展

一、生命的開始

　　人類的生理發展從受精的那一刻起開始,精子與卵子結合成受精卵,持續約2週並開始發展內部器官。受精卵會在受孕後2~8週進入胚胎階段(embryonic stage),並在4週時心臟會開始跳動,腦與脊髓也會開始運作,在第8週時即已具有所有器官的雛型,在第12週時已具有人類的外型特徵。第3~7個月為胎兒階段(fatal stage),胎兒開始會有動作,特別是踢腳,也可以透過聽診器聽到胎兒心跳聲。至於胎兒發展至第7個月則是關鍵期,此時早產的新生兒在呼吸系統及保溫箱的協助下可能存活,有些則無法存活。基本上,新生兒從受孕至出生,正常懷孕的時間約為9個月、266天或38週,在懷孕的各階段皆需有健康的母體及子宮,胎兒才能正常的成長(Gormly, 1997)。

　　目前已知對胎兒發展最大的威脅為母親的飲食。母親長期營養不良、亂用藥物、濫用酒精、吸菸,或母親罹患德國麻疹,這些畸胎原(teratogens)皆可能導致胎兒出生時出現心理或身體的缺陷。如孕婦吸菸可能與嬰兒唇顎裂有關;飲酒可能導致胎兒出現酒精症候群(fetal alcohol syndrome, FAS);吸食古柯鹼可能影響胎兒神經發展,造成出生後的注意力不足過動症(Carlson, Heth, Miller, Donahoe, Buskist, & Martin, 2007)。人類在出生後也會有兩個時期成長會特別快速,一為出生後6個月內,另一為青少年期(約持續2~3年);而後者期間較明顯的變化是骨骼肌肉的快速成長,造成在身高、體重及身材比例上的改變,以及生殖系統中第二性徵的發育(Gormly, 1997)。

二、發展的原則

　　人類行為發展模式大致是依照著以下三個原則加以發展(Gormly, 1997)：

1. 從頭到尾的發展(cephalocaudal development)：頭部發展在先，下肢發展在後。嬰兒出生時頭部占全身身長之1/4，嬰兒先學會對頭的控制，再學會控制身體及四肢的活動。

2. 從近端到遠端的發展(proximodiscal development)：軀幹發展在先，四肢發展在後。

圖4-2　三個發展原則決定個體在生理及心理社會各層面上逐漸發展成熟

3. 從整體到特殊的發展(mass-specific development)：在動作發展部分，大肌肉的發展在先，小肌肉的精細動作發展在後；語言則是從單字發音開始發展，再透過句子表達意思。在認知、心理及社會方面，幼兒會先認識具體事物，而後才能學會抽象觀念；先有自我中心的概念，而後才能逐漸學習到團體秩序及道德規範。

心靈加油站

出生季節對孩童的影響

　　澳洲昆士蘭大學與美國哈佛大學兩校學者經過長達7年的研究，發現孩童出生季節可能會影響他們未來身材及智力的發展。兩國學者收集全球各地共2萬1千名兒童的出生資料，分別在這些孩童的出生時、8個月大、4歲，以及7歲等四個階段測量他們的體重、頭圍、身高，以及神經認知發展。與夏秋季節出生的孩童相比較，冬春季節出生的孩童身長比較長；在7歲測量時，冬春季節出生的孩童會較重210公克、較高0.19公

分，頭圍比較大，在智力量表上得分也較高，顯示冬春季節出生的孩童不但體型較大，可能也比較聰明，在生理與認知發展上較理想，不過冬春季節出生者也可能會增加罹患思覺失調症的機率，而且冬季出生的孩童可能也會比較悲觀（McGrath, Daniel, Lieberman, & Buka, 2006）。

第三節　認知的發展

一、皮亞傑的認知發展理論

　　發展心理學家認為人類絕大多數的發展都是先天成長加上後天學習的綜合結果，只是在人類發展各個階段中的比重並不一致。例如：嬰幼兒從爬行、坐、站、走，一直到跑的動作發展受先天影響較大，但在騎車、寫作、彈琴等技巧上則與後天學習較有關係。其中瑞士心理學家皮亞傑(Piaget, 1896-1980)從生物學的觀點強調發展起源於個體內部生理的自然成熟，孩子透過基模(schema)來認識外在環境，當孩子的基模能因應環境的挑戰，則會達到平衡，如無法應付，則會透過同化(assimilation)與調適(accommodation)兩種方式加以因應。同化是指孩子試圖將外在各種訊息透過同化以納入原有的基模，調適則是指孩子會修改本身現存的基模以配合環境的挑戰，這兩種過程會讓孩子的思考越趨複雜與更加精緻化(Stenberg, 1999)，皮亞傑並將個人的認知發展區分為感覺動作期、前運思期、具體運思期及形式運思期等四個階段。

（一）感覺動作期 (Sensory Motor Stage)（自出生至 2 歲）

　　嬰兒的認知發展屬於感覺動作期，憑著感覺與身體動作認識周圍世界，主要思考方式為手觸為真(hands-on)，只有孩童能直接用手接觸到的物體才是真實存在。其中，物體恆存(object permanence)是此時期孩童認知發展的

特色，也就是4個月以下的嬰兒，一旦看不到或聽不到父母，心中就沒有父母的表徵，但到9個月大的嬰兒，就算父母突然不見，心中仍會有父母形象的表徵(Stenberg, 1999)。

（二）前運思期 (Preoperational Stage)（2~7 歲）

幼童在此期認知發展最主要的特點為自我中心，並且開始使用標誌(signs)或符號(symbols)去從事思考活動。例如：孩子會知道男女生廁所的標誌不同，也知道斑馬線的意義。不過此時的孩子仍缺乏具有邏輯性的推理能力，缺乏數量守恆的概念，以及無法做可逆性的思考。例如：同樣是10公升的水，倒進細長的容器水會比較高，倒進較寬的容器水會比較低，但此時期的孩子卻會覺得水變少了（缺乏數量守恆）；至於如果孩子對手拿針筒，身穿白袍的女生認定為護士阿姨，則任何人只要拿針筒穿白袍就會被他們認為是護士，但事實上可能並非如此（缺乏可逆思考）。

圖4-3　三山實驗

圖4-4　數量守恆

皮亞傑先讓兒童從各種角度觀察這座三山模型，再讓兒童看四張從前後、左右等角度所拍攝之照片，然後要兒童指出對面洋娃娃所看到的景象與哪一張照片一樣。結果前運思期的兒童仍然會以自身所看到的景象來解釋洋娃娃所看見之景象，此實驗也證實兒童之自我中心現象。

處於前運思期的兒童缺乏數量守恆的概念，通常只注意到事物的某一部分。上圖男孩會因為一樣的水量倒在高度不同的量杯，而誤以為較高的量杯水量較多。下圖女孩會因為一樣數量的石頭排成不同長度，而誤以為排較短的石頭數量較少。

（三）具體運思期 (Concrete-operational Stage)（7~11 歲）

進入具體運思期的孩子可以在心中透過心智能力去操作各種具體事物，並透過具體事物作邏輯性的推理，也可以透過想像去了解沒有實際看到的過程。另外此時期的孩子多數開始就學，透過學校在閱讀(reading)、寫作(writing)、算數(arithmetic)及推理(reasoning)等 "4R" 教育歷程後，具體運思期的孩子在後設認知（meta-cognition，思考自己如何思考的過程）的能力會逐漸增加，推論別人的思考與感覺等能力也會增加，並影響他們情緒與性格之發展(Stenberg, 1999)。

（四）形式運思期 (Formal Operations Stage)（11 歲以上）

形式運思期的孩子能運用概念的、抽象的，以及形式邏輯的方式去推理，無論是否看過或聽過，都能夠透過思考去做合理的評估與選擇。例如：孩子可以想像外星人的外表與溝通方式為何？並根據推理去評估外星生物存在的可能性有多高。不過屬於形式運思期的青少年也可能會犯個人神話謬誤(personal fable)，是指青少年相信自己比他人特別、更有機會成為英雄或變的更有錢，相信別人的不幸並不會發生在自己身上，因此青少年酒精濫用、危險駕駛及危險性行為就層出不窮(Stenberg, 1999)。另一方面，皮亞傑認為有些孩子可在11~12歲達到形式運思期，但有些孩子可能要到青少年晚期才可達到，甚至有些孩子一輩子都無法達到此階段(Piaget, 1972)。

棉花糖實驗

　　美國史丹佛大學心理學家米歇爾(Mischel)在1960年代募集643名四歲幼童進行一場棉花糖自制力的實驗。他透過暫時離開房間15分鐘，以測試在這時間內幼童是否會吃掉桌上的棉花糖，如果沒有吃掉，該名幼童可再獲得一塊棉花糖作為獎勵。然而如果吃了棉花糖，該名幼童的實驗即結束。結果顯示2/3幼童吃了棉花糖，但1/3幼童則願意「延遲滿足」(delay gratification)，他們會想盡辦法不吃棉花糖。研究人員在14年後找到當初參與實驗且已經長大的青少年，結果發現當初「願意等待」的幼童，會比「不願等待」的幼童，在考試、健康狀況或人際關係等領域都表現較佳，這顯示個人表現除了與智商、運氣或腦部結構有關以外，棉花糖實驗所強調的自我控制與延遲享樂的能力，可能也是導致個人往後是否成功的關鍵因素(Posada & Andelman, 2013)。

二、維果斯基的社會文化理論

　　俄國心理學家維果斯基(Vygotsky)雖然也認同皮亞傑對於個人認知發展來自於內在生理成熟的結果，但更強調後天學習對個人認知發展的重要性。他認為屬於先天遺傳層面的認知發展屬於低心智功能，後天文化層面的認知發展則屬於高心智活動，這也是人類所獨有的能力。唯有掌握語言、文字、數學符號、科學概念等提升人類文化之工具，才助於發展人類高層次的心智活動，除了可提升個人與生俱來的能力，也能將外在事物或他人認知進而內化成自己的心理意義(Daniels, 1996)。

（一）近側發展區 (Zone of Proximal Development)

　　維果斯基認為人類的認知發展過程是將外界社會經驗加以內化的過程，兒童也可以透過模仿他人而逐漸建立起自己獨立解決問題之能力。他將認知發展分成實際的發展層次（孩子不需協助而能發展到的能力）以及潛在的發

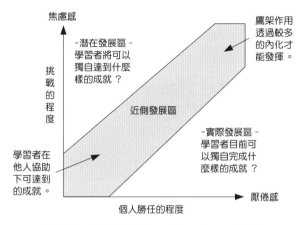

圖4-5 鷹架作用(Victoriaonline, 2009)

展層次（孩子需要靠他人協助而能發展到的能力），在這兩個層次之間的差距稱為「近側發展區」，要真正了解孩子學習能力的發展，必須先了解孩子的實際發展層次與潛在發展層次。其中「鷹架作用」(scaffolding)如同蓋房子過程中的鷹架一般，則是指在近側發展區中，孩子透過成人的協助以及適當的教育，將社會意義及經驗加以內化轉變成自己的心理意義，進而發展到潛在的發展層次。因此家長或師長如能在最適當的時候幫助孩子一臂之力，即可提升孩子個人的潛在能力，達到更理想的學習效果(Santrock, 2004)。

（二）強調語言與文化的重要性

維果斯基認為解決問題及做決定等高層次的心智能力深受文化工具與社會環境的影響。語言不僅傳播思想，也引導個體的思考與行為，幫助兒童發展高層次的認知能力，特別是兒童自我中心的語言能幫助他們思維、解決問題，更具有促進兒童認知發展的重要功能。

圖4-6 幼童透過語言與他人互動或自我對話均有助於提高自我認知能力之發展

未社會化的大狼孩

　　1920年在印度加爾各答東北的一個森林處，許多鎮上居民在晚上看見兩個用四肢走路的怪物跟在狼後面，後來居民打死了大狼，並在狼窩裡發現兩名由母狼所扶養，年齡約7、8歲的小女孩。之後這兩名狼孩就被送到孤兒院扶養，透過身體檢查顯示這兩名狼孩的生理結構與一般人不同，手長過膝，手腕肌肉過人，背骨發達而柔軟，且由於行動與狼相仿，腰部與膝蓋並呈現萎縮現象。當初一名英國牧師帶著居民剛找到她們的時候，她們不會說話、不喜歡穿衣、用四肢爬行，白天找陰暗處睡覺，晚上則發出狼嚎的聲音。此外，由於與狼生活許久，她們怕光怕火，喜歡丟生肉至地上再進食，雖然已7、8歲，但智力卻只達六個月嬰兒，後來雖然經過專家精心教育6、7年，她們學會用腳走路，但只學會45個單字，就算教育到17歲，智力仍只達3、4歲的小孩。狼孩的故事顯示人類的語言、知識與才能需要後天適合的環境才容易發展，社會文化對於個人語言及認知發展具有絕對的重要性（汪向東，2007）。

第四節　心理及社會發展

一、情緒的發展

　　我們人類剛出生時，由於無法言語，所以會透過臉部表情將情緒表達出來。其中依附關係(attachment)是否順利建立，關係到親子關係的品質，也有助於孩子往後發展穩定的情緒。依附關係是指嬰兒對於父母或主要照顧者會有一種強烈的情感聯繫，這種關係建立在父母對嬰兒的餵養照顧，以及嬰兒透過笑容來鼓勵父母對孩子能投入更多的情感。相對的，當嬰兒發展出物體不滅的概念時，如果暫時與父母分開，就會表現出害怕情緒，這種恐懼稱為分離焦慮(separation anxiety)，至於對陌生人也會感到程度不一的陌生人焦慮(Stenberg, 1999)。

二、艾瑞克森的心理社會發展論

艾瑞克森(Erikson, 1902-1994)研究個人一生性格的發展，與佛洛依德最大的差異在於他認為影響個人發展的主要因素來自於社會心理因素而不是性心理或病態因素。艾瑞克森將人類一生的心理社會發展分成8個階段，在每一個階段都有一項主要的危機要面對，這個危機在一生中可能會重複經歷，但大多數的危機是發生在人生中某一個特定階段，而一個人在此階段處理危機的結果，也會影響到他是否能順利通過某一個發展階段。不過艾瑞克森並無提出足夠的統計數據加以說明其理論，其他學者也很難透過研究加以證實(Davis & Clifton, 1995)。

階段一：信任對不信任 (Trust versus Mistrust)

此階段為0~1歲，嬰兒在此階段如果能得到父母或主要照顧者的悉心照顧，將發展出對外在環境的信任感，以及對未來生活的樂觀態度，反之，則會產生不信任感。

階段二：自主性對羞恥懷疑 (Autonomy versus Shame and Doubt)

此階段為1~3歲，幼童在此時期不再過度依賴父母，會開始自主性的學習新技能，如學走路、學說話、自己動手進食，以及使用廁所等。如果成人阻礙這個時期的幼童去做他能做的事或強迫他去做他不會做的事，都可能使他對自我產生羞恥與懷疑。

階段三：進取性對罪惡感 (Initiativ versus Guilt)

此階段為3~6歲，這個年齡的幼童開始學習主動進取及避免犯錯，能做計畫並加以執行，只要父母適當鼓勵，都有助於孩子發展成自動自發；相對的，如果孩子表達自己的期望或想法就受到父母的處罰，可能使他們感到退縮害怕，產生罪惡感。

🧠 階段四：勤奮對自卑 (Industry versus Inferiority)

此階段為6~12歲，此階段的兒童已經開始就學，在學校課業中將學習如何勤學奮發，同時也開始發展同儕之間的社交活動，如果兒童無法發展出這些感受，則會產生自卑感及偏低的自我價值。

🧠 階段五：認同對角色混淆 (Identity versus Role Confusion)

此階段為12~20歲，此階段的青少年將進入一個深入自我探索的時期，試圖去回答「我是誰？」、「我的人生價值為何？」、「我以後會成為什麼樣的人？」等問題。而處於青少年的個體也將整合自我中的智力、道德、性別、價值等概念以成為一個完整的自我。其中有明確角色認同的人能肯定自我，沒有明確角色認同的人則可能產生角色混淆。

圖4-7　在安全的環境下，父母應鼓勵孩子從事自主性的學習

圖4-8　青少年開始建構自我認同，也不斷透過同儕評價及社會比較以建立自我價值

🧠 階段六：親密感對孤立感 (Intimacy versus Isolation)

此階段的個人開始進入成人期，主要任務在於與同性及異性建立親密的關係，並學會付出及貢獻無私的愛，害怕或逃避親密關係的人可能會產生孤獨感，甚至與他人無法互動。

階段七：生產對停滯 (Generation versus Stagnation)

　　此階段為中年期，主要任務在工作上將有所表現，對社會能貢獻一己之力，並從中獲得成就感；反之，如果成人在社會中受到排斥，則容易感到頹廢沮喪。

階段八：統合對絕望 (Integrity versus Despair)

　　此階段為老年期，老年人會開始檢視自己的道德觀，反省自己過去的決策與選擇是否正確，如果他們以自己所完成的人生為榮，沒有牽掛遺憾，則會獲得統合感；反之，一昧惦記自己在過去所犯的錯誤，則會感到絕望。

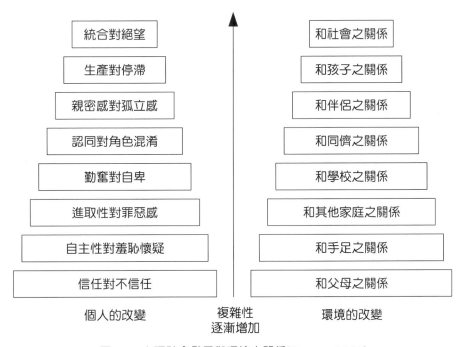

統合對絕望		和社會之關係
生產對停滯		和孩子之關係
親密感對孤立感		和伴侶之關係
認同對角色混淆		和同儕之關係
勤奮對自卑		和學校之關係
進取性對罪惡感		和其他家庭之關係
自主性對羞恥懷疑		和手足之關係
信任對不信任		和父母之關係
個人的改變	複雜性逐漸增加	環境的改變

圖4-9　心理社會發展與環境之關係(Prager, 2009)

彼得潘症候群

　　彼得潘症候群又稱為幼稚症，如同成人嬰兒一般。美國有一名27歲病患凱特，講話語氣及動作手勢就像5~6歲女童一樣，在家時喜歡辦家家酒，睡在嬰兒床及享受包尿布的感覺。她的37歲男友賈斯汀一方面與她保持男女朋友之親密關係，一方面像她父親一樣照顧她，也讓凱特直接叫他爸爸。但只要賈斯汀不在身旁，凱特立刻展現出正常女人之精明幹練及性感撫媚。心理學家認為這類病患多數在年幼時心理受創，缺乏自信，因此在長大之後仍想要返老還童，凱特在年幼時即與母親關係不佳，長大後仍幻想自己是孩子，以獲得父親滿滿的愛，如此才能獲得安全感（CtiTV，2014年1月）。

三、皮亞傑的道德發展論

　　道德雖然是個人性格和社會文化下的產物，但是皮亞傑認為個人的道德發展卻與認知發展密切相關，他相信除非兒童能夠達到某種認知成熟的層次，並排除自我中心思考，否則將無法做出正確的道德判斷(Stenberg, 1999)。皮亞傑透過跟不同年齡的兒童下棋，經由觀察他們的道德推理觀念，將個人的道德發展分為三期(Eysenck, 2002)：

無律道德期（0~5歲）

　　在此階段的兒童完全無法了解社會規範及道德真正的意涵。

他律道德期（5~10歲）

　　此階段兒童的想法相當僵化，認為任何行為都必須遵守規則，個人行為受制於他人的規範（如父母或教師），而對行為的價值判斷在於結果，並不考量行為本身的動機因素。如以摔破杯子的行為決定行為好壞，而不考量為何會摔破杯子的原因。

自律道德期（10 歲以上）

此階段的兒童對於道德的看法不再拘泥於遵守規則，他們可以了解道德規則在某些狀況可以被打破，如透過善意的謊言以安慰他人，減少他人陷入情緒失控的狀況；或在被暴力威脅時，透過謊言以保護自身安全。此外，處於自律道德期的兒童對於行為的判斷，也會取決於做這件事的動機為何，而非只以行為結果作為唯一判斷依據。

四、柯爾柏格的道德發展論

柯爾柏格(Kohlberg, 1927~1987)受到皮亞傑的影響，認為道德推理的能力與個人認知發展的水準有關，他也相信社會規範不只是父母、老師或同儕們對個人行為的約束，個人也可以對道德行為進行獨立的判斷，特別是個人在青春期或成年期之後的道德推理能力仍會持續發展，這種觀點不同於皮亞傑將青春期之後的個體道德行為統稱為自律道德期，因此柯爾柏格的道德發展論更能完整解釋個人的道德發展。柯爾柏格針對受試者對一連串道德兩難故事的反應結果，以形成他的道德發展理論。道德兩難的故事如：「有位婦女因為罹患癌症面臨死亡的威脅，但鎮上有位藥師有特效藥可以解救這名婦女的生命，但藥價非常昂貴；該名婦女的丈夫雖然努力借錢，仍然付不起藥價，而藥師雖然了解這對夫婦的狀況，卻也不願意降價，所以這名丈夫就私自闖入藥房偷取藥物」。您會如何看待這種狀況呢？您的思慮及理由是否周詳呢？柯爾柏格根據男性受試者反應，進而將道德發展分為三個階段六個層次，兒童的道德發展不但會依序通過各個發展階段，無法直接跳過某個階段，也沒有人會退回到之前已發展的道德階段。他將道德發展區分為道德成規前期、道德成規期及道德成規後期等三階段六層次(Eysenck, 2002)。

第一階段：道德成規前期 (Preconventional Level)

幼兒在道德成規前期的行為主要以自我感受為主，只要行為本身能為自己帶來快樂或遠離痛苦都是對的行為。

1. 第1期（服從與懲罰取向）：滿2歲的幼兒會因為害怕受到處罰，而去遵守既定的權威或規範，通常父母權威就是造成幼兒行為服從之因素。

2. 第2期（利己主義取向）：約4歲的幼兒會以公平交換為主要準則，秉持他人幫忙我，我就幫忙別人的信念，去做行為結果對自己較有利的事。

第二階段：道德成規期 (Conventional Level)

在道德成規期的幼童會開始重視他人的感受及觀點，並期望獲得他人的讚許。

3. 第3期（好孩子取向）：7歲左右的兒童會有善良的動機，希望透過取悅及協助他人，而被父母或同儕所接受，也會觀察別人的反應而調整自己的行為。

4. 第4期（法律與秩序取向）：約10~12歲左右的兒童會開始發展社會秩序的觀念，相信個人義務的重要性，並遵守法律規定及社會規範。

第三階段：道德成規後期 (Postconventionl Level)

道德成規後期屬於道德發展的最高階層，這時人們會根據道德正義與相互尊重的原則作為行為規準，關心人類的尊嚴和福祉，並不會屈服於社會壓力或威權。

圖4-10　想像觀眾的效應
青少年會想像有一群觀眾注意他們的儀表與行為，會過度在意他人對自我的評價，常陷自我中心而不自知

5. 第5期（社會契約取向）：介於13~15歲之間，人們會開始了解法律或規則並非一成不變，應隨著民主而隨時修訂，道德行為也是根據個人權利及社會認同來加以判定。

6. 第6期（普遍倫理取向）：約從15~18歲之間，此時人們在心中已有一套道德判斷的原則，外在規範並非一定要透過文字加以條例化，而是以抽

象的原則存在個人心中，如正義、平等及尊嚴等，不過很少人能到達第6
期，多數人則停留在第5期(Eysenck, 2002)。

　　實際上即有不少青少年具有假裝愚蠢(pseudo stupidity)及明顯偽善
(apparent hypocrisy)的現象，他們事實上已非常精明，卻故意表現的一無所
知，透過假裝愚蠢以操弄他人；另一方面，青少年雖然認為他們不需要遵守
多數人所遵守的規定，如此才能與眾不同，但也容易顯現出表裡不一的偽善
行為，某些人可能平常滿口仁義道德，但實際上卻一樣從事飆車、作弊或丟
垃圾等不道德行為（黃德祥，2000）。

不道德行為之調查

　　柯爾柏格在1975年曾比較三個不同道德發展階段之學生作弊行為，其中
70％道德成規前期的學生會作弊，55％道德成規期的學生會作弊，以及15％
道德成規後期的學生會作弊(Eysenck, 2002)。這似乎代表年齡越大的學生，
理論上道德發展應較成熟，不道德行為應下降才對，但事實真的如此嗎？早
期美國Hassett曾於1981年針對2萬4千名青少年及成人進行一項大規模的不
道德行為之調查研究，多數人承認在過去一年中曾為了利己或對付他人，做
出不道德或違法的行為，調查結果顯示90％以上的人曾超速，85％以上的人
曾說謊，65％以上的人曾將辦公室公務用品帶回家以及在考試中作弊，60％
以上的人曾違規停車，40％以上的人曾喝酒開車，30％以上的人曾欺騙過朋
友。另一項值得心理學家關注的不當行為即為大學生的作弊行為，我們常聽
到大學生一到考試就這樣說：「寧可沒人格、不可不及格」，彷彿一到考試
就非作弊不可。也有調查顯示大學高年級會比低年級會作弊，男生也會比女
生更會作弊，常見的作弊形式為交換考卷、偷看別人考卷、帶小抄、刻字在
書桌或其他物品上、偷翻教科書、考後利用機會更改答案或分數、冒名頂替
或利用電子器材舞弊等。許多人認為作弊是為了保護自己不會被當，也可以
節省許多時間學習，但比較令人擔心的是許多學生在心理並不把作弊當作是
一種不道德的行為（黃德祥，2000）。

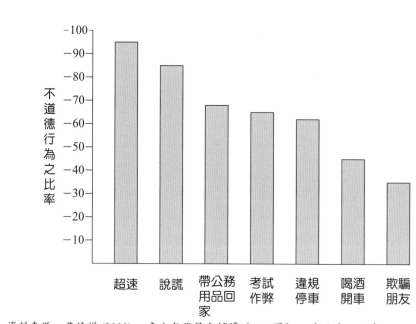

資料來源：黃德祥 (2000)．青少年發展與輔導（375 頁）．台北市：五南。

重點整理

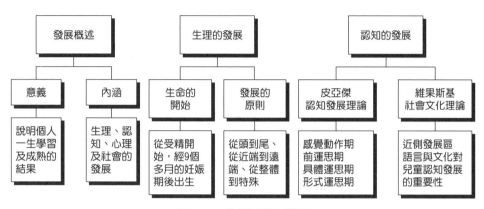

圖4-11 生理及認知發展

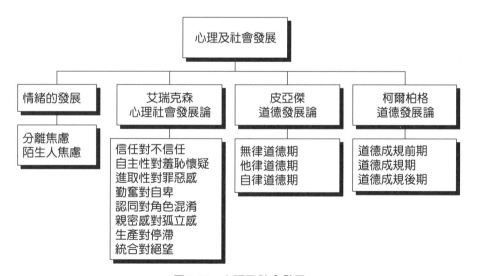

圖4-12 心理及社會發展

 **課後活動**

一、心有靈犀一點通

　　透過這個遊戲，可以建立兩人之間的合作關係，進而拉近人與人之間的心理距離。進行的步驟如下：

1. 兩人一組，分別指定一人為A，另一人則為B，再給每組一支麥克筆或白板筆。

2. 兩人只用食指共同控制筆的頭尾兩端，不可用其他指頭輔助，其中A主導做各種「上下」、「左右」、「前後」、「畫圈圈」或「翻滾」等動作，再搭配音樂在教室空間內任意的遊走，B則要跟著A做各種動作，且筆不可落地，待音樂結束則停止。

3. 主持人將筆收回，請AB兩人分別用手指相隔1公分的姿勢重複步驟二的動作（動作可加大加快，自由發揮，甚至跳躍）。

4. 請AB兩人以食指接觸的動作重複步驟二的動作（兩人手指不可分開）。

5. 請AB兩人以手掌碰觸的動作重複步驟二的動作（兩手掌不可分開）。

6. 最後請AB兩人討論這活動的意義，是否透過合作與手指互動能縮短兩人心理之間的陌生距離呢？

二、雕刻家

　　想像教室即為一間國際雕刻藝術之展覽大廳，透過雕刻家所雕刻的人體藝術，可讓雕刻家將自己的情緒、想法或潛意識，投射在雕像的動作姿勢上。步驟如下：

1. 將所有人分成內外二圈，內圈人為雕像，外圈人站在每具雕像後面，即為來自世界各地的知名雕刻家。

2. 由雕刻家站在雕像前後，並用口語指導或雙手協助的方式，任意將雕像做出各種自己想要的姿勢（站、跪、躺、趴均可），其中臉部也要有表情，至於當雕像的同學則不可反抗。

3. 雕刻後雕像必須固定住姿勢，再由雕刻師去參觀別人所做的作品，並分享別具雕像所代表的意義，切忌不可取笑別人的作品。

　　一名雕刻師要老奶奶做出這樣的姿勢與表情，您覺得老奶奶這個姿勢代表什麼意義呢？您能夠理解這名雕刻師為何要老奶奶擺出這樣的姿勢嗎？這老奶奶的姿勢其實投射出這名雕刻師的內心世界！

Chapter 05 動機與情緒

---- **本章大綱** ----

前 言

「他生下來，他畫畫。

　他死去，麥田裡一片金黃，

　一群鳥鴉驚叫著飛過天際。」

法國詩人Baudelaire

這個人你一定很熟悉，沒錯他就鼎鼎有名的畫家—文森・梵谷(Vincent van Gogh)。後世他的畫作雖被人傳誦，但在生前他的畫作卻只值五分錢。梵谷用他的畫作來表達內心的苦悶，及對這個世界所遭遇的挫折，而他悲劇性的命運，則以自殺作為結束。他的一生中充滿了許多的矛盾，也留給後世許多的疑問，像是他為什麼割下自己的耳朵？他自殺的真正原因是什麼？這些都牽涉到二個心理學上很重要的主題，人的「動機」和「情緒」。梵谷為什麼自殺就有好幾種說

圖5-1　梵谷自畫像

法：他向一個妓女求歡不成，於是割下自己的耳朵來證明自己的誠意；因為與他的好友高更（另一知名畫家）吵架，在酒醉不清時，很懊悔地割下自己的耳朵；也有一種說法是，酒醉的高更和梵谷大吵一架後，在憤怒下把不醒人世的梵谷的耳朵割下來；神經生理學家則認為他得了梅尼爾氏症候群，把耳朵割掉是為了減輕內耳過度累積壓力所造成的痛苦…。梵谷的畫裡充滿了許多的情緒，也留給人們許多的問號。

理解一個人的動機和情緒，並不是件容易的事，但卻讓許多心理學家深深著迷，努力拼湊出關於人的圖象。在第一節裡我們將介紹動機，也就是人為什麼做一件事的理由，第二節我們介紹情緒的相關理論，並在第三節說明如何對情緒進行管理。

第一節　動　機

　　人常喜歡猜測別人行為背後的理由？人為什麼要這樣做？像你發現班上的大頭上課都在睡覺，你可能認為：「他天生就是嗜睡，生理的需求就是如此」、「大頭是被家裡逼來唸書，所以學習動機不高」、「大頭為了生存需要，每天晚上要打工，所以睡眠不足」、「大頭被女生拒絕，愛情的需求得不到滿足，所以沮喪地整天睡覺」等。用「生理需求」、「學習動機」、「生存需要」、「愛情需求」來解釋大頭的睡覺行為，就是動機。

一、動機的定義

　　動機(motive)係指「使個體活動，並促使該活動朝向某一個目標進行的心理內在歷程」（張春興，1995）。這個概念聽起來很容易，我們也常用這個詞彙來形容人，但是要研究它卻不是那麼容易，因為相同的行為可能由不同的動機所造成。另外，人類表層的動機也許容易猜測，但底下真實的動機也許就未必如此表面所顯示，像有人向你示好，有可能是真的喜歡你，也有可能因為你比較有錢，想要討好你。佛洛依德的理論也提醒我們，人類行為背後的動機因素，可能更

圖5-2　你覺得這個人為什麼會爬到紅綠燈上呢？是看熱鬧？還是有反社會性人格？

大部分是來自潛意識。小明努力讀書，表面看起來是為了成就動機，但他自己沒有發現的是，這樣的行為可能是為了向父親證明自己也可以像他一樣。

二、需求階層理論

　　人類的動機有許多，人本主義心理學家馬斯洛(Maslow, 1970)認為，這些動機都是為了滿足人類的需求，需求是構成動機的基本要素，可以用五個階層來涵蓋：生理需求、安全需求、愛與歸屬的需求、自尊需求和自我實現需求（圖5-3）：

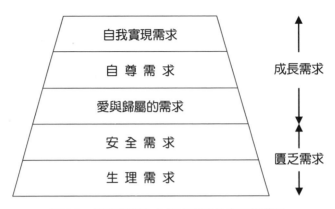

圖5-3　馬斯洛認為人的需求可分成五個階層

1. **生理需求**：維持個體生存和發展的基本需求，像是呼吸、睡眠、飢餓、口渴、性慾等。這些需求在所有需求占有優勢的地位，只有這些需求滿足後，高一階層的需求才會產生。

2. **安全需求**：當生理需求滿足後，隨之產生的就是安全的需求，包括身體上的免於威脅和傷害，和心理上的免於恐懼、害怕和混亂。

圖5-4　對你來說，如何才是自我實現呢？

3. **愛與歸屬的需求**：希望被人愛（親情、友情、愛情）及明確地希望成為某個團體的一份子，這種需求是種親和需求，希望能與別人建立深厚的關係。

4. **自尊需求**：希望自己有成就、有信心，受到別人尊重，也能夠產生自尊，這不只是因為做某件事所帶來的物質滿足，更是在心理上覺得受到別人或自己的肯定，而帶來的一種心理上的滿足感。

5. **自我實現需求**：這是促使自己潛能得以發揮，成為自己想要成為的理想人物的需求。有時為了達成這個終極理想，即使犧牲一切，也不放棄追

求人生的最高境界。像文天祥成仁取義或是南丁格爾爭取護理尊嚴的努力。

自我實現的南丁格爾

　　南丁格爾(Nightingale)來自英國的上流社會，原本家人的期待是希望她長大以後可以嫁給家世相當的人。17歲的那一年，在花園裡，她突然聽到上帝對她的召喚，希望她為窮苦的人服務，於是她下定決心要從事護理工作。

　　那時護理被當作是很卑下的工作，多由出生貧苦的女子擔任，她的父母極力反對她從事這個工作，甚至禁止她出門。但是，她並沒有因此而氣餒，反而閱讀了大量的保健書籍，並到倫敦的醫院做看護士的工作，同時也到中低階層的家庭裡去關心兒童的生活。她的堅持終於說服了父母，在31歲時，她開始從事她所喜愛的護理工作，並致力於改善護理的工作條件。在她的努力下，成立了世界上第一所專門的護理學校，並親自到戰場從事護理照顧，使當時英軍在土耳其克里米亞戰場死亡率，從42.7％下降到2.2％。這個成果讓大家都震驚，也使得護理工作逐漸為大家所重視。

　　南丁格爾在護理工作的改革做出了重大的貢獻，也提升了女性在醫療環境中的地位，她高貴無私的精神，正說明了自我實現對個人與社會的重要。

參考資料：《科學發展》2004 年 2 月，374 期，34~41 頁。

　　馬斯洛的需求階層理論認為，較低階層的需求必須先被滿足，才會追求更上一層的需求，所謂「衣食足而後知榮辱」，當基本需求（衣、食）得到滿足後，才會追求愛及自尊（榮辱），否則只會一直停留在某個較低的階層裡。雖然這個傾向是先天的，但這個次序並非不能改變的，例如：在火場

時，母親為了救自己的孩子（愛與歸屬的需求），而犧牲自己的性命（安全的需求）。

　　馬斯洛認為，人必須追求更高的境界，而不應受到較低的需求所限制，如果一直停留在較低的需求，人的存在就是種匱乏，而我們應該追求的是一種存有，這也就是馬斯洛所形容的自我實現的需求。當我們追求的是這種終極的目標，才能夠得到真正的滿足。馬斯洛形容這個過程就像是登山，達到自我實現的人會體驗到一種「高峰經驗」(peak experience)，這是一種達到自我理想所產生超越時空與自我的心靈滿足感。

圖5-5　高峰經驗是種超然忘我的經驗

厭食症與暴食症

　　一般人對於生理的需求達到滿足後，追求生理的動機就會降低，像口渴了，喝完水就不會想再喝了，或是吃飽了就不會想再吃了。但是有些人對於飲食的慾望卻無法控制，形成了厭食症(anorexia nervosa)或暴食症(bulimia)。

　　厭食症多半是發生在12~18歲的青春期女性，她們對於體重的變動非常敏感，常因此有憂鬱或焦慮的情緒，即使體重已經非常輕了，她們還是覺得自己太重，因而拒絕進食，由於長期下來處於營養不良狀態，身體變得非常虛弱，甚至可能停經或餓死。像美國著名的重唱團體「木匠兄妹」，其中的妹妹因過於重視自己的外在，最後苦於厭食症而過世。

和厭食症相反，暴食症的病患常會過度進食，在短時間內不停地反覆吃高熱量的食物，所攝取的卡路里可能是人一天所需的十倍以上。他們並不是因為飢餓而進食，而是食物能夠給他們一種滿足感，大吃後會感到短暫的愉悅，但隨之而來是強烈的自我批評及沮喪的情緒，自行引發嘔吐，或者濫用通便劑來減輕體重。這樣的情況可能會反覆上演，特別是遇到壓力大，或者是心情不好時，情況變得非常嚴重，最後因為體重增加的太快，不敢出門，也影響了其社交的生活，變得非常沒有自信。像英國女子團體「辣妹」中的成員媚兒喜，曾經因為壓力太大罹患暴食症。

這兩種疾病是種心因性的疾病，反映了他們對於自我形象的過分要求，患者不正常的飲食控制，反而影響到自己的健康，得不償失，所以愛美的你，千萬要有正確的飲食觀念。

三、成就動機

為何有些人全力以赴，努力達成目標，而有些人卻害怕挫折，對於挑戰畏懼、膽怯。心理學家默瑞(Murray)提出「成就動機」這個概念。他認為成就需求可以使我們去克服障礙、追求成功，努力去完成目標(Murray, 1938)。成就動機高的人，較容易面對挑戰，勇於克服障礙；成就動機低的人，則一遇到困難就容易放棄。他發展出來的主題統覺測驗(TAT)，後來常被用來測量成就動機(McClelland, Atkinson, & Clark, 1953)。這個測驗有一系列像是圖5-6的模糊圖片，受試

圖5-6　你覺得這個女生在做什麼事呢？

者必須說出「你覺得他們在進行何事？」如果你覺得圖片中的女生「在寫筆記復習功課」，那你的成就動機就比說是「在寫情書給男朋友」的同學來得高。

　　我們當然希望自己是高成就動機的人，但是什麼因素會影響成就動機呢？心理學家提出兩個重要的概念，來說明影響成就的因素。

1. 內在動機與外在動機

　　我們會去做某件事，有可能是因為它本身就是件有趣的事，或者是因為會得到某些報酬，你才去做的。前者心理學家稱之為「內在動機」，後者則被稱之為「外在動機」。例如：如果你今天來學校唸書，是因為求知本身對你而言，是件有趣的事，這就是內在動機；如果你是因為滿足家長的願望，害怕被懲罰，這就屬於外在動機了。根據心理學家的研究，同樣一件事，內在動機所產生的持續力是遠比外在動機來的大。所以做任何事都要先問自己是否喜歡它，若是只在意它所帶來的利益，往往很難真正有成功的一天。

2. 期望

　　我們做某件事情的動機也會受到個人期待的影響，每個人都希望得到自己期待的事，而逃避所厭惡的事，因此在行動前我們會先分析結果，來調整自己的行為。許多人努力唸書，是希望自己上個好學校，將來會有較好的

圖5-7　內在動機所產生的學習，遠比由外在動機來的長久。如果你是像右圖的女孩，隨時隨地都會有閱讀的樂趣

就業機會，因此就產生了學習的動機，這種對未來的期望，是產生動機的重要因素。他人的期望對我們的行為也有重要的影響，心理學上有一個名詞叫「自我證成的預言」(self-fulfilling prophecy)，它是指自己的認定往往導致最後結果的實現(Rosenthal & Jacobson, 1968)。

　　心理學家曾經做過個實驗，原本資質相同的兩個班級，老師特別對甲班的學生說，他們在智力成績的表現很優異，希望他們好好用功學習，而對乙班的同學沒有特別的期待，到期末考試時，甲班同學的成績明顯高於乙班，這就是「自我證成的預言」所造成的效果(Rosenthal & Jacobson, 1968)。因為甲班同學相信自己比較優秀，就會加倍努力，自然在成績上有較好的表現。你看只要老師的一句話，就可以發揮這麼大的效力，所以相信自己會成功的人，終究會成功，而覺得自己會失敗的人，也會失敗。所以凡事要有自信，才能有志竟成。

圖5-8　根據自我證成的預言，老師的期望對學生未來的表現有很大的影響

心理學中的希臘神話

　　心理學上的「自我證成的預言」，在教育界有另一個名字，叫「比馬龍效應」(Pygmalion effect)。這其實有個典故，在希臘神話中，塞浦路斯(Cyprus)王是比馬龍，他善雕刻，特別是人物，有一次他用盡心力，雕出一座至善至美的少女雕像，並把她取名叫柯莉蒂(Galatea)。由於雕的太像真人，比馬龍將之視為夢中情人，日思夜想，而陷入熱戀，於是他日夜祈禱，希望雕像變

成真人。愛神阿芙蘿戴蒂（Aphrodite，亦即羅馬神話的維納斯）見其感情真摯，最後賦予雕像生命，使兩人結為夫婦。教育學者就用「比馬龍效應」來指如果你抱持某種信念，最後的結果往往就會如你所想的實現。

第二節　情　緒

我們每天的生活裡都會有情緒，請試想一下，你今天有過的情緒有許多種，可能有：早上被媽媽叫起床有「不爽」的感覺；刷牙時咬到舌頭很「衰」；早餐的香腸讓你吃得很「開心」；上學路上被急駛而過的車子「嚇了一跳」；數學老師叫你上台算題目，解不出來很「懊惱」；偷看隔壁班的小美覺得像飛到天堂般的「幸福」；小便時旁邊站著人心裡很「緊張」等。人一天的情緒可能經歷過許多的變換，情緒包括哪些部分？而我們又要如何面對呢？

一、情緒的成分

人和機器人最大的不同，可能在於人是情緒的動物，而機器完全是理性的產物。我們常用「太過情緒化」，來指涉那些行為太受個人主觀意識影響的人，但如果有人說你是「沒有感情的動物」，又是一種負面的形容。有情緒是好還是壞呢？情緒包含了哪些部分呢？

圖5-9　進到教堂會使你有種神聖的感受，是受到刺激情境所造成的

心理學家拉扎羅斯(Lazaras, 1991)認為情緒包括六個成分：

1. **刺激情境**：不同的刺激使人所產生的情緒會有不同。像米奇常引起快樂的感覺；電影中的殭屍則讓人有害怕的感受。

2. **主觀體驗**：這是指我們心理的主觀感受，也就是我們言語所指的情緒詞。因為心理反應有時是很主觀的，因人而異的，相同的刺激可能引起完全不同的情緒。

3. **認知或解釋**：情感是伴隨著人的認知過程產生的，不同的認知解釋，可能產生完全不同的情緒反應。像同樣是下雨天，有的人因為下雨覺得很麻煩，所以很「討厭」下雨；但另一個人，看著雨滴落下，聽著雨聲，覺得很詩意，反而「喜歡」下雨天。不同的認知和解釋，往往造成不同的情緒感受。

4. **生理反應**：情緒往往伴隨著一定的生理反應。當你在看恐怖片時，害怕會使你的心跳變得很快、身體會發抖、手掌出汗、口乾舌燥。身體會產生這些現象，往往是交感神經和腎上腺素作用的結果，它可以使我們的身體對較危險、緊急的情況做出準備。以下是交感神經和腎上腺素作用時，我們身體可能會出現的反應：

   (1) 血壓上升。

   (2) 呼吸速率加快。

   (3) 心跳變快，使流往身體各部分的血流量增加。

   (4) 流汗，造成膚電反應的改變。

   (5) 瞳孔變大。

   (6) 血液中的血糖增加，以應付突來的能量需要。

5. **表情**：隨著情緒的產生，我們的身體常會產生相對應的肢體反應，像生氣時，你可能會怒目而視，甚至怒髮衝冠，這些反應常具有示警的作用，使別人知道你現在在什麼樣的狀況。這樣的作用在動物身上更具重要的作用，因為動物沒有真正的語言，常要藉著身體反應來傳達一些訊息，像我們所熟知的，狗高興時會猛搖尾巴，害怕時會夾著尾巴。有些

圖5-10　人在憤怒時會有明顯的面部和肢
體表情

圖5-11　動物常用身體來表達牠的情緒，像狗
會搖尾巴來表示對你的歡迎

　　人甚至認為，這種非語言的訊息比起語言的訊息來得準確，也許你可能
很討厭某個人，但不想讓對方知道，雖然嘴巴上說沒有，但別人觀察到
你正眼也沒有瞧過對方，就知道你心裡真正的想法為何，所謂「身體會
說話」就是這個道理。

6. **行動反應**：經歷到某些情緒時，人會傾向做出某些反應或系列動作，來
回應這個情緒。像害怕時許多人的第一個反應就是逃跑；喜歡某個人
時，就希望整天陪在他（她）身邊，或是更接近的身體碰觸。

　　這六個成分，反映了情緒的產生包括很多層面，它們之間可能是相互
關聯，同時又相互影響的。我們舉「遇到熊產生害怕情緒」為例，來說明這
六個成分相互間的關係（圖5-12）。 所有的情緒都會有這六個成分，你也
可以試著分析自己快樂、悲傷、緊張、猶豫等不同情緒，是否包含了這些成
分，透過這種分析你可以更容易辨識情緒的不同狀態。

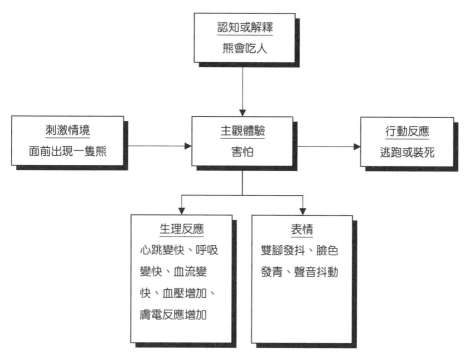

圖5-12 「遇到熊」時，害怕的情緒成分間的相互關係

圖5-13 看到熊會害怕是因為我們對熊的認知導致了情緒的產生

測謊器

　　因為情緒往往伴隨著一定的生理反應，我們可以利用多項記錄儀(polygraph)來測量各項生理的數值，如測量心跳、呼吸、血壓和膚電反應等，這個儀器有另外一個較為人熟知的名稱，就是測謊器。測謊器基本的原理是，人在說謊時會有些緊張，這和正常的生理反應不同，根據測量所得的數據和沒有說謊（反應基準線）所測得的數據相比較，就可以知道這個人有沒有說謊，如下圖所示。左邊的是正常的反應基準線，右邊的生理反應產生較大的反應波動，我們就可以合理懷疑受測者是不是有說謊的可能。

　　雖然名叫測謊器，但這個儀器卻不是每次都能成功測量，因為有些人就算沒有說謊，回答也可能會有緊張的反應，呈現說謊的結果，或是有些人（情報人員）可以藉由練習，不會出現說謊的反應。因為這些問題，目前在法律上測謊器只能作為調查的工具，而無法當作是法律上的直接證據。

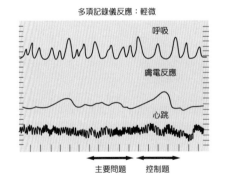

多項記錄儀反應：輕微

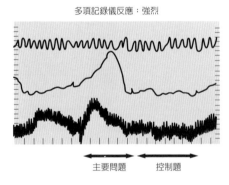

多項記錄儀反應：強烈

二、基本情緒理論

　　在我們中文的詞彙裡，我們可以找到一
大串有關情緒的形容詞或成語，這些語彙可
以幫助我們更精確的說明個人的內心狀態。
但根據心理學家謝佛(Shaver, 1987)的研究，
他發現人類有六種最基本的情緒：愛、高
興、驚訝、生氣、悲傷和恐懼，其中愛、高
興、驚訝是正面的情緒，而生氣、悲傷、恐
懼則是負面的情緒（圖5-15）。謝佛認為，
人類的所有情緒都可以由這六種情緒所組
成，所以這又稱為「基本情緒理論」(basic
emotion theory)，其他的心理學家找出來的

圖5-14　驚喜是由高興加上驚訝
所組成

基本情緒或有不同，但也認同謝佛的看法，認為人複雜的情緒是由一些較基
本的情緒所組成。像驚喜是由驚訝和喜悅兩種基本情緒所構成的，快樂加上
害怕就等於罪惡感。

圖5-15　這六種基本情緒分別是：愛、高興、驚訝、生氣、悲傷和恐懼

三、情緒的表達

(一) 面部表情

　　人的臉部有許多的小肌肉群，這些肌肉群的不同組合，就形成了面部豐富的表情。面部的表情是人類情緒表達的主要來源，當你想知道某個人的情緒為何，第一個反應就是看他（她）的臉部表情，圖5-17顯示了一些常見的面部表情，你可以對照看看自己出現這些情緒時，是不是也會有這些臉部動作呢？有些研究顯示，面

圖5-16　到不同的部落裡，面部表情是最直接的溝通方式

部表情具有「跨文化」的特性，也就是不同民族或文化的人，對於面部表情的認知是類似的(Friedlund & Ekman, 1975, 1987)。試想像，假如你今天身在非洲的某個部落裡，雖然聽不懂他們的語言，但是看他們的表情，你也可以發現他們是歡迎你，或是對你很生氣。一般而言，快樂、生氣、悲傷、害怕等基本情緒較容易分辨，但忌妒、懷疑、同情等次級情緒就較難分別。

圖5-17　試想看看，當你出現這些情緒時，臉部表情是不是也如圖所示

（二）身體表情

　　除了用面部表情，身體也可以反應出我們的情緒狀態。回想一下，當你生氣時，會有哪些身體表情呢？是不是會緊握拳頭、胸部挺起、胸腔有點起伏呢！當我們產生情緒時，除了面部表情，還會利用身體來加強情緒的狀態。像：高興時會熱情擁抱；讚賞對方時會拍拍對方；悲傷時會搥胸頓足；驚訝時會用手遮口等。面部表情具有跨文化的特性，但有些身體表情卻往往是由當地的文化所決定的，像熱情擁抱往往在西方社會中較常見，在亞洲文化中，就算是非常高興，也很少出現擁抱的現象；手勢也是一種身體表情，常常是受到當地文化所影響的。

圖5-18　在西方文化擁抱常是表現熱情歡迎的意思，但日本文化裡對客人擁抱是種不禮貌，而多用鞠躬禮作為歡迎之意

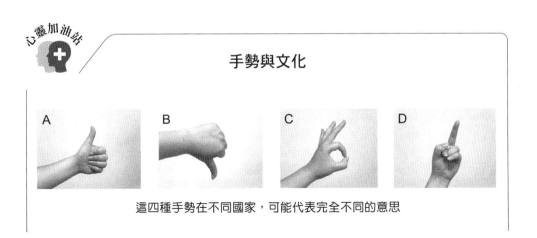

心靈加油站

手勢與文化

A　　B　　C　　D

這四種手勢在不同國家，可能代表完全不同的意思

手勢作為一種身體表情，在不同文化下的意涵可能是不同的。像圖A「正豎拇指」常表示「同意」的意思，相反的，圖B「倒豎拇指」則是不同意的通用手勢，但在古羅馬鬥士競技場，羅馬皇帝會用正豎拇指表示戰敗者的命運是「生」，倒豎拇指表示「死」。如果你看過電影「神鬼戰士」，應該對這一幕還有印象吧。正豎拇指在美國還可表示搭便車；但是在希臘，你最好不要太常比，因為這代表侮辱的意思；對中國人而言，正豎拇指還可表示，你很「好」或做事「高明」等意思。圖C「OK」這個手勢是我們常用的，最早這是來自美國的通用手勢，表示「很好」、「沒問題」，可是在拉丁美洲，這卻是「肛門」的意思，沒事千萬不要亂比；在亞洲國家，這個手勢更常用來表示「錢」的意思，或則代表數字的「三」。我們現在常可看到人用伸一根中指，如圖D，來表示「詛咒」或「心裡很不爽」的意思，但在尼泊爾和緬甸，這樣的手勢卻隨處可見，因為它表示數字「一」。

在不同的文化下，有各式各樣的手勢，千萬要搞清楚它所代表的意義，否則不但無法正確的溝通，反而成為誤會的開始。

（三）聲調表情

同樣一句話用不同的聲調說出來，會帶來完全不同的感覺。例如：「你好棒」這句話用讚嘆的語調說出來，表示讚美之意，可是用嘲諷的語調則帶來完全不同的情緒感受。也許你可以注意的到，當我們處在不同的情緒下，說出來的音調高低、速度和節奏完全不同，害怕時說話停頓不連續，高興時語調輕快而強烈，悲傷時說話低沉而平緩。

四、情緒的行為理論

還記得前一章提到的行為理論嗎？行為主義認為情緒是制約反應所習得的一種行為模式，行為主義的創始人華生曾用一個實驗來證明這一點。華生和瑞那(Watson & Rayner, 1920)在實驗室讓一個11個月大的小孩和小白兔在一起玩，原本毫無害怕，甚至很開心，後來實驗者在兔子出現的同時，在小孩的背後突然發出金屬的聲響，這個聲音使得小孩受到驚嚇。經過重複這個

過程，小孩子最後只要看到兔子，就算沒有金屬聲響，也會覺得害怕，產生全身收縮、哭泣、逃避的現象，明顯形成對兔子的恐懼制約反應。這個過程，我們可以用圖5-19來表示。經過數週後，實驗者甚至發現，孩子不僅對兔子產生害怕反應，只要是白色或有毛的物品都會害怕，像有毛的玩具、聖誕老公公的鬍子，很明顯的這樣的連結已經產生類化(generalization)的現象。

試回想看看，你是否對某項東西或是場所，莫名地產生很強烈的情緒，如果從行為主義的角度來看，你也許像這個小孩般，形成制約反應的學習，只是你忘記這個經驗，但是情緒的習得還繼續留下來。

制約前

制約後

圖5-19　情緒的學習制約過程

特定場所畏懼

情緒的習得有時可以非常強烈，甚至變成一種精神疾病的傾向，特定場所畏懼(agoraphobia)就是其中一種情緒性的精神疾病。特定場所畏懼的病人會害怕到人多或密閉的場所，他可能會不敢去看電影，不敢乘電梯，不敢到人多的餐廳，不敢到百貨公司，一到陌生的場所，很容易會有恐懼的情緒出現，而且覺得氧氣不夠，自己的心臟缺氧，會有頭暈、胸悶的現象，如果沒

有馬上離開就會昏倒。這種精神疾病，從行為主義的觀點來看，是恐懼情緒被制約的結果，就像是那個怕兔子的小孩，也許在這些病人早期經驗裡，因為某事引起的恐懼經驗，和人多和密閉場所連結在一起，因為情緒的經驗是強烈的，學習的連結又是十分穩固的，使得原本引起恐懼的事情消失後，這種習得的制約情緒仍然沒有消失。目前在心理治療上，使用行為治療法已經可以很好的治療這種場所恐懼症了。

第三節　情緒的管理

　　每天我們都可以在報紙上看到許多悲劇的新聞，從這些案例上，我們都可以發現，許多人都不善處理情緒問題，面對感情的拒絕、關係的斷裂、工作上的挫折，都用非常激烈、玉石俱焚的方法來報復，造成無法彌補的遺憾。目前教育最大的缺點，就是偏重知識的傳授，忽略情感教育的培養，我們一直追求高IQ的學習，成績

圖5-20　每天的報紙上都可以看到許多情緒處理失當的例子

變成唯一的標準，所培養出來的學生卻不知如何面對生命中的挫折。

　　近來，EQ（情緒智商）的概念逐漸被我們所重視，美國心理學家Goleman(1995)研究那些成功的人後發現：「人生的成就至多只有20%歸諸IQ，80%則受其他因素的影響，包含自我了解、溝通能力與處理情緒的能力。」如何覺察自己的情緒，運用情緒來協助思考，並調整情緒的能力，是人格成熟很重要的一部分。

一、理性—情緒理論

　　人為什麼會有困擾呢？心理學家艾里斯(Ellis, 1962)（圖5-21）認為，心理的困擾大多是來自不合邏輯或不合理的信念，如果我們能利用理性思考，減少非理性思考，大部分的心理或情緒困擾就可以解決。在日常生活裡，我們常把不愉快的情緒歸因於外在的事件所引起，像心情不好是因為做錯事被父母罵、難過是因為失戀所造成，這些「事件」導致情緒不好的「結果」。艾里斯認為，並不是事件引起情緒，而是個人對事件的「認知」或「想法」才是引發情緒最重要的因素，換句話說，被父母罵並不會造成情緒不好，而是被父母罵後，你覺得「他們不喜歡你了」或「他們對妹妹比較好，只會罵你」，這些想法才是引起情緒不好的主要原因。所以「失戀」也不是造成

「難過」原因，而是你認為「他不是說永遠愛我嗎？怎麼變了」或「我是不是一個不值得人愛的女孩」，這些想法使我們的情緒受到影響。

艾里斯提出理性—情緒理論（又稱為ABC理論），來解釋人的情緒為何受到影響，以及如何進行改變的模式，我們用下面的例子來說明。小惠和男朋友交往了2年，原來過著甜蜜的生活，有一天，男友突然跟他說，他與小惠的好朋友小華在一起了，小惠從此非常痛苦，痛恨男友與小華，從此不再相信男人，也不願意有太好的朋友。圖5-22用ABC理論來解釋，男友和好友小華在一起是引發的事件(Adversity)；小惠覺得很痛苦，而不願再相信男人

圖5-21　心理學家Ellis

與好友，是這件事件帶來的「結果」(Consequence)。從小惠的角度來看，是因為男友與和小華在一起才造成她的痛苦，也就是A導致C，但艾里斯認為，導致C最主要的其實是B，就是小華對這件事的信念(Belief)，也就是她看待這件事的觀點。

小惠可能覺得「男人沒有一個是好東西，天下的男人都是喜新厭舊」、「自己最好的朋友其實也會背叛自己」、「沒有永遠的關係，最親近的人其

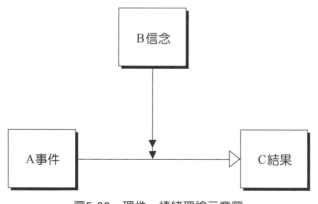

圖5-22　理性—情緒理論示意圖

實都無法相信」等。艾里斯認為是這些信念使得小惠痛苦，而不是事件本身，如果可以改變她的信念（也就是B的部分），把原本這些「非理性的信念」變成較「理性的信念」，就不會有負面的結果產生了。所以小惠可以試著改變自己的想法，例如：「我遇到一件很倒楣的事，但幸好認清了事實，也許我可以找到更好的人」或「其實我和男友本來就不適合，小華反而跟男友較有話可聊，也許我應該祝福他們」，當我們用這些「理性信念」來思考，就不會有負面的情緒。

　　理性—情緒理論告訴我們，面對挫折時的態度，可以轉換成更健康的態度，自然能有較好的EQ。表5-1是艾里斯認為我們常會出現的非理性信念，你可以想想自己是不是會有這些傾向呢？

▶ 表5-1　艾里斯認為人常會出現的非理性信念

1.	每個人都需要得到生活中所有對自己重要的人的喜愛和讚許。
2.	一個人必須能力十足，在各方面都有成就，否則就不是個有價值的人。
3.	任何人做錯了些事，都應該受嚴厲的責罵與懲罰。
4.	如果事情不如所預期的發生會很糟糕、很可怕。
5.	不快樂、不喜歡是由外在因素所造成，個人無法控制。
6.	我應該非常掛心危險可怕的事情，隨時擔憂它可能再度發生。
7.	面對困難與挑戰不如逃避來得容易省事。
8.	一個人應該要依靠別人，並且需要一個比自己強的人做依靠。
9.	過去的經驗決定了現在，永遠無法改變的。
10.	每個人應該為他的難題或困擾而煩惱。
11.	人生中的每個問題都應該有一個正確完美的解答，如果得不到，將是很糟糕的事情。

二、情緒的調適

　　理性─情緒理論幫我們發現自己負面的情緒來源，並調整自己的非理性信念，但有時人是情緒的動物，無法那麼理性的面對自己的感覺，適當的情緒調適方法就變得很重要，下面介紹幾個情緒管理的技巧。

圖5-23　人有時像是戴面具的小丑，把快樂呈現給別人，卻把悲傷留給自己

（一）覺察並接受自己的情緒

　　無論你遇到什麼事，最重要的就是先要能夠看到自己怎麼了，知道自己現在的情緒狀態在哪裡，才有可能去解決，特別是負面的情緒常容易被壓抑，自己一時無法察覺。像有些人過分理性，很少了解自己的感情，但這些負面的情緒沒有被感受到，並不表示沒事，就如心理分析理論的觀點，當自我受到威脅和衝突時，常用心理防衛機制來處理這些負面的情緒，當這些負面的情緒不被看到，並不表示它被處理完了，有時反而用不健康的方式表達出來。當我們遇到壓力、挫折、困難時，應多把注意力從外在移向自己，不斷地問自己現在的感覺是什麼？時間一久，你對自己的覺察力才會提升，對自己的情緒越來越了解。

（二）適當的時機來表達

　　人總是會有情緒，當你發現心裡有情緒時，不用勉強自己要隱藏，適當地表達出來是好的，但如何表達是重要的。如果男朋友和朋友出去，忘了問你的意見，你覺得很生氣，等到他回來時，立刻怒氣沖沖地罵了他一頓，這樣只會讓他也覺得生氣，彼此吵起架來，最後事情沒有解決，反而把關係弄僵了。如果能等一會，先想想自己為什麼生氣，你所在意的是哪一部分，思考一下如何表達，這樣才是真的在「溝通」，而不是只是在發洩自己的情緒。同時，也要衡量對方的狀況如何，適不適合這個時候，讓他知道你的情緒，否則他不想理你，覺得你只是無理取鬧，反而讓自己更生氣。

（三）使用「我訊息」來表達

　　心理學家高登(Gordon, 1975)在研究溝通時發現，如果在表達時多用「我訊息」，而少用「你訊息」來表達情緒，往往可以收到較好的效果。平常人有情緒時多習慣用「你訊息」，像「你是怎麼讀書的呀？考得這麼爛，乾脆不要讀算了」、「你都不愛我，所以才會每次都和朋友在一起，都不管我了」、「都是你害的，上星期找我出去玩，不然我不會這次考試考的那麼爛」…，把原因歸因在別人身上，是人的慣性，但這樣的表達往往讓對方更容易生氣，因為你好像在責怪他似的，大部分的人受到這樣的批評，都會有防衛的心，開始否認，甚至反擊，所以很難得到對方善意的回應。心理學家建議，多表達自己的處境和情緒，把焦點集中在自己身上，而不是在別人身上，這種「我訊息」會產生較佳的溝通效果，像上面的例子，我們可以這樣說：「我們當父母的其實很擔心你，考試考不好對你將來的前途有大的影響，希望你告訴我，我們可以怎麼樣幫你？」、「每當你去找朋友時，我都會覺得很孤單，看到朋友的男友都陪著她，我實在覺得很羨慕」、「這次考試考不好，我很難過，要是我沒有太貪玩，跟你出去，也許我可以考得比較好」，這種把自己的情形說清楚，而不是指責對方的說法，反而更能使對方思考自己是不是也有不對的地方，達到正向的溝通。

（四）適當的宣洩

　　負面的情緒累積過多，而沒有發洩，總有一天會火山爆發出來的，就像是水庫的水位滿了要洩洪一樣，負面情緒累積過多，也需要把這些壓力暫時解放一下，才有力氣再面對新的壓力，否則很容易就被擊倒了。最好的方法，是找個人談談，把它說出來往往有一種安定心情的力量，就像一般說的找人「倒

圖5-24　適當的運動是抒解情緒的好方法

垃圾」，把負面的情緒倒出來，心理才會變得健康，累積過多的垃圾會汙染自己的心靈。找人說還有一個好處，在訴說的過程裡，整個事情可以變得更清楚，對問題有更好的釐清，從原來被情緒淹沒，變得更理性些。有些人會用傷害自己的方式來宣洩，這是個很不好的作法，也許用美工刀在手臂上輕輕的割，不會流太多的血，但是這無法使我們變得理性，只會學習用不斷傷害自己或傷害別人來逃避。其他一些適當的方法可能有運動、唱歌、藝術、旅遊等，都可以試試看。

憂鬱症

　　你是不是也有心情不好的時候，因為考試失利而挫折、因為失戀而消沉、因為父母責難而難過，這些是憂鬱症嗎？其實憂鬱情緒每個人都會有，但要到某個程度才算是憂鬱症，我們要區辨「憂鬱情緒」和「憂鬱症」的不同，前者是人暫時的情緒反應，而後者才是病。每個人都會有心情不好的時候，有時心情不好是壓力所造成，這些壓力源可能與「人」（情人、家人、朋友）衝突，或與「事」（工作、讀書、病痛等）的不順遂有關。這些心情低落多半在幾天後，因為壓力源消失後，你的心情就變好，像原本和朋友吵架，心情煩悶，和好後自然變得開朗了。這些情形下，雖然有憂鬱症情緒，但持續的時間和強度都未到達憂鬱症的程度，那麼你只是在「憂鬱情緒」，也就是「鬱卒」的狀態。但如果你憂鬱的程度明顯較其他人強烈，或憂鬱的時間明顯地拖得較久，你就有可能得到「憂鬱症」，我們可以從三個指標來判斷：

1. 情緒：與過去相比，原來感興趣的事情現在幾乎都不感興趣？心情幾乎天天都很低落，無法開心起來，常愁眉不展、心情緊繃？
2. 生理：個人會毫無食慾，但有時又會暴食，以致短時間之內體重明顯下降或增加快速？常常失眠或嗜睡？會覺得疲憊，整天覺得有氣無力？

3. 心理：注意力變得難以集中？對自己毫無信心或覺得自卑，覺得沒有改變的可能？對未來覺得無助或絕望？腦中常覺得生活沒有意義，有想死的意念，甚至做出自傷的行為？

　　如果你有了上述的症狀，其強度或持續時間較一般人嚴重或過久（憂鬱情緒連續「二週」以上），很有可能得了「憂鬱症」。應該要主動尋求專業的協助，你可以就近到學校的諮商中心或輔導室，先找老師談談，幫你釐清是憂鬱情緒或憂鬱症，如果真的有憂鬱症的傾向，可以到醫院的精神科或身心科，尋求更專業的協助。有憂鬱症並不丟臉，就像是人會感冒，會得一些生理的疾病，只要你主動找人幫忙，憂鬱症也是會好的。

　　網路上進一步的資料有：

財團法人董氏基金會心理衛生組 http://www.jtf.org.tw/psyche/

　　（內有青少年憂鬱情緒自我檢視表、董氏憂鬱量表－大專生版、台灣人憂鬱症量表等）

KingNet 國家網路醫院 http://www.kingnet.com.tw/

重點整理

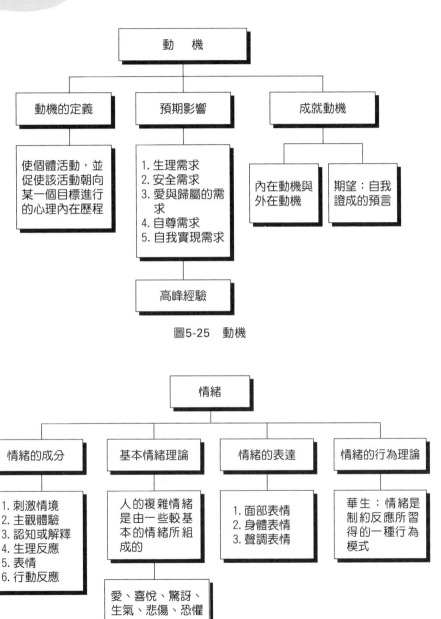

圖5-25　動機

圖5-26　情緒

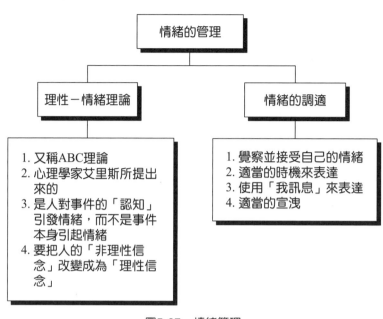

圖5-27　情緒管理

 課後活動

一、情緒比一比

請老師先將全班同學分成兩組，每組再推派3~5名同學作為代表，到台上進行比手劃腳。比賽的規則是：上台的同學不能說話，只能用臉部或身體的動作來表現成語的意思，同組的同學則要把課本闔上，只能根據台上同學的表演，猜測答案。相同時間答對越多題的組獲勝。

與情緒有關的成語：

第一組		第二組	
哭喪著臉	眉飛色舞	面色蒼白	樂極生悲
眉頭深鎖	嗤之以鼻	滿臉通紅	怒目而視
哭笑不得	咬牙切齒	鬱鬱寡歡	惱羞成怒
喜上眉梢	七上八下	人心惶惶	悶悶不樂
一唱三嘆	千歡萬喜	大快人心	又驚又喜
大喫一驚	不苟言笑	千頭萬緒	欣喜若狂
氣急敗壞	一言不發	一笑置之	忐忑不安
一氣之下	坐立不安	面紅耳赤	歡天喜地
大喊大叫	憂心忡忡	怒髮衝冠	喜出望外
又哭又鬧	平心靜氣	喜怒哀樂	樂不可支

※ 材料請老師自行增減

二、謊言終結者

美國曾有一部有名的電視連續劇「謊言終結者」(Lie to Me)，劇中團隊透過分析人的「臉部動作編碼系統」，來了解人是否有說謊的傾向。請和同學討論，劇情當中的合理性，以及是否有可能透過微表情，來了解內心的真實想法，同時請同學分組，試著透過觀察微表情來比賽，猜對被觀察者內心答案的正確率。

MEMO

Chapter 06 人　格

本章大綱

─── **前　言** ───

他慢慢在路上走，問他自己：「你究竟要從教室中和老師那裡學什麼？」雖然他們已教了你許許多多，他們不能教的是什麼？於是他想：「是我」，我希望明白它的性格和本質。我想把自己從「我」中解脫出來，我想征服它。但是我征服不了它，我只能欺騙它，只能從它飛開，只能躲開它。的確，世上沒有東西像「我」，這樣地占據我的思想，這是個謎：我活著，我是一個人，我與別的每一個人分開，我與他們每個人都不同，我是西達塔，關於我自己，關於西達塔，世上沒有東西我知道得比這更少了。

赫塞，流浪者之歌（徐進勇，1987：40）

你是怎麼樣的人呢？這是我們常在問自己或問別人的事，人是複雜，有時又不容易了解的，認識自己或認識別人，是我們平常就在做的事，在心理學，這是屬於人格心理學的領域。人格心理學嘗試用整體的觀點來看人，把人的不同面向用某個角度來理解，更重要的是，人格心理學提供了了解心理病理和心理治療的基礎。在這一章裡，我們要介紹四個較重要的人格理論，這四個取向在前面的章節已經談到過，但我們要看它們對人格的看法為何；第二節我們會說明如何對人格進行評鑑，也就是人格測驗。

你了解自己嗎？你眼中的自己是什麼樣子呢？

 第一節　人格理論

一、人格的意義

同樣出生在貧窮家的小孩，有的人面對困境，積極向上，具有樂觀的態度；有的自甘墮落，隨波逐流，好逸惡勞；有的逆來順受，具有堅忍的個

性；有的悲嘆自己的命運，鬱鬱寡歡…。相同的環境下，不同的人表現出完全不同的行為，這些獨特的個人特質，常被我們視為人格的一種表達。這種有組織、有獨特性的行為和思想傾向，決定了個人面對外在環境的慾望和表現，並具有一定的穩定和持久性，這就是「人格」(personality)。在心理學裡，用來解釋人格的理論其實非常多，但較常被提到的主要有精神分析論、特質論、人本論以及社會學習論。以下我們分別說明這四個理論的內涵。

二、精神分析論

第一個有系統的對人格進行研究的學派，是佛洛依德所創立的精神分析學派。他在19世紀，經由觀察病人的心理和行為，逐漸提出他對人格的理論建構，他的理論是如此的重要，而又影響深遠，甚至對文學、社會科學乃至社會文化都產生了重要的影響。

圖6-1　佛洛依德

佛洛依德的生平

佛洛依德(Sigmund Freud)是個猶太人，出生不久，就全家搬至維也納，並在此生活了大半輩子。他的父親是個不成功的羊毛商人，但是對家人卻是相當的嚴格而專制，他的母親比他的父親年輕20歲，較瘦弱，但卻較能表示出愛。佛洛依德成年之後，回憶童年，他感覺到比自己的父親優越，同時對他的父親充滿敵意和憤怒，對母親又有種強烈的情感和依附，這種對父母差異的情感，便成為日後建構戀母情結的舞台，也成為他理論中很重要的一部分。佛洛依德對母親的情感很深，一直到其母親去世之前，他很堅持每天都要和她喝下午茶，而且風雨無阻。

年輕時的佛洛依德與他母親

　　佛洛依德認為，性的本能對人是很重要的，精神性疾病的衝突常來自於性慾的衝突。他指出對性壓抑可能會造成的後果，但他對性的態度卻是負面的。在他40多歲的時候，他明顯的拋棄了性生活，並有陽萎的現象，在同時，他經歷了一段嚴重的精神困擾，有極度的焦慮情形，也被許多生理上的症狀所困擾。佛洛依德花了3年時間，研究自己的夢，對自己進行精神分析，從而體認到自己對父親的敵意，對母親懷有著性的渴求，在這段期間，他的理論也得到最大的進展。

　　佛洛依德的理論有許多的部分是來自自己的經驗，因此也有人認為他的理論用來解釋他這個人最為符合，雖然有人覺得這個理論未免過於獨斷，受到許多批評，但正因為佛洛依德對自我分析的深入，使得精神分析的理論成為20世紀最受到注目的心理學理論。

照片及參考資料：Ernst, F., Lucie, F., & Ilse G. (1985). Sigmund Freud: His life in pictures and words. New York: W. W. Norton.

　　佛洛依德認為促使人產生行為的基本動力，是本能(instincts)，這是一種驅使人行動及決定方向的一種力量。佛洛依德相信，我們天生受到特定的本能張力，這會使我們感覺到內在的焦慮，為了降低這種焦慮的感覺，我們必須一直不斷地去用一些行動，降低我們的焦慮。佛洛依德認為有兩種本能是最基本的：「生的本能」是為了個人和群體的生存而服務，會驅使我們去尋求食物、水和性等需求；「死的本能」則是會驅使我們去破壞和攻擊。佛洛依德認為，在生命本能中，對人格最重要的是性的本能，在他的人格理論中的大部分，都是圍繞著性被壓抑和放縱這個主題發展出來的。

（一）人格的結構

　　佛洛依德認為人格結構分為三個部分，本我(id)、自我(ego)、超我(superego)（圖6-2），這三個部分都有其運作的原則和功能，其交互作用的結果決定了一個人的人格和行為。

1. 本我：這是完全以生理需求行事的我，追求慾望的滿足，它遵從的是「快樂原則」。佛洛依德認為本我像是慾望沸騰的大鍋，尋求直接的滿足，而不考慮現實的可能性與社會的接受性。

2. 自我：兒童在人格的發展過程裡，發現並不是所有本我的需求都可以立即得到滿足，於是就必須考慮到現實因素，發展出來的部分就是自我。自我遵從的是「現實原則」，它代表著理智的部分，在人格的結構裡扮演著仲裁者的角色，監督本我，協調超我，處理個人內在與外在環境間的關係。

3. 超我：超我是人在社會化過程中，學得的道德態度，它遵從的是「道德原則」，也就是良心。它將外部的規範化作內在的道德力量，像父母的要求「你不應該…」、「你不能夠…」，都會轉化成為兒童的「我不應該…」、「我不能夠…」。

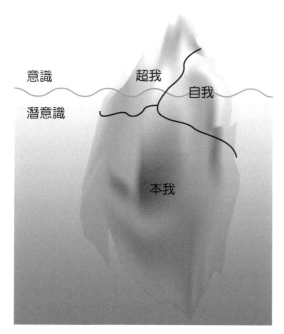

圖6-2 這個圖顯示了本我、自我與超我之間的關係

　　佛洛依德認為本我、自我、超我，如果能夠彼此協調，保持平衡發展，個人的人格就能夠正常發展。如果三者間沒有取得平衡，個人就會經歷焦慮，必須用防衛機制來處理，若是過度依賴防衛機制，或是長期都無法平衡，就有可能變成心理的問題。

（二）自我防衛機制

　　自我在面臨本我和超我的衝突時，會產生焦慮感，防衛機制是自我用來降低焦慮時，一種無意識且自發的反應。佛洛依德指出數種人們會採用的自我防衛機制，如表6-1所示。

　　防衛機制是我們行為的一部分，每個人都會採用這些方式來面對內在的衝突，以保持心理的健康。但若過度使用，則會對人格的發展有不利的影響，無法真正去審視自己的問題，面對自己的焦慮，嚴重還可能變成心理疾病。

司馬遷像
（摘自明代王圻：《三才圖會》）

圖6-3　有一種心理疾病是強迫症，他會不停的洗手，就算手已經很乾淨了，還是持續洗手，甚至可能把手洗到破、流血，還無法停止。從精神分析的角度來看，患者可能是做（或想）了某些讓他感到罪惡感的事，為了減低做（或想）這些事的焦慮，於是用洗手來「抵消」，用這種心理防衛機制來轉化

圖6-4　太史公司馬遷，因李陵事受累，為避死而自願遭受宮刑，後憤發著書，完成中國最重要的歷史著作《史記》。若從精神分析的觀點來看，這是司馬遷使用了防衛機制的「昇華」，把無法發洩的性本能轉化到歷史研究上

> 表6-1　自我防衛機制

壓抑	自然或無意識地將意識中感受到的焦慮，壓到潛意識中，使我們暫時不會感受到威脅的存在。例如：受到性侵害的被害人，常會將創傷經驗遺忘，這並不是真的遺忘，而是把相關經驗壓抑到潛意識裡
否認	對於已經發生的不愉快的事實加以否認，這是在心理上不能忍受眼前的事實所帶來的痛苦，而寧願相信一切都是錯誤。例如：自己的親人死亡了，卻拒絕承認，一直不願意舉辦喪事
反向作用	為了對抗焦慮，而主動表現出與心理想法完全相反的行為。例如：一個對性有強烈渴求的人，可能在別人面前表現出一副完全厭惡與性有關的態度
投射	為了降低心中的焦慮，而把不被接受的衝動都歸究在別人身上。例如：有的學生考試會作弊，常會認為別的同學也都一定會作弊
退化	遇到挫折或壓力時，放棄使用已學習的成熟態度來面對，而採取原始、幼稚的方法來面對。例如：有些人失敗後，開始封閉自己的內心世界，常會生病或腹瀉；或者出現小孩般的行為，躲避責任，希望受到照顧
合理化	重新解釋我們自己的行為，使它看起來較為合理或是能夠被我們自己所接受。例如：伊索寓言中《狐狸與葡萄》的故事，狐狸因為吃不到葡萄，於是就說葡萄是酸的，這種得不到就找個理由自圓其說，就是合理化
替代	把自己對某件事或某個人的情緒轉移到另一個對象上，作為替代性的發洩，例如：在學校受到委屈，回到家裡就一直抱怨母親做得菜很難吃；或是常被人欺負，又不敢還手，就回家打小狗出氣
理智化	遇到對自己敏感的情緒時，用完全冷淡的態度來談論，這種把理智置於情感之上的作法，可以保護個人免於遇到令人尷尬的經驗。例如：當你遇到非常喜歡的人，為了掩飾心中的緊張，會一直用很理智的態度，談論學生不應該談戀愛的論調
抵消	藉著做某件事來彌補，以減少先前行為的焦慮。例如：你不小心把媽媽最喜歡的花瓶打破了，會用幫忙做家事來減少自己的罪惡感
昇華	將不被接受的需求轉化成為可被接受的活動。例如：因為失戀，可能使你寄情於詩文之中，用文學的形式來轉化自己的失落，這是一種正向具有積極意義的防衛機制

（三）人格的發展

佛洛依德認為人格的發展，起源於嬰兒時期「性心理」的發展，早期經驗的影響，成為日後個人行為的基礎。他提出五個階段的性心理發展，每個階段所投注的身體部位都不同，但都會影響到下一個階級的發展。

1. 口腔期(oral stage)

出生到1歲半左右，嬰兒主要透過吃奶和吸吮等口腔動作來滿足，這個階段性的滿足區是口腔，有時嬰兒會不斷地把各種物品放入口中來得到滿足。如果口腔的滿足無法達到，或是太過放縱，則會產生「固著」(fixation)的現象，即到長大之後還會尋求

圖6-5　在口腔期的嬰兒，為了達到口腔的滿足會不斷地嘗試去咬各種物品

口腔的滿足，像現實生活中，有些成人還有咬筆頭、咬手指，甚至過度吸菸或一直想嚼口香糖的習慣，在佛洛依德看來都有可能是屬於「口腔型人格」。

2. 肛門期(anal stage)

1歲半到3歲，這個時期性的感受區在肛門。兒童藉由大小便的排放和保留來得滿足，但與父母親的大小便訓練產

圖6-6　這是德國街頭的流浪漢，從精神分析的觀點來看，這些行為都是肛門型人格的後遺症

生衝突，如果過度放鬆或過嚴，就會產生肛門期的固著現象。結果到成人階段，過度放鬆會造成人格過分邋遢、不拘小節、生活雜亂無章、時間觀念薄弱等行為；過度嚴格則會表現出過分注重整潔、吝嗇、小氣、極端守規矩等行為，這些都是「肛門型人格」所產生的後遺症。

3. 性蕾期(phallic stage)

3~6歲，兒童從撫摸性器官或自慰得到快樂，所以稱為性蕾期，這個時期。兒童出現一個特殊現象，小男孩愛戀自己的母親，而視父親為競爭對手，此為戀母情結(Oedipus complex)；相似的，小女孩則愛戀自己的父親，視母親為競爭對手，佛洛依德稱此為戀父情結(Electra complex)。但小男孩或小女孩懼怕來自另一方父母的懲罰，於是開始對他們產生認同，例如：小男孩希望自己將來像父親一樣當警察或軍人，小女孩可能希望自己像母親一樣變成賢淑女性。

4. 潛伏期(latency stage)

7~12歲，這個階段超我逐漸發展，兒童的性慾轉移到替代性的活動上，如學習或是體育活動上，性需求被壓抑而潛抑。

5. 生殖期(genital stage)

青春期之後，由於性器官發育完整，男女產生顯著的性別差異，於是開始有了較親密的兩性生活，性的需求以孕育下一代為目的。

精神分析與希臘神話

伊底帕斯情結

戀母情結這個詞我們常聽到，其實這個字的英文 "Oedipus complex" 是來自希臘神話，Oedipus（伊底帕斯）是個悲劇人物。據古希臘的傳說，伊底帕斯原是底比斯王的兒子，因為有神蹟預言，這孩子長大後會殺父娶母，底比斯王害怕預言成真，所以出世後就把他丟棄，但被牧羊人所撫養，後來因緣際會被鄰國科林斯王收養。長大

之後，他聽到關於自己的預言，以為科林斯是自己的父親，為了逃避可怕的預言，決定離開了他的養父母，沒想到在旅途上殺死了他所不認識的親生父親，又因除妖有功，被民眾推為底比斯王，娶了他所不認識的親生母親，並生下兒女。後來，底比斯國發生瘟疫，他求神問卜，竟然發現了真象，他的皇后其實是他母親，而他殺死了自己的父親，在悔恨之餘，伊底帕斯刺瞎了自己的雙眼，自我放逐，而他的母親也受不了這個事實而自殺。佛洛依德引用這個希臘神話的典故，把小男孩憎恨自己的父親、愛戀自己的母親的潛意識，稱之為伊底帕斯情結。

伊萊克特拉情結

戀父情結的英文詞彙是 "Electra complex"，和戀母情結相同，這也和希臘神話有關。伊萊克特拉(Electra)是希臘聯軍統帥阿加米倫的女兒，因為希臘對特洛依的戰事維持了很久，王后因寂寞而有了情夫，後來阿加米倫得勝班師回國，王后和她的情夫害怕東窗事發，於是用計殺害了阿加米倫。伊萊克特拉憎恨自己母親的行為，就鼓舞她的弟弟領兵入宮，殺死她的母親和姦夫。佛洛依德就把這段女兒為了報父仇殺害母親的故事，比喻為女孩愛戀父親憎恨母親的戀父情結。

三、特質論

當我們看到社會新聞上，有某些人做了一些壞事，我們常聽到人說，那是他們天生有暴力傾向，或是班上有同學較少與其他同學互動，我們也常會認為，那是他們比較內向。這些說法，都反映了人們心中的一個看法，覺得他們人格上有種「特質」(trait)，這種特質使他們時常出現某種固定的行為傾向，這種傾向是跨越環境的，而且基本上是天生的。因此，我們會認為一個誠實的人，在大部分的情形下，都會產生誠實的反應，並產生許多一致的行為。

這種觀點很容易被我們所接受，古人就曾提出許多相似的看法，像中國早在秦漢時的《皇帝內經》中，就根據五行說將人分成金、木、水、火、

土，五種類型的人。西方也早在希臘時代Hippocrates認為人是由四種體液（血液、黏液、黑膽汁及黃膽汁）所組成的，每種體液對應一種氣質，一個人體內如果某種體液占優勢，相對映的氣質就會表現的較明顯。雖然古代這些說法，較不被現代心理學所重視，但這些觀點基本上都是一種特質論，特別是他們強調人格的差異可以反映在生理上，這是很獨特的。

艾波特 (Allport) 的生平

艾波特誕生於美國，他是家中的老么，他的母親是教師，父親原本是商人，後來成為一位醫生。艾波特小時對運動和遊戲不在行，無法成為哥哥們的玩伴，較為孤單，只能專注在課業上。他也很努力想要成為朋友的注意焦點，並在成績上有突出的表現，但當他高中以第二名的成績畢業後，他認為這是「平凡無奇」。到了大學後，似乎到了一個新天地，他開始對社會服務感到興趣，並積極參與義工團體，他發現在這些活動中可以得到滿足，因為他真的喜歡幫助別人，「它帶給我一種勝任感，並彌補了人心的自卑感」。他相信人的動機，能夠幫助一個人克服性格中的缺點，並成為功能自主獨立的人格。艾波特自身的經驗使得他對人格，感到興趣，並進行了許多研究，因為他自身的努力在美國心理學中得到許多的獎賞，並成為一位極有影響力的學者。

艾波特曾有一次與佛洛依德的會面，那時他還是年輕的學者，當他艾波特進入佛洛依德的辦公室時，他發現佛洛依德有些沉靜，於是他便提到來訪途中的一段小插曲，來化解這個尷尬。他說他在車上看到一個非常怕髒的小男孩，那這個男孩非常怕髒，於是在車上不斷更換位子，並且告訴他的媽媽別讓一個骯髒的男人坐在他旁邊。當佛洛依德聽艾波特一說完，馬上就問「這個小男孩是不是你？」艾波特對佛洛依德的說法感到非常震驚，趕緊改

變話題，然而這次事件卻深深銘印在艾波特心中，多年後他曾説到「這次會面對他而言是具創傷的」，他懷疑精神分析是不是探索潛意識過頭，並成為他在人格理論上的論點。有趣的是，到底艾波特是不是正如佛洛依德所觀察的呢？許多心理學學者的看法，都認為佛洛依德正中了他的要害，艾波特確實在性格上出現許多「過於注重細節、守紀律的行為」，就如同佛洛依德強迫性人格的許多特質(Fadiman & Frager, 2001)。

現代特質論的代表人物，主要是艾波特(Allport)。他認為生活在相同環境下的人，會有一些共同的個性，像中國人較內向、拉丁人較為熱情、英國人較為嚴謹，這是一群人所共有的。但是有些部分則是個人所獨具的，這是由生理和環境所共同決定的個別差異，他稱之為個人傾向。艾波特把個人傾向分成三大類，分別是「首要特質」、「中心特質」與「次要特質」：

1. **首要特質(cardinal traits)**：這是最能代表一個人性格的特質，它幾乎觸及到個人生活的每一個面向，在大部分的情況下都會表現出來。例如：我們會用「悲劇性格」來形容莎翁筆下的哈姆雷特；用「忠義」來形容三國演義中的關公；用「堅毅」來形容臥薪嘗膽的勾踐。這些特質是我們一想到這個人時，首先會浮現腦海的。

2. **核心特質(central traits)**：可以代表一個人的一組特質，你可能會說：「我是個善良、誠實、內向、害羞、愛好和平的…的人」，這些描述你個性的形容詞就是核心特質。當我們要談論到某人或是要介紹自己時，常會使用到這些核心特質。

3. **次要特質(secondary traits)**：這是只有在某些情況下才表現出來的，像你平常可能是個很外向的人，在大家面前都很活潑，也喜歡與人交往，但是有時走在熱鬧的街頭，突然會有種很寂寞的感覺。這種在特定情境下才會出現的性格特徵，稱之為次要特質。

我是誰？

如果要自我介紹時，你會用哪些形容詞來形容自己呢？是天真、可愛，還是內向、勇敢呢？請想一想自己有哪些特質，並填在下面的空格裡。

1 _____ 2 _____ 3 _____ 4 _____

5 _____ 6 _____ 7 _____ 8 _____

上面的形容詞屬於首要特質有：_____。

屬於核心特質的有：_____ 、 _____ 、 _____ 、

_____ 、 _____ 、 _____。

屬於次要特質有：_____ 、 _____ 、 _____。

五大因素模式

艾波特的特質論立場，後來被一些學者所延續（如Thurstone, 1943），他們企圖找到跨文化的基本人格向度，雖然不同學者得到的特質向度有所不同，例如：卡特爾(Cattell, 1973)就提出人有16種潛在特質，但他們最後發現這些特質間卻有高度的相似性。幾個學者(Tupes & Christal, 1961; McCrae & Costa, 1987)找到人格的五個最基本特質，分別是「開放性」(Openness to experience)、「盡責性」(Conscieniousness)、「外向性」(Exraversion)、「親和性」(Agreeableness)、「情緒穩定性」(Neuroticism)，又稱「五大因素模式」(The Big Five-factor Model)。我們常用這五個英文字的字首縮寫成「O.C.E.A.N」（海洋）來記它（表6-2）。

▶ 表6-2　五大特質的描述

特質	人格描述
開放性	喜好藝術、情感活動、冒險活動；通常是理想主義，對不同的經驗感到好奇
盡責性	通常是自律的、忠於職守的、追求成就、行動前有計畫
外向性	有精力、樂觀的、活潑的、常追求刺激和他人的陪伴
親和性	較能和他人合作並有憐憫之心、而非多慮的和有敵意的
情緒穩定性	較容易經驗到不快樂的情緒，如生氣、焦慮、憂鬱、易受傷害的

資料來源：De Fruyt, F., McCrae, R. R., Szirmák, Z., & Nagy, J. (2004). The Five-Factor personality inventory as a measure of the Five-factor Model: Belgian, American, and Hungarian comparisons with the NEO-PI-R. Assessment, 11, 207-215.

周哈里窗

　　心理學家周氏和哈氏，把自我分成四個部分，用類似窗戶的結構來幫助我們了解自己的不同特質。

	我知	我不知
你知	開放我	盲目我
你不知	隱藏我	未知我

圖6-7　周哈里窗把人際知覺的我分成四個部分

1. **開放我**：這個部分指的是我們自己知道而別人也知道的部分。例如：我們的長相、公開資料、常有的習慣和特性等。

2. **盲目我**：自己不知道而別人卻知道的部分。例如：口頭禪、小動作或個性。這是自己平常不自覺的，除非別人告訴你。通常內省特質比較強的人，他的盲目我可能會比較小。

3. **隱藏我**：自己知道而別人不知道的部分。例如：童年往事、痛苦辛酸的經驗等。

4. **未知我**：自己不知道而別人也不知道的部分。例如：若沒有當過班級幹部，不知道原來自己領導統御的能力還不錯等，通常是指一些尚待開發的能力或特性。

周哈里窗的概念提出是希望人們能清楚掌握自己的四個部分，並且透過自我省察、自我坦誠、他人的回饋等方式，使開放我能越來越大，而其他三部分越來越小。

四、人本論

和精神分析和特質論不同，人本論強調個人的經驗，以及積極向上的可能性，所以人格並不是固定的，而是不斷朝向自我理想發展的。人本論的主要倡導者是馬斯洛(Maslow)和羅吉斯(Rogers)，他們都認為，人的基本動力是自我指引的需求，人們會不斷地為了增加覺察、自我實現及人類的潛能而努力。

（一）馬斯洛

馬斯洛反對佛洛依德把人視為病態的，只是為了滿足性而陷溺在衝突和掙扎之中，他相信每個人「都會積極地朝向健康、成長及人類的自我實現」，如果能夠開發每個人的潛能，這種自我實現的驅力才能夠提供完整人格的基礎。前一章我們介紹了馬斯洛的需求階層理論，在人格理論裡，馬斯洛將這些需求區分成兩種：生理需求和安全需求屬於「匱乏需求」(deficit need)；愛與歸屬需求、自尊需求和自我實現的需求屬於「成長需求」(growing need)。每個人都有生理和安全需求的必要，但如果一直停留在此匱乏需求裡，人格就無法成長，無法達到更高的境界。就像有些人只求溫飽，只求自身利益，這種人的人格就是較不成熟的，受困於匱乏需求的綑綁，終日營營於小利，人格也是扭曲，就像精神分析的人格理論所描述的，基本上就是受限於匱乏需求的人。馬斯洛認為正向的人應是受「成長需求」驅動的，只有這種正向的動力，才能使人不斷地成長，就像植物是朝向陽光

生長，如果一直讓活在過去的陰暗裡，人生就會扭曲。馬斯洛鼓勵每個人應該朝著理想前進，把遭遇到的困難當作土壤，努力達到自我實現，這樣才會產生完整的人格特質，如圖6-8所列。

馬斯洛的生平

　　身為七個小孩的老大，馬斯洛的雙親沒有受過太多教育，經濟狀況也不佳。在他的成長過程中，充滿了孤獨和不快樂，他形容他的父親「只愛威士忌、女人和打架」，而他和母親的關係更糟，她常恐嚇馬斯洛，並藉小事懲罰他。有一次，馬斯洛帶回兩隻小貓，他的母親居然殺了牠們，而且將牠們的頭扔向牆去。在這麼糟的家庭裡，馬斯洛的身體又很瘦小，從小就有強烈的自卑感，但他並未因此自暴自棄，他嘗試在運動上追求認同，並努力學習，他回憶求學時，每天都先到鄰近的圖書館等著開門，再提早一個小時到學校，他知道唯有這麼強烈的求知慾，才有可能讓他脫離貧窮、孤獨和不快樂。

　　即使馬斯洛的童年並不快樂，但他從來沒有放棄希望，就像他的理論所描述，只有追求成長的需求，才能使一個人朝向更成熟的人格發展，而他本身就是他理論的實踐者(Fadiman & Frager, 2001)。

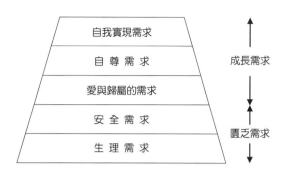

馬斯洛認為自我實現的人具有下列人格特徵：

1. 能夠正確的知覺和接受現實

2. 自動自發，且自然不矯揉造作。

3. 可以用心關注問題而不是自己。

4. 自給自足而獨立。

5. 對於所遇到的人事物都能夠真誠的欣賞。

6. 能自我超越，達到高峰經驗。

7. 認同人群，並與其他人共享社會的連結經驗。

8. 可有一些或很多朋友，但都能與一些人有較深的關係。

9. 具有民主、平等的態度。

10. 擁有確立的價值觀，而且對於工具性價值或手段性價值不會混淆。

11. 具有開闊、寬容的幽默感。

12. 有創造力，並能用新的觀點來看事物。

13. 能抵抗必須順從社會的壓力。

14. 能超越兩極對立，把相對的兩端一起考慮。

圖6-8　馬斯洛的需求理論

（二）羅吉斯

　　羅吉斯是一個有名的心理諮商學者，他從輔導個案的經驗裡發現，「自我意識」(self)的概念對人格發展是很重要的。自我意識就是自己認為「我」是怎樣的一個人，透過與別人的互動，逐漸形成對自我的意識感。每個人都有「真實我」(real self)和「理想我」(ideal self)，「真實我」就是真實的自己是怎麼樣的人；而「理想我」就是希望自己成為什麼樣的人。如果兩者之間的差距越大，便容易有心理困擾產生，而個人行為的動力就在於努力將真實我達成理想我。例如：你的「理想我」是希望自己當一名畫家，可是家裡卻希望你成為一名護士，「真實我」是在學習如何成為護士，你無法去實現自己的理想，就會不快樂，容易有心理問題的產生。羅吉斯認為當理

想我和真實我有差距時，要信任自己的經驗，而不是依照他人的需求和期望，只有真誠面對自己，才能找回真正自我。

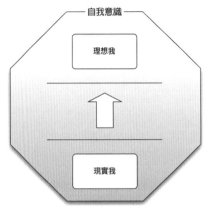

圖6-9　自我意識的關係圖

圖6-10　羅吉斯認為理想我的實現，才是成為一個人最重要的事

羅吉斯的生平 (1902~1987)

　　羅吉斯生於美國伊利諾州的一個小鎮。他們家是很虔誠的基督教家庭，他回憶他的童年生活，是在非常嚴格、沒有通融餘地的氣氛下度過的。他說道，在他們家裡「不准喝酒、不准跳舞、不准玩牌、不准看電影，社交生活極少，工作卻極多」。他的父親是工程師，關心小孩的教育，但是崇尚勤樸，以勞苦的工作來培養小孩的心性。

　　大學時，在父親的影響下，唸了威斯康辛大學的農學院，但是他自己卻沒有興趣。大學之前的生活，幾乎在一種封閉的生活裡渡過，到了快要畢業時，他被「世界基督教學生同盟」選為派往北京交流的學生，這次的機會對他的影響很大，新的經驗拓展了他的視野，也使他開始有了批判的能力。大學畢業後，為了呼吸更多

自由的空氣，追尋自己理想的生活，他不顧父親的反對，與女友海倫結婚，在自由風氣很盛的紐約定居。剛開始，他進入了聯合神學院就讀研究所，希望找到生命的意義，但因為對宗教的教義有所質疑，於是他離開神學院，進入了心理學的領域。

　　在他長期的諮商與輔導經驗裡，他並不是保持著客觀的態度，反而盡力讓自己主觀地投入進去，在我與人的關係裡，表現真正的我。他覺得只有傾聽自己，真誠地表現自我，才對關係有幫助。就像他的理論所指出的，人應該追求「真實我」與「理想我」的合一，唯有「做自己」才能發展健全的人格。

五、社會學習論

　　在第三章我們已經學過社會學習理論，現在我們要討論它對於人格的看法。行為學派把人的內在當作是黑箱，認為人格不過是一連串行為增強的結果，它所觀注的對象還是行為。隨著認知心理學的興起，心理學家對於人的內在機制的了解產生了很大的興趣。

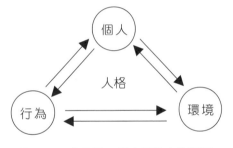

圖6-11　人格是一個交互決定的過程

社會心理學家班度拉把行為學派和認知心理學連結起來，他認為人格是一個「交互決定」(reciprocl determinism)的過程(Bandura, 1965)，個人、行為和情境三者共同決定了我們做什麼、想什麼。需要有認知過程的期待，才會產生行為的連結。

　　他提出「自我效能」(self-efficacy)是個人很重要的一個因素。所謂的「自我效能」是指：「一個人對於自己是否能夠完成該活動的有效性評估」(Bandura, 1965)，這往往是一種主觀的認知。如果我們可以提高個人的自我效能感，就可以增加對自己的自信，例如：一位教師如果有較高的自我效能感，他在班級經營上就會特別用心，教學的成果也較佳。班度拉認為要達到

增進自我效能感的方法是「自我調節」(self-regulation)，自我調節就是增加對自我的控制感，他認為有三個步驟：

1. 自我觀察：觀察自己的行為，最好能詳細地記錄。

2. 評量：用一個客觀的標準來比較，例如我們想要建立積極的生活，可以設定「一個星期讀一本書」的目標。

3. 自我回饋：和自己所訂的標準來比較，如果自己做得不錯，就可以給自己適當的獎賞；如果做得不好，就給自己一點懲罰。

　　自我調節可以幫助我們產生較好的自我概念(self-concept)，改進較差的自我概念，對於心理健康有所幫助，也能使自我的人格傾向健康的方向發展。

班度拉的生平

　　班度拉生於加拿大北部一個偏僻的小鎮，他的父親是來自波蘭移民的農民，擁有一小塊農場。他是家中的老么，上面有五個姊姊，他的出生為家庭帶來了許多的歡樂，幼年就在呵護和疼愛的環境下成長。在這個人煙稀少而落後的地方，教育的資源很有限，他曾回憶自己中學時，全校只有2個老師和20名同學，但他並不想一輩子當農夫，班度拉只能靠著勤奮和努力，來克服這先天環境的不足（可以看出他為什麼在人格中特別強調自我效能的重要）。

　　高中後，他考進溫哥華的哥倫比亞大學，偶然間，他選修了一門心理學課，因為老師精彩的演講使他深深迷戀上了心理學，後來他轉而專攻心理學。還有一次暑假，他在阿拉斯加當工人，在高速公路旁填洞時，他發現和他一起工作的人，背景都和他不太相同，不是背負大筆債務、就是經濟困

難、有案件在身的人等。這樣的體驗，使他對於日常生活中「為什麼人會產生心理病理」的問題特別感到興趣。

進入學術領域後，他接觸了不少心理學界有名的學者，對他產生重要的影響。對他來說這也是一種「觀察學習」的過程。完成碩士和博士學業後，班度拉的學術和研究生涯是輝煌而令人佩服的，他熱衷於學術思辨，並進行了大量的實證研究。由於他的傑出貢獻，他在學術生涯裡接受許多的榮譽和獎勵，也常以專家身分出入美國國會聽證會（陳正文等，2004；李斯，2000）。

人可能有多重性格嗎？

比利：26歲，高中時被退學，身高6英呎，藍眼睛、棕色頭髮。

亞瑟：22歲，理性、無情，說話有英國腔。自修物理、化學，讀過醫學方面的書，阿拉伯文說寫流利。

雷根：22歲，充滿憎恨的人格。他是南斯拉夫人，同時是空手道專家，有暴力傾向，他的責任是保護家庭的每一個成員。

亞倫：18歲，騙子和操縱者。負責和外面的世界打交道。頭髮右分，是唯一的右撇子。

克麗斯汀：3歲，聰明的英國小女孩，喜愛花及蝴蝶。金髮及肩、藍眼珠。

（引用自《二十四個比利》一書）

上面幾個人都存在於一個人的身上，在小說《二十四個比利》描述了一個美國司法史上發生的真實故事，威廉犯下重罪，卻因為多重人格分裂而被判無罪的嫌犯。透過精神科醫師和心理學家的訪談，發現他身上具有24種人格，那些與比利共事過或者見過他的人，以及被害人，大部分都接受比利具有多重人格的事實，他們相信「他並不是裝出來的」。

多重人格就像是在一個屋子裡住了很多人一樣，但是這與我們所說，自己有時很內向，有時很外向是不同的，在不同的情境下，人本來就可能會表現出不同的行為，而多重人格則有明顯的人格解離狀況。根據《精神疾病診斷準則手冊（第五版）(DSM-5)》，多重人格疾患被歸類在「解離症」(dissociative disorder)這個類別，必須符合下面幾個特徵(DSM, 2013)：

A. 兩個或兩個以上分離的人格狀態而造成的認同混亂，可以發現自我意識或行動觀點的不連續，伴隨著情感、行為、意識、記憶、知覺、認知和感官動作功能的改變。

B. DSM所定義的失憶症，如經常無法回憶當下的事，或常忘記每天要做的事件。

C. 重大壓力或在重要功能區域損傷所造成的臨床症狀。

D. 並不是宗教性的活動而來，或兒童所進行的幻想遊戲。

E. 並不是來自物質所造成的病理性影響。

　　通常多重人格的病人在臨床上的比例並不是那麼高，而且有較嚴格的標準來確定。所以別緊張，有多種人格特質，並不是有多重人格，別搞混了喔！

延伸閱讀：

《第五位沙莉》．台北市：小知堂文化出版社。

《第一人稱複數》．台北市：高寶出版社。

《鏡子裡的陌生人：解離症－一種隱藏的流行疾病》．台北市：張老師文化。

第二節　人格的評鑑

　　我是怎麼樣的一個人？我為什麼會是長這個樣子？每個人時常都會思考到這個問題，有時我們會用一些方法來幫助我們了解自己，例如：算命、星座、血型，透過這些方法，有時我們會有「妖獸準」的感覺，但是這些方法因為缺乏科學證據的支持，且不具有穩定性（給不同的人或不同時候，會得到完全不同的答案），所以在傳統心理學很少採用。在這一節裡，我們提供的是科學觀點的評量，希望提供不一樣的方式來理解你自己囉！

　　到底什麼樣的測驗才是科學化的評量工具呢？接下來我們介紹兩種最常見的測驗方式：

一、自陳測驗

　　我們經常想要知道自己是怎麼樣的人，但是就如艾波特所說，最容易了解一個人的方法就是直接問他。人格有許多層面，要如何才能了解這個人的全部，自陳測驗可以幫助我們仔細地思考自己。所謂的自陳測驗，是指受測者依照自己的情形，回答問卷的題目，評定自己的情形與題目的符合程度，表6-3顯示自陳測驗可能的題型。自陳測驗的題目較為明確，施測過程也較標準化，施測人員不需要太多的訓練，就可進行施測。所做出來的是原始分數，我們無法看原始分數就知道結果，常要經過計分的過程和與一般人的常模進行比較，才知道分數所代表的意義。較有名的人格測驗有：明尼蘇達多向人格測驗、賴式人格測驗…等。

> 表6-3　自陳測驗的例題

總是	常常	很少	不曾	
☐	☐	☐	☐	你會妒忌且想占有對方，常不明就裡的生氣。
☐	☐	☐	☐	你相信真誠的、不求回報的付出，一定會感動對方。
☐	☐	☐	☐	就算和情人分手，我仍然可以維持朋友的關係。
☐	☐	☐	☐	你覺得彼此要有足夠的了解和依賴，才能愛得久。

二、投射測驗

　　自陳測驗的題目明確，計分容易；投射測驗的題型就和自陳測驗完全相反，它的題目完全是一個模糊而曖昧的刺激，請受測者根據自己的感覺自由反應，最後再由施測者根據作答的情形進行分析。投射測驗往往需要較專業訓練的施測人員，才能進行施測，計分與分析過程也較為複雜，需要專業人士進行分析才能了解其意義。坊間許多的趣味心理測驗，也多利用投射測驗的性質來設計，但因為沒有經過科學性的驗證，測驗的結果只有娛樂功能。心理學上常使用的投射測驗，有羅夏克測驗和主題統覺測驗。

（一）羅夏克測驗

羅夏克測驗是醫院進行心理衡鑑時常使用的測驗，一套有十張，每一個都是由不同顏色墨漬所形成的圖案，每張看起來是許多東西，可能是動物、人、魔鬼、面具、火堆等。受測者可以對這些圖片進行一種或多種解釋，施測者則需仔細詢問受測者為什麼會看到這些，心裡有什麼感覺。根據精神分析的原則，我們可以從受測者的回答中，推測出其潛在的人格結構，並揭露潛意識裡的內在衝突（如圖6-12）。

（二）主題統覺測驗

主題統覺測驗是另一套臨床心理常使用的投射測驗，是由心理學家墨瑞(Murray)所發明的。這套測驗包含了許多關於人的圖片，受測者必須根據圖片內容描繪故事的內容，包括場景、主角、事情的經過及結果。有經驗的分析者可以根據故事的情節和細節，進行其人格進行分析，並了解人際間的矛盾和衝突（如圖6-13）。

圖6-12　羅夏克測驗的圖片有點類似這幅圖，有些人會覺得這是女人月經流下來的血、有人覺得這是斷了手腳的雕像…。施測者根據受測者的不同反應來進行精神分析

圖6-13　你覺得這是怎麼樣的故事呢？這兩個女人是什麼關係呢？根據你的反應，就可以對你進行分析喔(Murray, 1938)！

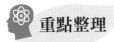

重點整理

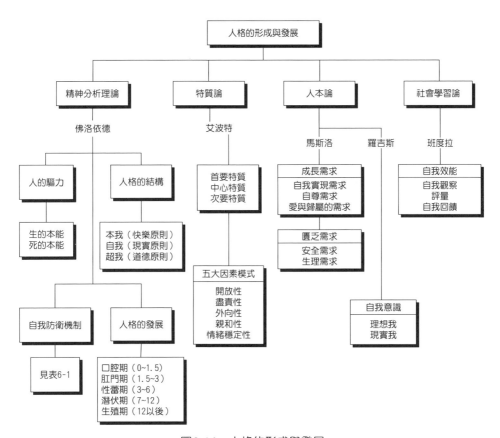

圖6-14　人格的形成與發展

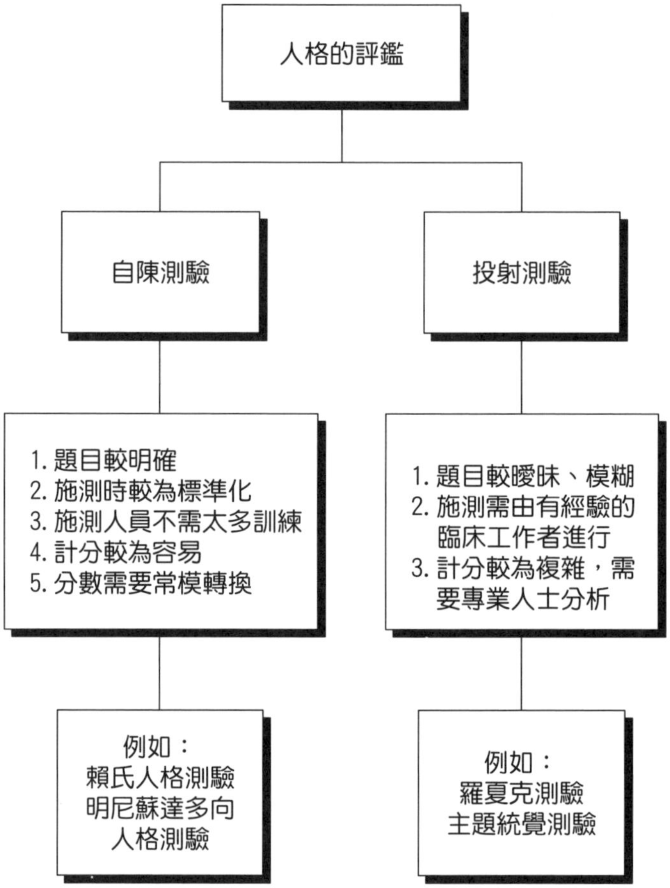
人格的評鑑
自陳測驗
投射測驗
1. 題目較明確
2. 施測時較為標準化
3. 施測人員不需太多訓練
4. 計分較為容易
5. 分數需要常模轉換
1. 題目較曖昧、模糊
2. 施測需由有經驗的臨床工作者進行
3. 計分較為複雜，需要專業人士分析
例如：
賴氏人格測驗
明尼蘇達多向人格測驗
例如：
羅夏克測驗
主題統覺測驗

圖6-15 人格的評鑑

 **課後活動**

一、人格測驗

　　請老師在課堂上施測賴式人格測驗或基本人格測驗(BPI)，幫助同學了解自己。

二、周哈理窗活動

1. 解釋周哈里窗的意義及使用方法。

2. 請同學在記錄紙上寫下自己的優缺點（最少各三點），並在紙上寫上自己的名字。

3. 將記錄表傳下去，請全班同學順序寫下記錄表中同學的優缺點。

4. 每個同學畫一扇窗戶，利用記錄表完成自己的「周哈里窗」。

5. 請同學分組討論同哈里窗中自己優缺點。

MEMO

Chapter 07 智力測驗與評量

本章大綱

前　言

　　台灣學生每年在國際奧林匹克數學、化學各項競賽中，往往成績在與賽的世界各國中名列前茅，而這些被喻為資賦優異的學生當然也具有異於常人的認知、理解或記憶的能力。然而這就代表他們有較佳的生活適應嗎？以及未來在工作職場上表現的一樣出類拔萃嗎？我想你我的答案都傾向於否定的態度，因為我們身邊有太多的案例顯示，學業成績表現優異，不代表在生活其他方面也表現優異，而學生時期的資賦優異，也不代表以後在工作上會有傑出的表現。因為人的智力不僅僅包含基本的認知理解能力，還包含如何去適應生活，以及如何與人相處的能力。因此有句俗話說：「小時了了，大未必佳」，如果欠缺環境的教化與支持，就算個人先天有極佳的天賦本能，後天的發展也相當有限。因此本章將先說明智力本身的意義，智力測驗的發展歷史，新近智力理論，以及影響智力差異等相關議題，以更寬廣的角度了解智力本身所代表的意義與價值。

 第一節　智力的本質與測量

一、什麼是智力

　　智力是一種存在於你我心理之間的抽象能力，但卻不能像身高或體重一樣採取直接的方式加以測量，僅能透過智力測驗的間接測量來評斷一個人的智力高低。在經過數十年西方專家學者的研究，智力可視為知識與推理能力的綜合體，其中斯騰伯格(Sternberg)與其同事曾經探討智力的範疇(category)主要可區分為二類，第一為口語知識能力(verbal ability)，如較多的詞彙表達能力、較高的閱讀理解力及具有特殊專業的知識等。第二類

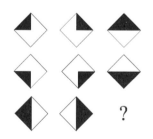

圖7-1　圖形邏輯推理
請由上圖中的圖形關係判斷，右下角的圖應為下列4個備選圖案中的哪一個(Lahey, 2003)

則為問題解決技巧(problem-solving skills)，如邏輯推理能力、及時運用知識解決問題，以及能做一個好的決定等，因此智力至少包含二種最基本成分，分別為思考(thinking)與語言(language)(Santrock, 1999)。如果再根據生物學及教育學的觀點而言，個人的智力發展其實也深受父母遺傳與環境教育二個層面的影響，因此我們可以將智力界定為：在遺傳條件的基礎下，個人能從經驗中學習，能解決問題，並能運用知識以適應環境的能力(Myers, 2006)。

二、測量工具的建構

　　許多心理學家為了探討個體的心理概念，不斷尋找更精確的測量工具，其中有三個標準是評量一個測驗工具好壞的重要指標，分別是：信度、效度與標準化（郭生玉，1996；Santrock, 2000）。

（一）信　度

　　信度(reliability)是指測驗工具應能測量出個人特質的穩定性與一致性，不會因為周遭環境的影響而有所改變，如：睡眠多寡、監考者、考場的溫度等，都不會影響個人在某種特質上的表現。因此如果我們今天給學生進行第一次智力測驗，隔6週後再進行第二次相同的智力測驗，如果這二次測驗結果分數都相似，就代表這份測驗具有相當高的穩定性。

圖7-2　信度就是測驗的一致性與穩定性

（二）效　度

　　效度(validity)是指測驗分數的正確性，也就是測驗題目是否真的能夠測量到這份測驗本身所要測量的特質。例如：一份智力測驗每次都能正確測出不同受試者的憂鬱感，但卻不能測出受試者邏輯推理的能力，因此我們可視這份測驗具有高信度（多次施測憂鬱分數皆相似），但不能測出智力，所以

這份智力測驗雖然有信度，卻沒有效度。因此信度高的測驗並不代表效度也高，但效度高的測驗（射箭均能射中紅心目標）卻同時代表著信度與效度都很高（郭生玉，1996）。

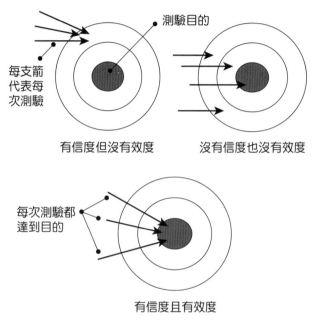

有信度但沒有效度　　　　沒有信度也沒有效度

有信度且有效度

圖7-3　射箭的信度與效度關係（郭生玉，1996）

（三）標準化

　　標準化(standardization)的過程包含發展測驗本身一定的施測程序與計分方式，讓所有受試者皆有相同的施測環境、施測指導語、施測時間，以及針對受試者在施測後的得分建立常模(norms)(Santrock, 2000)。常模的建立是根據具有代表性的樣本在測驗上所獲得的平均分數，再將分數透

圖7-4　標準化的測驗要求一致性的施測程序，如每個受測者均要有相同的測驗時間、測驗內容、指導語說明等

過標準化的程序而得,目的在讓個人在測驗上所獲得的原始分數可以轉換成衍生分數(如百分等級、標準分數等),以讓我們可藉由自己在測驗上的得分,進一步了解自己在整個團體中的相對位置。例如:一份智力測驗的常模參照團體為全國國中學生,當小美在抽象推理測驗中的原始得分為34分,或許在班上排名中等而已,但轉換成衍生分數(百分等級)後為80,代表他的分數勝過全國80%的中學學生,因此我們也可以知道小美班上同學的抽象推理能力其實都不錯。

第二節 智力測驗的發展

一、智力測驗的早期發展

(一)心理年齡階段

1904年法國教育部為了使學習能力較低的兒童能進入特殊班級進行個別輔導,特別委託比奈(Binet)與西蒙(Simon)共同設計世界上第一個智力測驗以發現有學習遲緩的兒童,這就是著名的比西量表。比西量表發展至1908年共有58個題目,題目之間按照難度依序排列,並以通過題數的數量作為鑑別智力高低的標準(Santrock, 2000)。

(二)比率智商階段

在1916年,美國史丹福大學教授推孟(Terman)修正比西量表,改稱為史丹福—比奈智力量表(簡稱史比量表)。史比量表以智商(IQ)的概念來表示智力的高低,其中智商100就是指所有同年齡兒童的平均智商。這份測驗是當時智力測驗上的一大革新,於是立即成為當時世界上應用最廣泛且最具有權威性的個別智力測驗(Gerrig & Zimbardo, 2004)。智商的計算公式為:

智商(IQ)＝心理年齡(MA)／實足年齡(CA) × 100

說明：MA＝mental age, CA=chronological age

範例：假設有一位實足年齡9歲2個月的兒童，如以月為單位計算，其CA等於(9×12)＋2＝110，經過史比量表測量之後，如果他通過了65題，每答對1題可轉換成2個月，則其MA等於65×2＝130，那麼該兒童的智商即為：

智商(IQ)=130/110 × 100=118

（三）離差智商階段

　　美國心理測驗專家魏克斯勒(Wechsler)採用了統計學上常態分配與標準差的觀念，創立離差智商的概念。主要原理是透過常態分配，將所有同年齡階段人口的智力測驗成績平均數設定為100，標準差為15，而平均數正負1個標準差包含所有受試者的68%(34%+34%=68%)；平均數正負2個標準差則包含全部受試者的95.44%；平均數正負3個標準差則包含全部受試者的99.72%。因此只要個人知道他在智力測驗上得到幾分，對照同年齡的常態分配圖就可知道他在同年齡團體中排序（圖7-5）。如某個兒童經過智力測驗後得到的離差智商為130，即是平均數100，再加上二個標準差30（一個

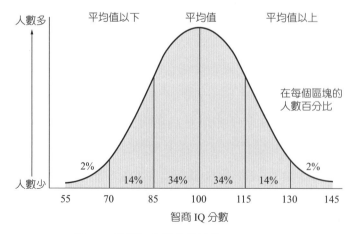

圖7-5　離差智商常態分配圖(Lahey, 2003)

標準差為15），對照常態分配圖可知，這名兒童的智力在同年齡組中將高於98%(50%＋34%＋14%=98%)的兒童智力。另一方面，**魏氏量表**也發展出語文量表(verbal scale)與作業量表(performance scale)等二種量表，語文量表適合本國人，作業量表則適合外國人或語言有困難的本國人，因此施測這份智力測驗可獲得語文智商、作業智商與全量表智商等三種智商(Santrock, 2000)。

二、 智力測驗的新近趨勢

1. 承認智力不僅是單一的普通能力，而是一種包含多種因素的綜合能力。

2. 過去的智力測驗一次僅能測試一個人，目前已發展到一次可同時測量多人的團體測驗，並也增加了以成年人為主的智力測驗。

3. 智力不再僅限於語文、數學、空間等傳統智力觀念，個人的社會適應能力、藝術欣賞能力、運動技巧等皆可視為智力表現的一種。

4. 除傳統以文字為主的智力測驗外，也增加非語文的智力測驗題目，以減少語言對於智力測驗可能所造成的干擾。

5. 智力測驗在不同的國家或社會建立常模，讓不同種族能在公平的基礎下比較智力高低。

圖像完成

在這張圖中缺少了什麼？

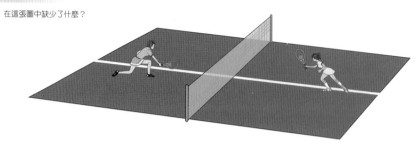

圖像整理

下列圖可組成一個有意義的故事，但排列卻是錯誤的，請將他重新排列，
以組成一個有意義的故事。

積木重組

將左列的積木組成右邊的圖形

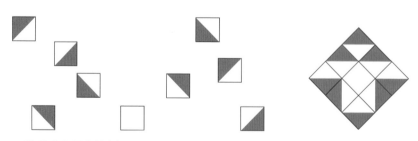

圖7-6　魏氏成人量表範例(Smith, Nolen-Hoeksema, Fredrickson, & Loftus, 2003)

心靈加油站

天才是天生的嗎？

左邊為愛因斯坦(Einstein, 1879-1955)，是20世紀最偉大的自然科學家，也是物理學革命的旗手，然而在他1900年大學畢業時，由於他不羈的性格和獨立思考的習慣，讓教授對他很不滿，大學一畢業就失業，直到2年後才

愛因斯坦、鮑林及畢卡索(Santrock, 2000, p.295)

找到固定職業，並在業餘時間自行投入科學研究，經過多年的研究終於提出舉世聞名的相對論。中間為鮑林(Pauling, 1901-1994)，這位得過諾貝爾化學與和平獎雙料桂冠的物理化學家，他對維生素C的研究，也引起舉世服用維生素C的風潮，在他影響後世的生平筆記中包含廣泛的研究內容，對時事的感想，以及對人類的關懷，但其中許多想法都是不切實際或無法付諸實踐。右邊則是大名鼎鼎的畫家畢卡索(Picasso, 1881-1973)，因為他而改變了觀察世界的方法，他是藝術天才的代名詞，一輩子出產過20,000幅以上的作品，但是很多人看過他的畫之後，會開始懷疑畢卡索會不會畫畫，懂不懂藝術。這些在各領域中舉世聞名，並被喻為天才的專家、學者或藝術家，在他們一生中不知付出了多少挫折與努力，但不管他們在成名前或成名後，他們都有一顆樂於接受挫折與挑戰的心。

資料來源：Santrock, 2000

第三節 智力理論

一、早期觀點—心理計量取向的智力理論

早期觀點的智力理論是以智力測驗為工具，採用統計的概念與方法去建立智力理論。因此早期的智力理論又可稱為心理計量取向的智力理論。

（一）智力二因論 (Two-factor Theory of Intelligence)

這個理論是由英國心理學家斯皮爾曼(Spearman)於1927年所提出，可算是最早的智力理論。他主張任何心智活動都包括兩種因素：第一為普通因素(general factor)，簡稱G因素，是指心理功能表現在一般性的活動上，通常是指個人抽象思考的能力，也是人類智力的基礎。第二為特殊因素(specific factor)，簡稱S因素，是

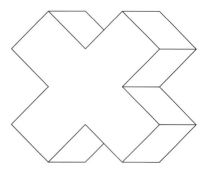

圖7-7　您覺得圖中的立體十字共有幾面呢？

指心理功能只表現在特殊性的活動上。例如：有些學生數學不好，卻很有繪畫天分，但有些人也可能數學與繪畫都很好，因此有些人可能具有特殊的天分，有些人則在各領域都表現理想，這兩個因素並非是相對的，而是可以單獨存在，或者是同時存在(Gerrig & Zimbardo, 2004; Santrock, 2000)。

（二）智力群因論 (Group Factor Theory)

到了1938年，美國心理學家塞斯頓(Thurstone)根據因素分析測量的結果，認為智力應是一些基本心智能力的組合，因此塞斯頓的智力理論又可稱為智力群因論，其中智力含有七種不同因素（張春興，1994；Santrock, 1999）：

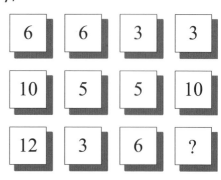

圖7-8　根據上圖各數字之間的邏輯關係，判斷右下角的空白方框數字為何？

1. **語文理解**：解釋和明瞭文字的能力。

2. **語詞流利**：迅速思考語詞能力，如即席演講。

3. **數字**：解決算術問題的能力。

4. 空間：方位判別與空間關係判斷的能力。

5. 記憶：機械式記憶的能力。

6. 知覺：迅速判斷事物異同的能力。

7. 推理：歸納推理以解決問題的能力。

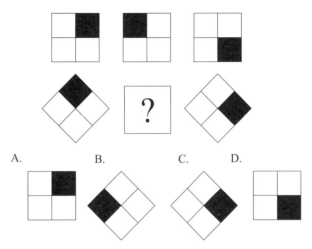

圖7-9　圖形推理能力根據上圖各圖形之邏輯關係，判斷空白方框為何？

（三）智力型態論

　　到了1963年，美國心理學家卡特爾(Cattell)根據智力測驗結果的分析，將人類智力區分為兩種不同的型態：一種稱為流體智力(fluid intelligence)，是指受先天遺傳影響較大的智力，包含以生理為基礎的認知能力、記憶能力與判斷能力，並且與我們的年齡具有密切關係，通常當個人年齡超過30歲後，先天的流體智力就會逐漸下降。另一種

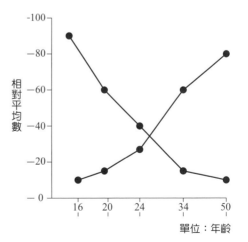

圖7-10　流體智力與晶體智力的發展變化

稱為晶體智力(crystallized intelligence)，是指受後天影響較大的智力，主要是以我們個人過去的經驗為基礎的認知能力，因此晶體智力會隨著個人社會經驗的增加而呈現緩慢的上升(Santrock, 2000)。

（四）智力結構論

智力結構論是美國心理學家吉爾福德(Guilford)於1959年所提倡。吉爾福德認為智力是人類複雜思考的表現，應是一種思考的歷程，而非只是一種思考的結果。因此智力活動可以用思考內容（即引起思考的刺激）、思考運作及思考結果三個向度加以觀察(Gerrig & Zimbardo, 2004)。

1. 思考之內容：是指能引起個人思考的材料或訊息，包括視覺訊息、聽覺訊息、符號訊息、語意訊息與社會行為訊息等五類刺激。

2. 思考之運作：當個人感受到上述五類的訊息刺激後，我們可以用下列六種思考方式對訊息進行認知層面上的處理，可分為認知、記憶收錄、記憶保存、擴散思維（無固定性答案的思維）、聚斂思維（有固定性答案的思維）與評價等六類。

3. 思考之結果：大腦訊息透過認知思考的處理後，可產生六種思考結果，分別為：(1)單位：思考結果以單位加以計算；(2)類別：思考的結果可以根據事物的特徵加以分類；(3)關係：透過思考可以了解事

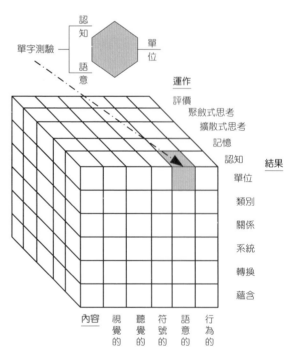

圖7-11　吉爾福德的智力結構(Gerrig & Zimbardo, 2004, p.295)

高爾頓Galton

1890 —— 1880年代，高爾頓率先以感覺、知覺與運動過程測量人的個別差異，認為感官差異代表人類的智力。

1900 —— 1990年代，比奈發展了第一個智力測驗，以作為特殊兒童分班的依據。

1910 ——

比奈Binet

1920 —— 1920年代，斯皮爾曼認為人的智力包含兩種因素，分別為普通因素G與特殊因素S，也可稱為智力二因論。

斯皮爾曼Spearman

1930 —— 1930年代，塞斯頓強調人類具有七種不同的心理能力，又稱為智力群因論。

塞斯頓Thurstone 1940 —— 1940年代，魏克斯勒以離差智商的概念說明個人智力在團體之間的差異。

1950 ——

魏克斯勒Wechsler

卡特爾Cattell

1960 —— 1960年代，卡特爾根據智力測驗分析的結果，將智力區分為流體智力及晶體智力兩類，個體智力與年齡發展關係密切。

1970 ——

圖7-12　對智力測驗發展具有卓越貢獻的早期著名學者(Santrock, 2000, p.282)

物之間的關係；(4)系統：對事物的演變具有系統性的思考，如了解打雷的形成原理；(5)轉換：透過思考可將某種事物轉換成另一種形式，如水結凍後成為冰；(6)蘊含：透過思考後可從事物中獲得啟示。

根據智力結構論的三種向度而言，我們可以了解人類至少具有180種能力(5×6×6=180)。另一方面，這種智力理論強調社會能力及擴散性思考的重要性，也賦予心智運作過程對於個人智力具有更大的影響力。

二、近代觀點─多元取向的智力理論

近年許多心理學家企圖以較多元的觀點去解釋人類的智力，主張智力由多種能力所構成，在智力測量上也不侷限於傳統的紙筆測驗。

（一）智力多元論

智力多元論是美國心理學家嘉納(Gardner)在1983年所倡議，他認為智力是個人用來學習、解決問題及創造思考的能力，因此智力基本上是多元的，任何人皆有其優勢智力或弱勢智力。他並根據生物與人類學的證據提出人類的智力目前至少應包括8又1/2種不同的智力（李心瑩譯，2000；Gardner, 1999）。不過只有前三種智能屬於傳統智力測驗的範圍，而後面5又1/2個智力雖然也很重要，甚至對於個人是否能適應社會，以及在工作上獲得成就可能更具有重要的影響力。

1. 語文(linguistic)：學習與使用語文的能力。

2. 邏輯─數學(logical-mathematical)：運用數學計算與邏輯推理的能力。

3. 空間(spatial)：藉由知覺判斷物體距離與方向的能力。

4. 音樂(musical)：對音樂創作、欣賞及表現的能力。

5. 肢體─動覺(bodily-kinesthetic)：支配肢體協調運作的能力。

6. 人際(interpersonal)：與人交往且能相處融洽的能力。

7. 內省(intrapersonal)：認識自己優缺點，管理自我情緒，並能自我選擇生活的能力。

8. 自然觀察(naturalist)：能夠辨認以及區分同一種物種內的共同性及差異性，以及了解物種之間的關係。

9. 存在(existential)：了解生命的重要性、死亡的意義，以及在宇宙間定位自己的能力，目前這個智力尚未有足夠的證據加以支持，僅能算1/2個智力。

提示：一的孩子手裡拿著可以吃的東西，坐在船裡面，這艘船在一個充滿水的地方中航行。

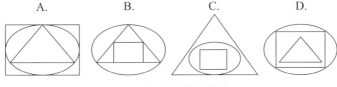

圖7-13 邏輯推理能力

肢體動覺智能

傑出的運動員都有先天異於常人的身體條件，例如腿部肌肉纖維多寡就決定跑步選手是屬於競速型或耐力型的選手，因此許多先進國家在挑選運動選手時，都是根據這些選手在小

時候是否就具有異於常人的生理特徵,再加以長期栽培訓練。英國足球金童貝克漢(Beckham)是科學家眼中的肢體動覺天才,他的雙腿比一般人外彎,因此有利於在重要比賽時中踢進旋轉弧度極大的香蕉球。其次,號稱水怪的美國游泳名將菲爾普斯(Phelps)經常破世界記錄,他的雙腳要穿美規14號的鞋子,比一般人穿9.10號的鞋子大出許多;他的手臂伸展可達200公分寬,比193公分的身高還高;肌肉乳酸代謝也比一般選手快許多,比賽後只需休息10分鐘就能恢復體力,這都有利於他撥水的力量與體力恢復的速率(國家地理頻道,2004年8月)。

(二)智力三元論

美國耶魯大學教授斯騰伯格(Sternberg)在1981年以社會大眾為研究對象,要他們列舉高智力的特徵,再將這些特徵加以整體歸納,結果顯示大家所認同的智力主要有三大方面(張春興,2005;Santrock, 2000):

1. **組合智力**:是指個人在學習過程中處理訊息的能力。
2. **經驗智力**:是指個人透過過去所學習的經驗以解決目前問題的能力。
3. **適應智力**:是指個人適應環境變化而能達到生活目的的能力。

看見自己的天才—盧蘇偉

盧蘇偉8歲那一年罹患當時常見的日本腦炎,高燒導致腦部功能因發炎化膿壞死,醫生曾宣布只有3年的壽命,但他卻幸運的存活下來。也由於他的記憶功能受到嚴重損傷,直到小學五年級才開始真正學如何識字,小學經常考試零分,還被老師嘲笑考試鴨蛋是父母花很多錢買來,一定要捧好拿回去叫媽媽煮來吃。國中讀了4年卻換了三所學校,智力測驗結果只有70分,因此還讀啟智班,班上有同學把他當馬騎,有老師罵他是腦震盪的豬,但他父親卻認為,他是一頭最聰明的豬;高職時代白天勉強就讀電子科,晚上偽裝成國中生,報名國二班的英文補習,以加強英文基礎。考大學花了7年的

時間，考了五次才考上中央警察大學犯罪防治系，然而在上大學之前，他只是一個被判定有學習障礙的白痴，但他的家人都以最大的支持與行動來鼓勵他。

　　大二時，在心理測驗學家協助下，發現他對於短暫記憶、數字的學習，以及平面空間等方面的學習較差，但在分析、整合、創造方面有很強的能力，這才改變了他的學習方式，警察大學畢業時是全系第三名，並以全國第三名的成績考上高等考試司法行政觀護人科，從白痴變成了天才（盧蘇偉，2004）。

資料來源：盧蘇偉(2004)．看見自己的天才．台北市：寶瓶。

 第四節　智力的差異

一、男女的智力差異

　　男女生在智力測驗的整體分數上並無顯著差異，但在特定的測驗向度上則具有差異。其中女生在語文、記憶、審美以及社會能力等方面的智力測驗分數優於男性；但男生在空間知覺、機械能力以及數學等方面的智力測驗分數則優於女性。至於男女生的興趣或事業成就雖有不同，但這並非是智力所造成，而是受到傳統文化、教育訓練或生理差異等因素所造成的結果（溫世頌，2000）。

二、年齡的智力差異

　　根據卡特爾(Cattell)的智力測驗結果分析，當個人超過30歲後，屬於先天的流體智力會逐漸下降，屬於後天的晶體智力則會隨著個人社會經驗的累積而呈現緩慢上升的現象。如果再根據魏克斯勒(Wechsler)針對成人智力

所做的測量結果顯示，個人智力會隨年齡增加而發展，但發展至成人後，有些智力並不會衰退（如字彙的智力），但有些智力則會隨著年齡增加而衰退（如推理智力）。因此，先天某些智力成分會隨著年齡而衰退，但屬於後天經驗層面的智力則會緩慢增加（張進輔，2002）。

莫札特效應

　　1993年美國加州大學爾灣分校的三個心理學家首先在《自然》期刊上提出了「莫札特效應」，説明他們以莫札特的音樂進行實驗，結果可刺激腦部的創造力及學習思考能力，掀起了近幾年音樂治療的風潮。他們分別給大學生聽三種音樂情境，分別為莫札特奏鳴曲、放鬆的輕音樂及寂靜無聲，結果發現莫札特的音樂能使個人的空間推理能力增加，因此認定莫札特音樂可促進個人的認知功能。也有報告指出，莫札特的音樂可使乳牛增加產乳量、使日本清酒發酵更好，但仍有爭論，不過至少提供音樂治療廣泛應用的一種根據。在臨床治療上，有醫生將莫札特音樂應用於精神病人在職能復健的過程中，結果可改善這些病人容易躁動的情緒，使他們脫離極度悲觀的情境，進而減少病患的焦慮（江漢聲，2003）。

　　建議曲目：D大調雙鋼琴奏鳴曲—加強記憶力
　　　　　　　第40號交響曲第1樂章—加強空間知覺

三、遺傳的智力差異

　　智力與遺傳具有密切關係。心理學家最常採用同卵雙生子作為研究比較的對象(Gerrig & Zimbardo, 2004)。由圖7-14可知，我們可以發現智力、遺傳與教養環境之間的關係具有以下特徵：

1. 基因遺傳與智力具有密切關係。如果同卵雙生子在相同的教養環境下成長，兩個孩子的智力會呈現高度的相關（.80以上）；即使在不同的教養

環境下成長，也呈現.70以上的高度相關，這顯示不同的環境雖對智力有影響，但基因遺傳仍是決定智力高低最重要的因素。

2. 兄弟手足之間有血緣關係，但無相同的基因遺傳，即使在相同的環境下教養，兩個孩子的智力相關係數則降到.40左右的中度相關，這顯示基因遺傳對智力的重要性。

3. 無血緣關係的小孩在相同的環境裡成長，他們智力的相關係數呈現低度的相關.20，這說明環境可能也是影響智力發展的因素之一。

4. 上述分析結果顯示遺傳與教養環境對於兒童的智力發展都具有影響，只是在影響力上仍以遺傳的比重較高。一般而言，遺傳、生物學家推估「遺傳」對兒童智力的影響力約為60%（父母各占30%），「環境」的影響力則占40%。

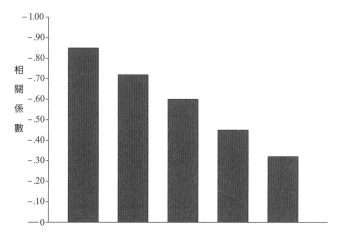

說明：相關係數的絕對值介於0~1之間，0.4以下為低相關，0.4~0.7為中度相關，0.7以上為高相關。

圖7-14　智力、遺傳與教養環境之關係(Myers, 2006, p.455)

四、環境的智力差異

智力雖來自遺傳，但家庭環境與文化環境的不同，也會影響個人智力的發展。一般而言，城市兒童的智力測驗分數會較鄉村兒童要高；而家庭經濟或家長職業較高者，所能提供給子女的教育資源、經濟支持或生活刺激也較多，因此子女的智力通常也較高(Gerrig & Zimbardo, 2004)。

第五節　智力發展的相關議題

一、智能不足

智能不足是指個人缺乏適齡的學習技巧與自我照顧能力。智能不足的診斷標準有三：(1)智商低於70；(2)生活適應能力低；(3)個人智能發展明顯落後同年齡的團體。一般而言，輕度與中度智能不足者只要經過特殊教育的補助教學，可以學習生活自理能力，以及簡單的勞動工作技能。至於重度與極重度智能不足者則不到5%，但這些智能不足者則缺乏學習能力，一切食衣住行皆需要別人的照顧(Santrock, 2000)。

智能不足的原因可區分為心智遲滯與心智缺陷兩大類。心智遲滯者多是生理正常、無病因、無外傷，但卻找不出明顯的原因，其智能低的原因也與遺傳無關。心智缺陷者則是由於疾病、腦傷或意外事件而影響智力正常發展的人，特別是懷孕期的母體受到病毒感染（水痘、德國麻疹）、營養不良、吸毒、酗酒、亂服藥物或糖尿病等疾病；以及生產過程中的缺氧、低血糖、顱內出血；或孩子出生後的腦膜炎、腦部腫瘤、頭部外傷或營養不良等，都可能造成孩子的智能不足。

▶ 表7-1 智能不足的分類及所占人口比率

分　　類	智　　商	占智能不足人口比率
輕度智能不足	55~70	89%
中度智能不足	40~54	6%
重度智能不足	25~39	3.5%
極重度智能不足	24	1%

資料來源：Santrock(2000), p.292.

學者症候群

　　萊姆克(Lemke)從小失明，並患有腦性麻痺，但在他在14歲第一次聽到柴可夫斯基的鋼琴協奏曲，只過了幾小時，就能將這首困難的曲子完整的彈奏出來。萊姆克從來沒上過音樂課，也沒學過鋼琴，但他卻有異於常人的音樂天賦，能在極短的時間內記住曲目並即興演奏，目前他是一名世界有名的音樂演奏名家，不但在美國及世界各地的音樂會中演奏達數千首曲子，也會即席演奏及創作新曲。

　　1988年由達斯汀霍夫曼所主演的「雨人」，就是以皮克的特殊能力為例子所拍的電影。皮克(Peek)在他成長過程中出現問題，因此日常生活都需要父親的照料。不過他驚人的記憶力可以記住超過7,600本書的內容，因此可算是人腦的百科全書。他可輕易說出美國每條高速公路的編號、電視台的代號，以及各家電話網路公司名稱，如果你跟他說你的出生年月日，他就能告訴你那天是星期幾，甚至你哪一天才可以退休。

上述二名著名的人物都具有「學者症候群」(savant syndrome)的特徵，研究發現在10個自閉症類群障礙症(autism spectrum disorder)患者、2,000個腦部損傷或智能不足者中可能就有一位具有學者症候群的特徵。從大腦神經科學的觀點而言，在我們大腦深處可能潛藏著驚人的特殊能力與天賦，只是一直未被開發而已（科學人雜誌，2002年8月）。

二、資賦優異

相對於智能不足，資賦優異是指心智能力超過一般人的水準，智商約在130以上，或者是在某項事務上具有特殊的天分。資賦優異學童的特徵通常有：(1)有較高的智力，在校成績較佳；(2)語言發展較快；(3)抽象觀念的思考與推理能力佳；(4)善於應用所學以解決問題；(5)對事物具有高度的好奇心；(6)追求成就感與較高的競爭壓力（溫世頌，2000）。儘管資賦優異的兒童在學業或其他領域具有傑出的表現，不過他們在社會關係、情緒管理或體能上則跟一般人相似，有些人可以適應生活、管理情緒，擁有極佳的人緣；有些人則無法接受旁人異樣的眼光，感到孤立、缺乏社交活動，社會適應並不理想，因此實務上也有不少資優兒童具有情緒失調(emotional distress)的狀況(Santrock, 20000)。

根據美國心理學家推孟(Terman)針對1,500名智商在135以上的資賦優異兒童進行長達40年的追蹤研究報告，發現資賦優異的兒童到成人之間的成長過程具有以下特徵(Myers, 2006)：

1. 其父母多從事專業性職業，家庭生活也較為富裕。

2. 其身心發展比一般兒童快，學走路和說話的時間比一般兒童早。

3. 其在校的學業成績比一般兒童為優，學習興趣較為廣泛。

4. 未來獲得博士學位的比率比一般人高出許多，出社會後多從事學術性或專業性工作。

5. 成人後的婚姻生活良好，離婚率較低，所生的子女也具有較高的智力。

> 表7-2　智商分配表

斯比智商（IQ）	程度	百分比(%)
140以上	極為優異	1.3(%)
120~139	優異	11.3(%)
110~119	中上	18.1(%)
90~109	一般	46.5(%)
80~89	中下	14.5(%)
70~79	臨界智能不足	5.6(%)
70以下	智能不足	2.6(%)

資料來源：溫世頌(2000), p.246。

心靈加油站

IQ ≠ EQ 華裔神童─張世明

　　1976年出生的馬來西亞華裔神童張世明，智力測驗高達148，他10歲就能用英文寫詩，11歲小學畢業，13歲跳級直接就讀美國麻省理工學院，成為該校最年輕的外國學生。15歲考進康乃爾大學攻讀博士學位，經過7年苦讀並於21歲取得博士學位，之後留在美國從事研究工作。

　　由於年紀太輕，眾人異樣眼光，以及無法適應美國現實的工作環境，張世明性格變得孤僻且沉默，並深受憂鬱症所苦。2001年張世明悄悄返回馬來西亞養病，次年因精神狀況欠佳且試圖自殺而住進吉隆坡一家醫院進行心理及精神治療，但心情仍極度沮喪且拒絕進食與說話，經過5年與心魔纏鬥後，於2007年1月因糖尿病引發敗血症，結束31歲短暫而傳奇的一生。總而言之，現今不少家長希望自己的子女是天才兒童，在學業成就上具有突出的表現，不過卻往往忽略這些孩子在成人世界或較高年齡同儕之間的社會適應、心情調適及情緒管理，而這可能才是孩子是否順利成長並融入社會的關鍵議題（China Times，2007年1月）。

三、創造力

創造力是指個人能用一種新奇獨特的方法去解決問題的能力。心理學家通常以擴散性思考(divergent thinking)作為判斷一個人是否具有創造力。在行為表現上，創造力也通常具有以下三種特徵(Gerrig & Zimbardo, 2004)：

圖7-15　以不同的角度對同一棟大廈進行攝影，您覺得哪一張照片比較有創意？

1. 獨特性：對一般事物具有獨特的見解。

2. 變通性：思考變化多端，能夠提出許多新穎的看法。

3. 流暢性：反應快，能在短時間內表達許多概念。

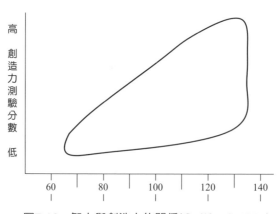

圖7-16　智力與創造力的關係(Guilford, 1971)

　　創造力評量的標準不在於傳統的記憶與認知理解能力，而在於個人是否具有創新的思考能力。研究發現智力最高的兒童未必有最高的創造力；具有中上智力的兒童，則往往具有最高的創造力；至於低智力的兒童，創造力則最低，這顯示創造力至少需要中等以上的智力。至於智力多由個人的遺傳因素所決定，變動性較少，但創造力的變動性較大，這代表創造力在實際教育過程中較具有可塑性（張春興，1994；溫世頌，2000；Gerrig & Zimbardo, 2004）。

　　例如新力(SONY)的老闆盛田昭夫喜歡在打網球時聽音樂，但在過去年代卻沒有這樣的設備器材，有一天他在路上看見小孩拿著手提音響邊走邊跳，於是靈機一動，發明了深受青少年喜愛的隨身聽。還有我們常喝的珍珠奶茶也是一種創意的表現，粉圓是一種早就存在的傳統甜點，奶茶則是一種源於西方的飲品，但二種加在一起就是這麼的順口，現在反而是外國人來台觀光必點的飲品（郝廣才，2006），因此，學習不模仿別人，相信自己有創新的潛能，對新的事物能保持開放的態度，並營造一個舒服、全身放鬆的工作環境，都能增加個人創造力（林碩斌譯，2006）。

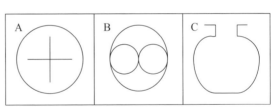

您能想像圖Ａ、圖Ｂ及圖Ｃ分別代表什麼嗎？

圖7-17　創意聯想

英國牛津及劍橋大學的入學測驗

　　創校已數百年的英國牛津大學及劍橋大學，每年在全球大學排名中總是名列前茅，也是全世界莘莘學子心目中最理想的大學之一。不過由於申請者幾乎都是在校成績最頂尖的學生，因此兩校如何從數千名的學生中遴選想法靈活、風格獨創的學生，在入學口試題目中即相當強調個人潛能、問題解決及創意思考等能力的發揮。題目範例如：你酷嗎？請申論這一片樹皮？請評估這只茶壺的貨幣價值？一隻牛體內的水分占全球總水量多少百分比？頭髮是如何燙捲？人到什麼程度才算死亡？請申論眾人所說的香蕉並不是香蕉？等考題。上述這些題目是不是跟您所認知的傳統考題有很大的差異呢（法新社，2006年10月）？

重點整理

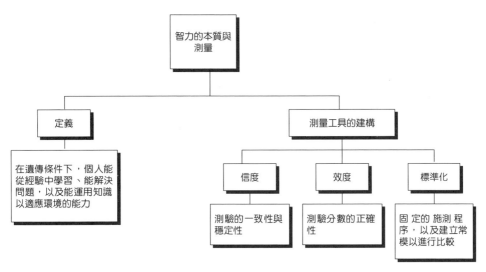

圖7-18　智力的本質與測量

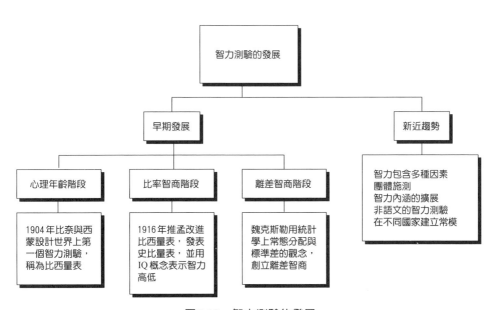

圖7-19　智力測驗的發展

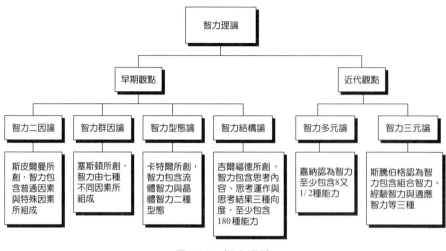

圖7-20　智力理論

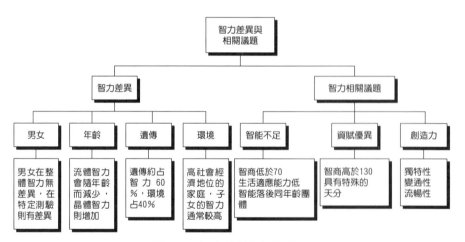

圖7-21　智力差異與相關議題

課後活動

一、問題解決能力

1. 你是否能用四條直線（中間不能間斷），將這九個黑點連在一起？

2. 有一顆乒乓球，掉進了馬路上一個深約 1 公尺的圓形小洞，你要如何將乒乓球撿上來？

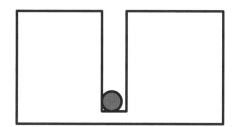

3. 你在一個房間內，想將樑柱上的兩條塑膠繩打結，但你無法同時抓到兩條繩子，你會怎麼做呢？

4. 有一支蠟燭、一個火柴盒與部分圖釘，要如何才能將蠟燭立在木板牆上，並且點燃？

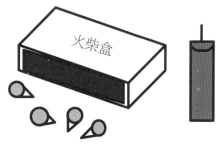

二、腦力激盪法

　　同學先分成數組，以腦力激盪法以收集每個人的想法，再彙整成全組的答案。討論結束後，由各組派一名代表上台寫，或由各組一名代表依序念出，再比較哪一組有較多的創意想法！

　　說明：以下有三個題目，每題討論時間約5分鐘。

1. 正方形的物品。

2. 白色而且可以吃的食物。

3. 磚塊的用途。

三、肢體創意能力

　　同學先分成數組（約4~6人一組），由老師出下列題目，再請同組成員一起思考如何善用每個人的身體或動作將物品表演出來。

　　1.洗衣機　2.電冰箱　3.海盜船　4.雲霄飛車　5.電風扇

　　這像洗衣機嗎？

Chapter 08 社會心理學

---------- **本章大綱** ----------

--------- 前 言 ---------

酒醉打死竹科孝子 中輟生：看不順眼才下重手…

擁有企管碩士學位的余××，原本在竹科半導體公司擔任品管，去年為照顧癌母辭去工作，10日凌晨和陳姓友人到到新竹市知名景點「海天一線公園」散心，未料遭惡少持木樁痛打，當晚送醫不治。

…警方調查，這群惡少當時頭戴白色安全帽，飲酒作樂後到公園閒晃，在被害人前方大聲喧鬧，被害人心生畏懼起身欲離開現場，兇嫌以為是挑釁，上前一陣拳打腳踢，並持支撐樹木的木樁毆打。

（資料來源：2009-06-15，聯合晚報，A2版）

人生活在社會中，每天都會發生大大小小的事件，對於一般人而言，這些事件是茶餘飯後聊天的材料。但是對於心理學家而言，當觀察到一些社會現象時，促使他們去思考，這些行為背後的心理歷程是什麼？什麼因素影響了他們的行為？這就像上面的社會案件，人們會好奇，為什麼青少年會做出這樣暴力的行為？一群人為什麼只因「看不順眼」就對陌生人產生攻擊行為？社會心理學研究透過實驗的模擬，來了解社會情境中的人類行為，希望得到一些共同性的法則。

在這一章裡，我們要先談歸因，就是人類如何對事件進行解釋，不同的因果解釋往往導引了不同的行為；第二節談的是態度，我們對於事物的看法往往不同，這些評價受到哪些因素影響；第三節會談到幾個現象，它是如何影響人對社會情境的覺察；最後一節，談到社會互動過裡，人如何受到團體的影響，以及團體決策的過程有哪些偏差。

第一節 / 歸 因

　　人是個主動的認知者，會對發生在周遭的事件進行解釋，以作為後續行為的依據。像考試考不好時，我們會對這個現象進行解釋：有人可能會認為是自己不用功所造成的；有人則認為這是老師出題太難的關係；有人也許認為是「卡到陰」，使自己的表現失常…等。不管你持哪種解釋，社會心理學家對個人尋找行為因果關係的過程稱之為「歸因」(attribution) (Pittman, 1993)。

一、歸因理論

　　最早開始研究歸因的是心理學家海德(Heider, 1958)。海德觀察到人們在進行歸因有兩種傾向：有些人會把某個行為的原因歸咎於「個人性格」因素；有些人則傾向把行為的原因歸咎於「外在情境」因素。例如：小花在運動會馬拉松比賽跌倒，有些同學認為是小花懶惰不常練習的

圖8-1　馬拉松比賽落後，有人作內在歸因，也有些人會作外在歸因

原因，這是個人性格的歸因；有些同學則認為是學校操道跑道不平造成的，這是外在情境歸因。我們會把前者稱為「內在歸因」，後者稱之為「外在歸因」。當我們做出不同的歸因時，會影響到後續的結果，如果你是內在歸因（特別是負面的性格因素），常會產生負面的情緒或人際衝突；如果你是外在歸因（覺得是情境所造成），你也許就不會怪罪於個人，而去思考如何改變情境。如前面的例子，如果採用性格歸因的同學，可能會指責小花，或是在背後說他的壞話；如果採情境歸因的同學，則會思考如何建議學校把跑道鋪平。

二、基本歸因謬誤

　　針對海德的觀察結果，瓊斯(Jones, 1967)進一步回顧相關的研究，他發現有一個特別的現象：大部分的人常會過度地把行為的原因歸於性格因素，而非情境因素，這種傾向是非常普遍，被後來的學者稱之為「基本歸因謬誤」(fundamental attribution error)(Ross, 1977)。換言之，我們常會認為造成行為的原因是個人因素，而不是情境的因素。例如上面的例子，採取「小花不努力」性格歸因的人，會比認為「運氣不好」的人來得多，這就是基本歸因謬誤。造成這種傾向，可能是人常被當作是自主的行動者，能夠為自己的行為負責，而非被外在環境所決定的觀點有關，但有時這種歸因傾向會造成過度怪罪個人的狀況。

心靈加油站

湯OO 少年殺人事件與基本歸因謬誤

　　民國75年1月25清晨，台北市新生北路一家洗衣店裡，發生一起震動社會的慘案。洗衣店的老闆和老闆娘被人發現，被人用榔頭打破頭，死於店內。行兇者是原本在店內打工的少年湯OO。他最後因殺人罪，三審定讞，被判處死刑。

　　這個案件原本只是單純的殺人案，大部分的人都會覺得行兇者泯滅人性，罪有應得。可是當我們進一步了解犯罪者的背景，也許會有不同的看法。湯OO是18歲的鄒族少年，原本是師專的公費生，能歌能詩，才貌雙全，因為家中經濟困難，放棄大好前程，一個人隻身來到台北工作。最初他透過私人的職業介紹所，找到洗衣店的工作，他每天必須在又悶又熱的小房間，工作長達17小時工作。一個月後，他受不了而想要離開，但因為仲介的剝削，老闆認為他需工作滿3個月，才能彌補損失。在身分證被扣又求救無門的狀況下，憤怒的他隨手拿起榔頭，就把老闆打死了，在盛怒之下，隨後進來的老闆娘也慘死在他的榔頭之下。犯行之後，他在哥哥的陪同下主動投案。

一般的人很容易因為「基本歸因謬誤」的緣故，過度把這件行為歸因於行為者「內在性格」因素，而忽略背後的「情境因素」，包括原住民少年的就業問題、職業介紹所的管理問題、工人被剝削的問題等。當我們深入了解會發現，犯罪本身是個複雜因素的綜合體，只用犯罪者冷血、沒有人性這樣的性格歸因，有時會太過簡化。這件案件在當年引起許多社運、宗教、人權團體伸援，但最後這個原住民少年還是背負了社會的原罪，無法在司法前得到救濟（聯合報／1987-05-16，第5版；人間雜誌第20期）。

三、行動者－觀察者歸因差異

心理學家發現還有一個有趣的現象：如果人們是「觀察者」，對於他人行為的解釋，容易進行「個人性格」的歸因；如果我們自己是「行動者」本身，對於自己行為的解釋，則容易採用「外在情境」的歸因。這種現象被稱為「行動者－觀察者效應」(actor-observer attributional difference)(Jones & Nisbett, 1971)。

為了證明這些現象，尼氏貝(Nisbett)就曾計畫一個研究來證明這個現象的存在。他請實驗者問大學生一些問題，像「為什麼要選這個科系」，他發現在解釋「個人」（自己是行動者）的時候，較多的回答都是「這個科系的前途較好」、「未來工作的薪水較高」，這些以外在條件的「情境歸因」；而在解釋「室友」（自己是觀察者）的相似選擇時，回答則完全不同了，多數人傾向回答「他是愛錢的人，所以才選機械系」等，用對方的「性格」因素作為歸因(Nisbett, Caputo, Legant, & Maracek, 1973)。

四、自利歸因偏差

還有一個歸因的傾向是：當我們是行動者時，傾向把好的結果歸因於自己（內在歸因），而把不好的結果作歸因於情境（外在歸因），這稱之為「自利歸因偏差」(self-serving bias, Miller & Ross. 1975)。例如：你們這組在課堂上進行團體報告，如果受到老師很大的讚賞，你可能認為是你把報

告整理的特別好；如果團體報告
的結果很糟，你可能會認為是負
責上台口頭報告的同學，報告的
沒頭緒或表達能力很差。為什麼
人會把成功的原因認為是與自己
有關，而把失敗歸咎於情境呢？
這可能跟我們的「自尊」有關。
大部分的人會注意對增進自尊有
用的訊息，對於那些減損自尊的
訊息，就算是千真萬確的事，我
們還是傾向於忽略或遺忘。

圖8-2　因為自利歸因偏差的緣故，大家都習慣
把成功的原因歸於自己

　　為了增進自尊，我們傾向去做「自利偏差」式的歸因，但這種傾向是有
個別差異的。有證據顯示，高自尊的人比長期處在低自尊的人做較多的自利
歸因偏差，而長期處在低自尊的人傾向做較多自貶歸因(Maracek & Metee,
1972)。對於臨床工作者來說，也許改變低自尊者的歸因方式是一種可能的
治療方向。

第二節　態　度

　　「態度」是日常生活裡常使用到的辭彙：當我們不喜歡一個人時，會覺
得他「態度不好」當想知道他對一件事的看法時，我們會問他：「你對這件
事的態度如何？」當看到一個人慌慌張張時，我們會說「他的態度很奇怪」
等。社會心理學對態度(attitude)的定義與此相去不遠，但主要研究的是「關
於某人、物或問題的一種普遍且持久的正面或負面感受」(Petty & Cacioppo,
1996, P.7)。

一、態度三元素

　　剛開始心理學家認為態度是單向度的，後來學者多認為它包括不同的元素，第一個提出這個觀點是拉皮爾(LaPiere, 1934)。有一次他和一對年輕的華人夫妻在全美旅行，那時全美彌漫著反華的情緒，可是他與這對夫妻到許多的旅館和餐廳，只有一次因為種族因素而不被接待。事後，他覺得很奇怪，發了問卷詢問這些店主對種族的態度時，有超過90%的人對華人持著負面的態

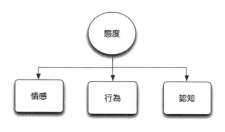

圖8-3　態度的三元素

度，只是店主還是接待了他們。這種認知和行為的差異，使他認為態度應該包括不同的層面，而不是單一的元素。

　　後來學者的研究多半同意，態度可以分成三個元素：情感(Affection)、行為(Behavior)、認知(Cognition)。為了方便記憶，有人又稱其為態度的「ABC理論」(Rosenberg & Hovland, 1960)。

1. 情感：指的是對某個對象的感受，如：喜歡或討厭等情緒反應。
2. 行為：針對某個對象所產生的外顯行為，如：會不會購買某商品，可當作對此商品態度的指標。
3. 認知：對某個對象物所擁有的知識和信念，如：你對教育改革的看法等。

　　所以當我們想要知道一個人的態度為何，應該要了解他的情感、行為和認知，這三個層面才構成了態度的全貌。例如，我們想知道某甲對某政治人物的態度為何，我們會問某甲：你喜不喜歡某個政治人物（情感）、認為他是怎麼樣的人（認知）、投票會不會投他（行為）。

二、認知失調理論

　　為了說明態度和行為的不一致，心理學家費斯庭格(Festinger, 1957)提出「認知失調理論」(cognitive dissonance)。這理論認為人們會追求認知的一致性，當我們體驗到兩個認知不一致或認知和行為之間的不一致，會有不愉快的感受，為了降低這種不愉快的感受，我們會設法去改變其認知，使認知與認知間或認知與行為間達成和諧。

　　吸菸的人常會被告知「吸菸有害健康」的訊息，剛開始人們會經驗到認知失調的狀態，我們有兩個選擇，改變吸菸的行為或「吸菸有害健康」的認知。費斯庭格認為改變行為較難，所以常會先去改變認知，於是我們會說「吸菸有助於抒解壓力」、「吸菸對健康的影響沒有那麼大，有些老菸槍還不是活得好好的」，這些認知的解釋可以讓我們避開認知失調的問題。關於認知失調的例子其實很多，像某女生選擇了一個爛人當男友，所有朋友和家人都反對她，但是她還是聽不進去，直到激情過後發現他的真面目，不但欺騙她很多事，還劈腿。可是這是她自己選擇的，又怕在家人和朋友面前拉不下臉，就改變自己的認知，認為那個男生雖爛還是有時會對她好，或是男生有時總是愛玩、以後就會改變了，來避免自己認知的失調。

心靈加油站

與詐騙集團－史上最牛被害人 匯 1.5 億猶不悔

　　彰化縣81歲老翁一年多前遭以抽獎、投資等手法詐財，不但變賣土地的1億2千萬元被詐光，還貸款3千多萬元繼續匯款，至少共被騙了1億5千萬元；不過，至今老翁仍堅稱「你嘸知啦，我是在投資，穩賺的」。…老翁獨居，兒女都是跨國銀行高階主管，長年住在國外，一直不知道父親被騙；兒子今年4月發現父親的錢被騙光後，透過管道向彰化警方報案。由於老翁堅持未被騙，使得警方偵辦困難（聯合報2009-06-25，A8版）。

為什麼會有人被詐騙還堅持不承認自己被騙呢？認知失調理論認為，當不同的認知造成個人的緊張，為了避免這種緊張，人們會有內在的動機促使人改變認知，以維持內在的一致性。以這個社會新聞為例，當別人告訴老人：「你被騙了」，這個新的訊息會造成內在的失調，但是他已經匯錢了，而且平常他對理財很精明，為了維持認知的一致性，他無法接受新的事實，反而一再相信詐騙集團，認為自己是在做投資行為（維持舊有的認知）。認知失調理論與自尊有關，往往自尊心高的人，更難忍受認知不一致的情形。認知失調理論也可用來解釋宗教的迷信行為，所以你知道幾年前宋XX事件，為什麼東窗事發後，還是有那麼多人相信他是有神蹟的吧！

三、自我知覺理論

對於態度和行為的不一致，心理學家貝姆(Bem, 1967)從另一個角度提出了「自我知覺理論」(self perception theory)，來解釋相同的現象。這個理論認為，在缺乏線索的情況下，我們會藉由自己當時的行為線索，來推論自己當時的態度。

自我知覺理論認為人們是透過外在的行為或行為的情境，來了解自己的內在狀態，包括態度或情感等，特別是在有些狀況下，我們對一些事物的態度還有些模糊，於是這些線索被當作輔助的訊息，以增進對自我的認識。像是別人問你最喜歡哪家加油站，因為你都習慣去中油加油，所以你的回答是中油，但是有可能只是因為中油離你家最近，習慣的行為卻被你當作是態度的指標了。

愛情態度與自我知覺理論

　　許多人約會時會選擇去夜遊、坐摩天輪、遊樂園等刺激的地方，這些約會地點顯得較浪漫，而被剛認識的男女所喜愛，人的愛意較容易被喚起，這到底有沒有科學根據呢？社會心理學家就曾設計了這樣的實驗(Dutton & Aron, 1974)。他們設計了兩個情境：在實驗組裡，讓一個漂亮的女生在高聳有點搖晃的吊橋，隨機訪問路

圖8-4　在吊橋上較容易把生理反應歸因於愛情態度

過的年輕男性，請他完成一個看圖說故事的測驗，訪問完了後，這位女訪問員留下電話給這名男性，說如果對測驗結果有興趣可以再跟她聯絡；另外在對照組裡，進行的過程完全都一樣，只是訪問的地點在平坦又堅固的水泥橋上。

　　實驗的結果顯示，相較於水泥橋，經過危險吊橋的男生，在看圖測驗中，對模糊不清的圖片，有較多「性」的自由聯想，也有較多的男性打電話給女訪問員要了解測驗的結果（事實上是想要與女訪問員約會）。這個實驗結果反映了什麼道理呢？如同自我知覺理論所指出的，我們常會透過自己的行為線索來了解自己的內在狀況。相較於水泥橋，在危橋上人的生理反應較容易被引起，呼吸、心跳和血壓等值都會比較高，這時人們較容易把生理反應視為自己對於女受訪員的態度，也就是較容易覺得自己對對方有好感，而在測驗上有較高的性的自由聯想，並採取較多的電話聯絡行為。所以看完這個實驗後，下次約會知道要到哪個地方，較容易成功了吧。

第三節 / 社會知覺

　　人不是單獨活在一個物理的空間裡，而是處在一個活生生的社會情境裡，因為人的心理不是個人所獨有的，而是共享於關係、團體、社群、文化中，所以也受到這些因素的影響。「社會知覺」常是影響人際行為的基礎，我們會根據在關係中所知覺到的訊息，來進行判斷，並作為進一步社會互動的參照。以下我們列出一些常見影響社會知覺的因素。

一、社會基模

　　基模(schema)是認知心理學裡一個重要的概念，其定義為「一個基模就是一種認知結構，它是由某範疇相關訊息所組成的一組表徵，包括與此範疇相關的知識、屬性與例子…基模對新的訊息提供假說，用以進行分類、歸納與解釋等功能。」(Taylor & Crocker, 1981:91)簡單來說，基模就是某一事物或情境相關的訊息所組成的內在組織架構，它是我們看世界的方式。

　　因為我們不可能隨時都花很多力氣在了解這個世界，這需要花費太多的認知資源，就像認知心理學家對人的看法，人是個「認知吝嗇鬼」，會盡可能減少過於頻繁地使用認知資源。基模的好處在於，可以幫助我們更快、更好地理解類似的情境，以及在這個情境會發生的狀況。我們常使用的社會基模大致有四種(Taylor & Crocker, 1981)：

1. 個性基模(persona schemas)：人們習慣使用人格的基模來對其他人進行分類，並儲存與此相關的訊息，像「內向基模」或「外向基模」等。

圖8-5　我們腦中存有「博物館」的事件基模，使得我們知道參觀展覽的過程

2. **自我基模(self schemas)**：指人們根據過去和現在經驗，所形成關於「自己」認識的一組概念。自我基模是自我概念的一部分，如果你在某個向度上對自己有較強的理解，如「我是堅強的人」，對於自己行為的知覺也會使用這種基模化的方式。

3. **角色基模(role schemas)**：就是關於某個社會角色相關的知識和預期的行為。例如：父親基模、母親基模、警察基模、護士基模等。當我們和父親互動時，就會動用父親基模來理解父親的行為，或是當自己變成父親時，也很快就能知道自己該做些什麼、該有什麼樣子。人與人互動很容易動用角色基模，我們習慣注意到別人外顯的線索，如性別、職業、種族等，根據這些線索來動用角色基模，這可以很快就產生對這個人的一般性理解。

4. **事件基模(event schemas)**：這是關於完成一件事情所需要的連串行為、要件與相關知識，這種基模也稱為「腳本」(script)。例如：關於「用餐」這個事件基模，我們知道它的順序是：進入餐廳、等侍者帶位、點餐、用餐、付錢、離開餐廳等。

　　社會基模會因不同社會和文化而有所差異，而我們對某個基模的概念也會隨著經驗不斷增加。

二、第一印象

　　當我們對別人形成認識時，第一眼的印象常具有決定性的影響，你可能會根據他的外表、儀態、外顯行為，來判斷他到底是個怎麼樣的人。像圖8-6中的兩張照片，如果

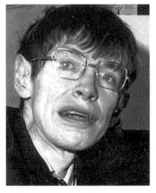

圖8-6　你覺得哪一個人較聰明呢？

我問你認為哪一個人比較聰明？智商比較高呢？可能大多數的人都會選擇右邊的那個人，因為他第一眼看起來比較有自信，容貌比較端正，比較像聰明的人。實際上，左邊的人智商才是比較高，他是諾貝爾得主史蒂芬‧霍金，他患了一種不治之症—運動神經細胞病，使他全身癱瘓，並失去說的能力，但他對於黑洞的理論卻開啟自愛因斯坦以來最偉大的時間與空間理論，而右邊的只是普通的一個人。試想想，你平常對一個人的看法，是不是也容易受到第一印象的影響，第一眼就受到吸引的人，是不是很容易覺得自己與他（她）是一見鐘情，也覺得心裡喜歡他，但也許更理智地討論，其實他根本不是你所喜歡的那一型。

　　第一印象有可能維持很久，並影響到人際的關係。電影連續劇常有這樣的劇情，丈母娘第一眼覺得這個女婿一副窮酸樣，就一直覺得這個女婿一定沒有出息，對待他的態度很差，直到他功成名就後，才發現自己看走了眼。當我們去面談時，第一印象也很重要，往往影響面試者對我們的評價。其實第一印象，就是一種「初始效果」，還記得第三章記憶裡，學習的效果有初始效果，我們對某人的印象也很容易受到第一次記憶的影響。

三、月暈效果

　　當我們對某個人形成好或壞的印象時，會不加分析就將此好或壞的特性擴大到其他部分，就像是月亮的光環不斷地擴散，這稱之為「月暈效果」(halo effect)。這樣的現象也常發生在學校，甲生可能因為成績很好，有些老師就會覺得甲生應該也很誠實，是個好學生，但也許事實可能相反，甲生成績雖然很好，但私底下卻很自私，常出賣朋友；相反的，被記大過的乙生，有些老師馬上「貼標籤」，只要發生什麼問題，很容易就聯想到乙生，這種以偏概全的現象，就是月暈效

圖8-7　在熱戀期間，對方的一些缺點會因為月暈效果的作用，而被我們所忽視

果。月暈效果可以用前面的「個性基模」來解釋，當我們使用「好學生」的基模來分類甲生，自然會把他的行為都認為是好的；若使用「壞學生」的基模來分類乙生，就很容易把他的行為認定為壞的。其他的例子還有：「情人眼裡出西施」、「一白遮三醜」，這些都是月暈效果的作用。

四、刻板印象

刻板印象是一種過度簡化，以原有團體的想法作為基礎來了解他人，我們常忘記個人差異，而以這個人的性別、階級、家庭背景等來進行判斷。例如：「女生都是情緒化的」、「戀愛的時候，男人應該要主動一點」、「原住民都愛喝酒」、「不愛唸書的都是壞小孩」、「老師都是很八股的」等。

圖8-8　對於不同的種族，人們常會有刻板印象出現

刻板印象的產生，可能是我們常有「過度類化」的傾向，只要某件不尋常的事情發生，就容易聯想到相關的事情上。例如：我們看到一隻狼犬亂咬人的報導，可能會下結論說，狼犬都會亂咬人，下次看到狼犬，很快就會形成狼犬會亂咬人的刻板印象。或者，身邊有些女生很情緒化，我們就會形成「女生都很情緒化」的假設，只到遇到女生，很容易不加觀察地，就將我們的假設套在對方身上。這也可以使用基模理論解釋，因為我們腦中都儲存有「角色基模」，當我們知覺到他的角色特徵，馬上就把這個角色基模套用到他的身上。心理學家發現刻板印象的基模運用往往很迅速，甚至在人們自己沒有察覺的情況下就使用刻板印象了。

五、偏　見

極端的刻板印象就是偏見，許多具有偏見的人，即便在有明顯的證據反駁下，依然會維持他們原有的偏見。有些偏見的危險不只在產生錯誤的認

知,因偏見而出現的行為可能引起很嚴重的社會問題,最明顯的偏見就是種族偏見和性別偏見。種族的偏見在歷史上屢見不鮮,常常引起許多生命無謂的損傷,像希特勒對猶太人的屠殺、波士尼亞的種族淨化、以色列與巴勒斯坦的衝突、非洲許多國家的內戰,政治人物常以民族情感作為號召,如果再加上種族偏見的主張,往往為人類帶來許多災難。性別的偏見在我們的社會其實很常見,過去傳統社會的婦女必須裹小腳,無法像男性受到平等的受教育、參政、工作的機會,直到現代社會,這種性別的偏見才逐漸被打破。時至今日,其實社會上還是有許多的性別偏見,像回教世界的婦女被規定不能露出自己的身體,而我們的社會也仍然有男主外,女主內的觀念。性別的偏見需要我們常去審視,避免用先入為主的觀念強加到對方身上,這樣才能建構一個性別平等的社會。

圖8-9　希特勒對於猶太人的種族偏見造成了數百萬人的猶太人被屠殺

圖8-10　明清兩代的婦女多有裹小腳的習慣

性別偏見：阿富汗的婦女

　　如果不是賓拉登藏身在阿富汗的山區，如果不是美國總統布希對阿富汗宣戰，我們的目光大概都不會集中在阿富汗的婦女身上。在神學士統治阿富汗的階段，阿富汗的婦女是回教世界中受到性別歧視最嚴重的地方，阿富汗遵行最嚴格的可蘭經教義，嚴格限制女性的自由，甚至發展出女性

平日的標準制服，阿富汗的女性從12歲起，就要與世隔絕，全身從頭到腳都要包在藍色的尼龍服裡，連眼睛的部分都要用紗布遮起來，除非在自己的家裡，否則一律都要穿著這種標準的服裝，平日在街上會有宗教警察，來回巡視，懲罰那些不守戒律的婦女。不只是服裝上有嚴格的要求，女孩受教育只能到12歲，接下來不管她願不願意都只能夠回家。女性也不能自由的工作，許多工作都禁止女性參與，最後只剩醫生和護士這兩個行業允許女性從事，但是一樣要穿著厚重的藍色尼龍服，非常不方便。阿富汗戰事雖因反恐而起，但阿富汗婦女所受到的性別偏見和歧視，也隨著這場戰爭的結束，重獲自由了。

種族的偏見與歸因差異

　　Hunter、Stringer和Watson(1991)曾對北愛爾蘭的學生作了一個關於偏見的研究。在這個研究裡，他們收集了一些北愛爾蘭天主教徒和新教徒的暴力新聞畫面，並給外籍學生評定，以確定這兩個新聞的暴力程度是相同的。接下來，研究者把這兩段新聞，分別給天主教徒和新教徒的學生觀看，請他們回答這個新聞發生了什麼？為什麼？根據他們的回答，我們得到如下的實驗結果：

天主教徒和新教徒學生對於不同的暴力新聞所做的內在和外在歸因模式

歸因方式	天主教徒的暴力新聞		新教徒的暴力新聞	
	天主教學生	新教學生	天主教學生	新教學生
內在	5	15	19	6
外在	21	6	5	15

資料來源：Hunter 等人，1991，頁 263。

　　從這張表，我們可以知道，天主教的學生觀看完天主教徒暴力新聞後，大多進行外在歸因，認為是情境因素所造成的；對於新教徒的暴力新聞，則作內在歸因，是性格因素；相反地，新教徒學生則作出完全相反的結論。透過這個實驗，我們知道，種族之間的偏見，會影響我的們的知覺方式，也形成不同的歸因傾向。這也就是為什麼世界上許多牽涉到種族和宗教的衝突，很難找到和平共存之道的原因了。

第四節　社會互動

一、團體對個人的影響

　　人是活在群體的動物，除非你像魯賓遜一樣離群索居，不然你一定會受到其他人的影響。心理學家想了解一個人的行為如何受到團體的影響，透過實驗的方式，歸納出一些日常生活中常見，卻又沒被我們正視的現象。

（一）從眾行為

　　許多人有這種經驗，到很正式的西餐廳，桌子上放了好幾套刀叉，不知道使用的順序，大多數的人會很直覺地看看別人怎麼做，照著別人的方式，才不會有出醜的機會，其實這就是「從眾行為」。有些從眾行為很容易產生（用餐的例子），但有些從眾行為可能完全改變了你原有的信念。最明顯的

一個例子是，當高速公路塞車時，因為害怕觸犯交通法規，你大概不會走路肩，但是當許多車子都開始走路肩時，你很容易產生相同的從眾行為。

　　心理學家亞虛(Asch, 1951)曾經做過一個很有趣的實驗（圖8-11），他請受試者以左邊的圖為標準線，然後與右邊的圖做比較，看看哪一條線與左圖的長度「相同」。你可能和大部分的實驗者有相同的想法，這是一個很容易的比較，但是亞虛做了一些巧妙的操弄。他讓一群受試者分開回答，但都聽得到別人的答案，他讓真正的受試者最後報告，但事實上，前面六個受試者其實都是實驗者的同謀。實驗開始後，前六個人因為是同謀，都故意回答「C」，等到換到真正的受試者時，你猜他會怎麼回答？沒錯，他的答案也是「C」。雖然大部分的人最先都會認為是「B」，但受到其他人的影響，最後的答案也改變了，這就是從眾行為。心理學家把從眾行為(conformity)定義為，在團體的壓力下，對自己的信念或行為做出改變(Kiesler & Kiesler, 1969)。

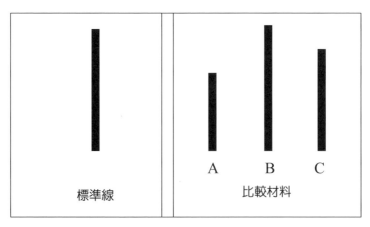

圖8-11　亞虛的實驗材料，他要求受試者比較右邊何者的長度和左邊相同

　　上述這樣簡單的比較，大部分的人都會跟著做出從眾行為，更何況是複雜情境下人的態度和行為呢？像前幾年台灣曾經流行過的催眠表演，許多人在台上做出不可思議的行為，很多人會覺得催眠師很厲害，其實部分的真象是，許多人不自覺地做出從眾行為，而被觀眾認為是催眠所造成的效果了。

（二）旁觀者效應

2003年7月14日，高雄小港區鳳鼻頭漁港，一個6歲男童在港邊玩耍不小心落水，當時旁邊有數百人在，圍觀的人越來越多，但是就是沒有人採取行動，甚至有人因為好奇用攝影機拍下溺水的畫面，等到一陣子，終於有人跳下水把男童救上來，沒想到男童已經沒有了氣息。這事件發生後，報紙全都指責當時在場的人，如果有人及時採取行動，這個男童的性命可能就不會失去了。但為什麼所有的人都這麼冷漠？是現代人都有「自掃門前雪」的心態嗎？其實從心理學的角度來看，這是因為旁觀者產生「責任分散」(diffusion of responsibility)的緣故，旁觀者常會覺得別人應該會採取行動，所以自己不做什麼應該沒有什麼關係，但是當所有的人都是這麼想時，很容易就造成如此的悲劇。心理學者(Darley & Latane, 1968)曾經用實驗來研究，發現當旁觀的人數越多時，耽誤的時間也就越長，因為旁觀的人數變多，大家覺得需要負的責任減少了，因為責任一分散，伸出援手的意願就減少了。

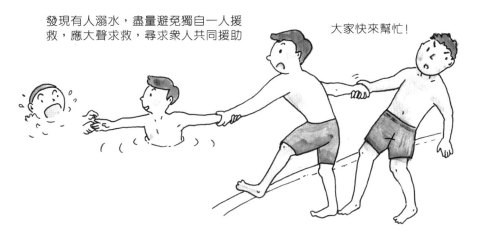

圖8-12　遇到像火災、溺水、強盜等突發情形時，大多數的人常會因為責任分散的緣故，忽略了自己所應採取的行動

（三）服從權威

二次世界大戰，數百萬的猶太人被屠殺，這是人類歷史上的悲劇。這個慘劇讓我們開始去思考，為什麼這麼多的德國軍官能夠做出這麼傷天害理的事？他們不會覺得自己的行為違反人類的基本道德，而懷疑上司的命令嗎？

為了說明這個現象，社會心理學家 (Milgram, 1963)設計了一個實驗，他在耶魯大學的實驗室裡設計了一個實驗室（如圖8-13）。他要受試者一人當老師，一人當學生，當學生

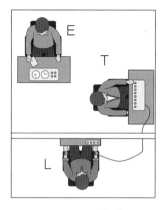

圖8-13　Milgram的實驗設計

的受試者要接受試題測驗，如果學生答錯了，老師就要用輕微的電流電擊學生。實驗進行一會兒後，學生就會開始乞求當老師的受試者不要電擊他們了，但是當實驗者說「請繼續」時，大部分的受試者還是繼續電擊（事實上，這個學生是實驗者的同謀，只是當老師的受試者並不知情，學生並沒有真正被電擊，只是演出來的）。甚至當學生苦苦哀求老師停止，受試者在實驗者的命令下還是一路給予更強的電流，甚至所指示的電流強度已可致人於死了，大部分的受試者還是沒有停止。受試者是隨機抽樣的大學生，並不是特別殘忍的人，為什麼他們會執行看起來如此殘忍的命令？透過Milgram的實驗我們發現，如果有一個專家的權威出現（如研究中的實驗者），當專家說「請繼續」這句話，受試者可能覺得這個專家擁有權威，可以掌握狀況，而且自己不需要負責，「我只是在服從命令而已」。

（四）去個人化與匿名效果

只要有當過兵的人都會有這種經驗，只要穿上一身軍服，馬上整個人就變得不一樣，不管是軍官或士官，原本是很親切的人，都會變得嚴肅而權威。我們每個人都是獨一無二的，有自己的個性和角色，但如果在團體裡，喪失自己原有的個性，去追求團體行為的一致性，這個現象叫做「去個人化」(de-individuation) (Fesinger, 1952)。

當我們去個人化時，有一些平常不敢做的行為也變得大膽，假如你有去遊行的經驗，你會發現自己處於群眾裡，會變特別「High」，也許你平常從來不敢對警察挑釁、丟雞蛋，但是在團體裡，你會覺得安全，激烈的行動也敢表現出來。所以在國外，許多遊行或慶典，最後常會變成暴動或搶劫商店。為什麼正常人聚在一起，容易做出一些狂亂或激烈的行為？心理學家(Zimbardo, 1973)曾經進行一個監獄的模擬

圖8-14　穿上制服可以達到去個人化的效果

實驗，他找了22位身心健康的大學生，隨機指派一半的大學生當做獄卒，另外一半人當囚犯，獄卒和囚犯都穿有制服，在很類似真實的場所進行實驗。心理學家用攝影機觀察他們的行為，發現隨著時間的進行，獄卒出現越來越多不人道的行為，像限制囚犯休息的時間、不給他們上廁所、設計一些方法來羞辱學生囚犯，這些學生獄卒似乎忘記這不過只是場實驗，變得非常殘忍，而當囚犯的學生也產生激烈地情緒反應。原本兩個星期的實驗，因為獄卒和囚犯的過度投入，因擔心造成嚴重的後遺症，被心理學家中斷了。這些學生報告，他們很驚訝自己（獄卒）如此樂於控制他人，或覺得自己（囚犯）無能為力，忘記這只是一場演戲。心理學家的解釋是，當人們被去個人化後，就會學習外在的社會角色，表現出大眾覺得他們應有的行為，而不敢有所不同，所以就算是殘忍的行為也做得出來。這是為什麼軍人、警察、犯人、學生等角色，一定會有制服，除了識別的作用外，制服所產生的去個人化效果，可以使人們受到角色的限制，而不容易有脫軌的行為。

去個人化最主要是達成「匿名效果」(anonymity)。如果人們穿上了制服，或是戴上了面具等，使得個人的特性不容易被辨認，就容易產生匿名效果。匿名效果會使得個人的行為有極端化的情形出現，個人覺得不需要為行為負責任，而是團體在負責，甚至較容易產生攻擊的行為。美國歷史上有名

圖8-15　Zimbardo監獄實驗的情形（引自Zimbardo, et al., 2000, p.456）

的三K黨，最明顯的特徵就是用來遮掩個人面貌的白色袍子，更助長了他們的攻擊行為。近來網路變得很發達，在線上的溝通也變得具有匿名效果，你想想自己在臉書或網路上時，許多的話是不是也容易變得大膽呢？這也是相同的道理。

二、團體決策

　　從學生開始，我們常需要在團體裡做出一些決定：大到開班會，小到分組報告的討論等，而社會上的許多決定也是團體決策，從立法院的法案到公司組織的運作都是。這種決策的過程也是社會心理學家所關心的，目前我們知道的現象有：

（一）團體迷思

　　我們常會覺得，團體的決策應比一個人的決定來的好，俗語說「三個臭皮匠抵過一個諸葛亮」，但有時候團體決策會犯比一個人決策還容易出現的錯誤。在團體決策時，成員傾向讓自己的觀點和團體大多數人一致，而使團體失去不同角度觀點，心理學家稱此為「團體迷思」(group thinking) (MaCauley, 1989)。最有名的例子是甘迺迪入侵古巴的例子，入侵古巴的決定對美國來說是完全的失敗，可是當初在做這個決定時，部分幕僚明知道古巴有傳來不利的情報，居然沒有人敢提出來，用以質疑或反對總統，而做出一面倒的決定。團體迷思最容易出現在同性質高，團體凝聚力高的團體裡，特別是像政黨、行政團隊裡。

圖8-16　甘迺迪被認為是美國最有魅力的總統，但因為「團體迷思」犯下進兵古巴豬玀灣的錯誤

圖8-17　團體決策雖可集思廣益，但常也會有「團體極化」的現象

（二）團體極化

　　除了團體迷思外，團體決策還有一個現象：團體決策比個人決策更容易做出「極端」的決定或行為，這個現象叫做「團體極化」(group polarization) (Moscovici & Zavalloni, 1969)。如果團體原先的氛圍都傾向冒險的行為，經過討論後，最後的團體決策往往會更加地冒險；如果大家原本傾向保守的行為，經過團體討論後，會得到更加保守的決定。

　　為什麼在團體裡，較容易出現極化的現象，討論的過程並沒有使大家更理智，反而變得更極端。就像前面去個人化的討論，因為負責任的是團體，不是個人，使得原本不敢去承擔的風險，個人會認為由團體一起承擔，所以變得更冒險或更保守，就算天塌下來還有別人頂著。還有一種解釋認為，在團體裡每個人都在求表現，為贏過別人，所以不斷「加碼」演出，造成極端的行為。不管是哪種解釋，都可以說明為什麼立法院常會做出很荒謬的法案，立法委員為了討好選民，常競相如拍賣會加碼，明眼人都知道最後結果是政府財政無法負擔的，但在輸人不輸陣的壓力下，產生了團體極化的現象。

心靈加油站

團體極化 vs 青少年暴力行為

　　還記得本章最前面的那則新聞嗎？這樣的事件在社會層出不窮，這樣的青少年多來自邊緣的家庭，內心有許多的苦悶，又在教育體制裡不被接受，就找對象發洩。他們多半很重義氣，成群結隊在外遊蕩，所謂的「看不順眼」或是「被瞄一眼」，只是一種發洩的說詞。因為仗著勢，所以很多行為也敢做了，特別是在主流電影讚揚英雄主義與電玩暴力的影響下，對於受害者生命痛苦的毫無知覺，使得他們透過暴力的行為找到發洩的管道。你可以試著用服從權威、從眾行為、團體極化、去個人化等角度，來解釋這個新聞。社會心理學提出的概念，都是心理學家為了理解社會現象，所提出的看法，希望你在閱讀完這章後，對這個世界可以有更深的了解。

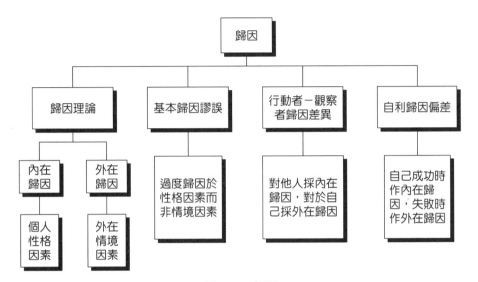

圖8-18　歸因

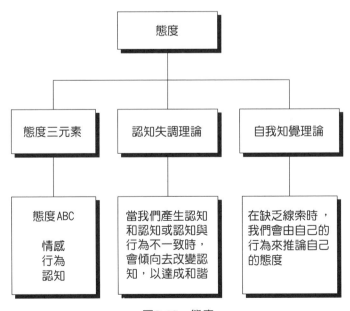

圖8-19　態度

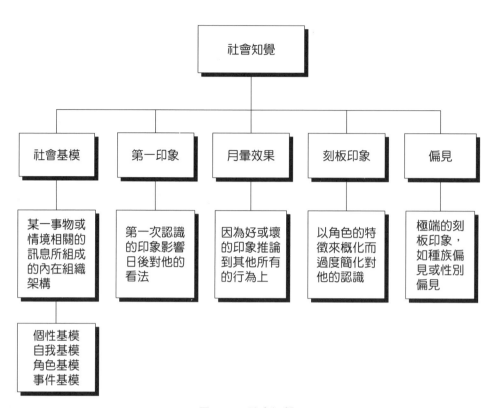

圖8-20　社會知覺

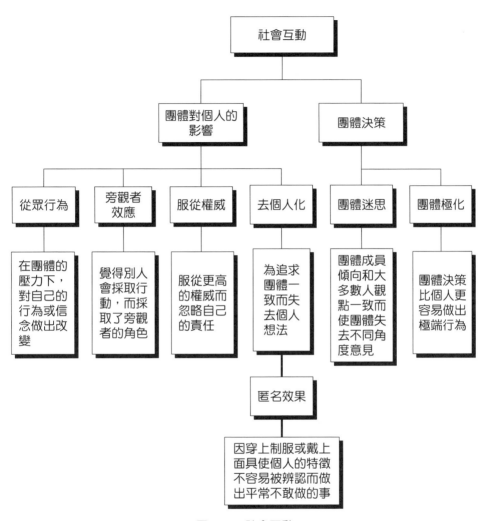

圖8-21　社會互動

MEMO

Chapter 09 意識、睡眠和夢

---------- 本章大綱 ----------

前 言

　　一般人認為在覺醒狀態有意識，而在睡著後則處於潛意識狀態，事實上，人的意識是在完全意識與完全潛意識間相互轉換，因此本章將介紹人在清醒時的意識狀態，及臨近潛意識的睡眠狀態和獨特的意識狀態—夢。

第一節　意　識

一、何謂意識

　　心理學家經常將意識(consciousness)描述為一個人對外在刺激與內在心理事件的覺察。其實意識並非是一種單純的狀態，一般的清醒意識涉及你當前心理體驗，包括你在此時此刻的知覺、思考、情感和需求及所有你正集中注意力的心理活動，但對我們所熟悉的事物或每天要做的例行性事物，就會產生自動化反應，不需

圖9-1　小朋友為了要闖關，正認真的讀題目，目前他的意識是處於控制狀態下

要很多的意識，例如：我們可以在路況熟悉的路上一面開車、一邊聽音樂；一面看書一面吃早餐，開車及吃早餐的行動就是一種自動化的過程。所以意識是「自身目前狀態的覺察」，在清醒的狀態下，常在控制的狀態（對某些事件完全的專注、覺警）與自動化的狀態（只需很少的覺察和注意）轉換（圖9-1）。

　　清醒的意識僅是人們訊息處理的一部分，有許多的刺激是經由「無意識」、「前意識」、「潛意識」歷程所處理的（王震武等，2001）。以下我們將介紹這些意識的類別。

二、意識的類別

（一）無意識 (Nonconscious)

　　是指人們對其內在的身心狀態或外在環境的一切變化無所知與無所感的狀態。例如：天氣變冷，我們自動就會有發抖或起雞皮疙瘩的反應，這種歷程不需要意識介入，你的神經系統自然會在無意識中幫你完成。或是昏迷狀態、重度麻醉或嚴重的腦傷者對刺激沒有任何反應，巨響、搖動他們甚至用針刺指甲都不會有反應，此皆為無意識狀態。

（二）前意識 (Preconscious)

　　某些訊息的內容，雖然當下無法被意識到，但當某些事件引起我們對此訊息的注意時，我們就會把它提取到意識層面（游恆山，2000）。例如：你在路上看到一個人，你明明就覺得認識他，但一時想不起他的名字，過了一下子，你會突然想起他的名字。精神分析學派認為前意識是介於意識與潛意識之間的一種意識水準。認知心理學則認為，前意識指的是以前在長期記憶中的訊息，此訊息一旦不使用時，個人會將它潛藏起來，只有在必要的情況下提取，才對之產生意識（張進輔，2002）。

（三）潛意識 (Unconscious)

　　潛意識是佛洛依德(Sigmund Freud)精神分析學派的主張。佛洛依德認為，人的某些本能慾望常常不被社會道德規範所接受，因此，慾望和規範就產生激烈的鬥爭，往往是慾望讓步，這種讓步被稱為壓抑。這些受壓抑的慾望並不因此就消失，它們會加以包裝掩飾，藉由各種管道顯露出來，例如：以笑話或夢境來顯露對性或攻擊的慾望。當我們把不被社會規範所接受的慾望（特別是性和攻擊）或引發自己本身極度焦慮的事件（重大創傷或不被自己所接受的慾望）壓抑起來，排除在意識之外，此種歷程即為潛意識。

第二節　睡　眠

　　我們在一生中花了1/3的時間在睡眠，睡眠為何如此重要導致人類每天需花如此多的時間在睡眠上？在睡眠的過程中有何特殊的狀況及何種不同的階段，我們可用科學的方法得知嗎？在睡眠狀態下，常見的睡眠障礙有哪些？以上有趣的問題即是本節討論的重點。

一、睡眠的功能

　　有關睡眠功能的理論一般有三種：恢復論、能量保存論、演化論。

（一）恢復論 (Restoration Theory)

　　睡眠具有恢復精力和消除疲勞的功能，使我們的身體及大腦恢復活力。這種恢復包括生理和心理兩方面。在生理方面個體在清醒時如果持續不斷地活動，身體沒有得到充分的休息，那麼在神經系統的傳導上和肌肉腺體的活動上都會降低效率，無法完成正常的代謝作用（張進輔，2002）。若能在NREM睡眠中熟睡，得到一段休息的時間，將會消除身體的疲勞，回復到正常的狀況。

　　在心理方面，睡眠可以幫助個體完成清醒時尚未結束的心理活動。在學習心理學研究中有實驗證明REM睡眠與學習有高度相關，REM睡眠有助於記憶的固化（王震武等，2001），因此在讀書後立即睡眠，有助於學習的記憶。

（二）能量保存論 (Energy Conservation)

　　睡眠能保存我們的能量，減少我們身體能源的損失。物種會因為欲維持清醒狀態所需的能源而睡得更多。因為，醒著時需活動較耗體能，新陳代謝速率較快，需較多的食物，所以需靠睡眠減少能量的消耗，以應付清醒時所需之能量。

（三）演化論 (Evolutionary Theory)

人及其他動物的睡眠及其睡眠的不同方式，都是在生存過程中長期演化而來的。在演化早期，睡眠有生存的價值；原始人類如果在夜裡保持安靜，躲開肉食動物並保存隔天的狩獵能量，似乎更可能存活。因為缺乏夜行能力，同時為了保命，所以演化成「日出而作，日落而息」的生活方式。所以人類必須在白天工作、晚上睡覺以適應環境。

二、睡眠的類型

在尚未發明腦波圖以前，我們對睡覺狀況一無所知，我們無法了解一個人從清醒到昏昏欲睡至熟睡的系統變化過程及意識狀態的轉變。直到1937年以後，由於發現了腦波圖(electroencephalogram, EEG)，睡眠研究者用腦波圖來記錄睡眠者的腦波活動，從此之後，EEG就成為探討睡眠的重要技術(Loomis et al., 1937)。

20世紀50年代，美國三位科學家威廉‧德門特(William Dement)、尤金‧阿謝仁斯基(Eugene Aserinsky)和納撒尼爾‧克萊特曼(Nathaniel Kleitman)，他們用一台腦電圖儀，把電極繫在頭皮上以記錄腦波，繫在雙眼附近以記錄眼動，繫在下巴上以記錄肌肉緊張和張力，他們發現兩種類型的睡眠：快速動眼睡眠(rapid eye movement sleep, REM sleep)及非快速動眼睡眠(non rapid eye movement sleep, NREM sleep)（張進輔，2002）。從生理

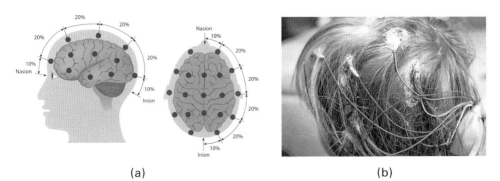

(a)   (b)

圖9-2 把電極繫在頭皮上以記錄腦波

角度來看，快速動眼睡眠只是睡眠的一個獨特階段，而在這階段，把人給喚醒有80~90%的人說在做夢，而其他階段把人喚醒卻只有10%的人說在做夢（李長山譯，2002）。因此，快速動眼睡眠是一個可靠的行為指標，說明睡眠者的心理活動正集中在做夢上。

鬼壓床

　　所謂「鬼壓床」，正確的醫學名稱是睡眠癱瘓症(sleep paralysis)，通常發生在剛入睡或是將醒未醒時，患者自己覺得已經醒來，可以看到周遭的影像，聽到周遭的聲音，但身體卻動彈不得，也發不出聲音來，有時還會合併有幻覺，但還好這種情形多半在幾分鐘之內，自己就可以恢復肢體動作。

　　從睡眠週期來解釋「鬼壓床」的現象，「鬼壓床」發生在快速動眼期，此時我們的骨骼肌除了呼吸肌及眼肌外，都處於休息狀態，可以避免我們隨著夢境做出動作，傷害到自己或枕邊人。而發生「鬼壓床」的情況，就是在此時大腦意識清醒過來，而肢體肌肉卻來不及與大腦連結，造成身體肌肉不聽意識指揮，因此形容成被鬼壓而動彈不得。

　　精神科醫師認為睡眠癱瘓症是一種睡眠產生的生理反應，和鬼怪無關，對身體健康也不會有什麼不良的影響。通常在壓力比較大、過度疲勞、作息不正常、失眠、焦慮的情形下比較容易發生。不要太累，不要熬夜，維持正常的作息通常是不會發生這種現象的。

三、睡眠障礙

　　1990年國際睡眠障礙醫學會(International Classification of Sleep Disorders, ICSD)將睡眠障礙分為兩大類：包括與睡眠質量有關的睡眠異常(dyssomnias)，如失眠、多眠與生物節律障礙；與睡眠期間出現異常行為障礙的類睡症(parasomnias)(ICSD, 1990)，如夢魘、夜驚、夢遊、磨牙等異態。以下將分別介紹各種睡眠障礙。

（一）睡眠異常

1. 失眠(insomnia)

　　失眠是一般人口中最常見的困擾之一，失眠者不是「入眠困難」就是「時睡時醒，無法安睡」（蘇東平，2000），要不然就是太早醒來無法再睡、睡得很淺，以及早上醒來感覺不清醒等。導致失眠的原因可能是壓力、情緒問題、酒精，或是使用藥物或藥物濫用，是一種由心理、環境、生物等多種因素交互作用所引發的一種複雜症狀(Borkovec, 1982)。

　　有失眠困擾的人應該看醫生，不過大多數人可以藉改變睡眠的壞習慣而有所幫助。以下幾點提示也許可以提供幫助：

(1) 極端興奮或焦慮時，不要強迫自己入睡。在你上床前應花一段時間讓自己盡可能地放鬆。

(2) 不要維持不規則的作息時間，盡量試著在每晚固定的時間入睡，這樣身體才能夠適應時間。

(3) 睡前不要喝太多酒，這或許會讓你疲憊不堪，然而一旦酒精力消退後，你會立刻醒過來，一點點酒或牛奶可以幫助你入睡。

(4) 不要在吵雜、明亮的房間睡覺。我們的祖先在天黑後入睡，並在聽到陌生的聲音後起床。要克服這種千年來的生物演化，並在室友開派對時入睡，這並不是容易的事。

(5) 不要在床上看電視、做功課或（除非在特定的情況下）社交。將床主要視為睡覺的地方，這可以讓床成為睡眠的條件化刺激。

(6) 不要忽略運動。身體的疲累是最古老的鎮靜劑。

(7) 最後，不要為偶爾的失眠或睡眠不足感到焦慮。只要你願意，身體對於睡眠型態會有所調整。提供睡眠的合適場所，想一些愉快的事，並在該睡覺的時候，恭候睡眠的大駕。

2. 多眠症

　　嗜睡症(narcolepsy)或稱為猝睡症，是一種常見的多眠症。嗜睡症通常是說話或是行動時突然發生，當睡眠突然降臨時，患者會產生「猝倒」(cataplexy)的症狀，導致失去對肌肉的控制，使得患者猝然倒下。而不管是睡眠突然發生或是猝倒，都可能是因為強烈的情緒反應所產生的，尤其是在驚訝或是大笑的情況下影響最大。事實上，嗜睡症是由於在醒著的時候大腦無法抑制REM睡眠的發生而產生的(Guilleminault et al., 1967; Joyce, 1990)。

3. 睡眠窒息(sleep apnea)

　　是一種涉及呼吸系統的睡眠障礙，使得睡眠者在一夜中有多次約為1分多鐘的呼吸中止。當睡眠窒息發生時，血液中的含氧量會明顯下降，導致睡眠者必須經常從睡夢中醒來，然後再度呼吸並進入睡眠狀態。

4. 生物節律睡眠障礙(circadian rhythm sleep disorders)

　　主要是指患者之醒－睡節律與社會之正常作息不搭配，也就是說當患者想睡或需要睡時睡不著，不該睡時卻睡過多。常見的例子是搭飛機到與出發地時差較大的地方所產生的時差或輪班工作(shift work)產生的睡眠障礙。另外二種生物節律睡眠障礙是：

(1) 睡眠相位延遲症候群(delayed sleep phase syndrome, DSPS)：這種患者就是我們所謂的夜貓子，他們很難入眠，一直要到深夜或清晨才能入睡，且第二天早上無法醒過來。白天會覺得很疲倦，夜晚卻是生龍活虎，腦子十分清醒，故對夜生活十分喜歡。此種狀況易發生在青少年及年青人。

(2) 睡眠相位提前症候群(advanced sleep phase syndrome, ASPS)：此類患者常在晚上6~8點時就入睡，凌晨1~3點就醒過來而無法再入睡，此在老年族群中常發現（蘇東平，2000）。此類睡眠障礙是由於日夜節律不契合導致的失眠，只要調整內在的日夜節律的時相，使之與

環境的時間同步即可，一般常使用時間治療法或光照治療法（楊建銘，2002）。

（二）類睡症

在睡眠期間出現睡眠異常的行為造成睡眠障礙，我們稱之為「類睡症」。類睡症的種類很多，其中包括了夢遊、說夢話、磨牙、尿床、夜驚、夢魘等。夢遊和夜驚多發生在NREM睡眠的後期，而說夢話則多見於NREM睡眠的中期，甚至是前期；磨牙、不自主的笑多見於NREM睡眠的前期，夢魘多在REM睡眠期出現。這些行為當中以夜驚和夢遊較易干擾他人或造成危險，故於此加以介紹。

1. 夢遊

夢遊(sleep walking)其實和作夢無關，它是從深度睡眠突然醒來的半清醒行為，一次發作通常不到20分鐘。發作時患者的行為看似有目的，從床上坐起來，下床在附近走動，甚至離開房間離開家到外面走動。這時患者通常面無表情，眼睛張開，反應遲緩警覺性低，好像不在乎或不知道有人在觀察他，但仍有平衡反應的能力。大部分的患者在夢遊時不易叫醒，會自動回到床上繼續睡，或經人引導回到床上繼續睡到天亮，而清晨醒來通常不知道夜裡發生的事情。

據估計30%的兒童至少有一次夢遊發作，但常發作的人並不常見。夢遊最常在5~7歲時發作，到9歲以後就很少發作了（宋維村等，2000）。

2. 夜驚

夜驚(night terrors)也是發生在深度睡眠期的一種甦醒障礙。典型的行為是在睡著後的前2~3小時，突然出現害怕尖叫，患者或從床上坐起來、站起來、或下床亂跑，眼球突出極端害怕的表情，若檢視身體反應，則發現心跳加速、全身流汗等自主神經系統亢奮的現象，整個狀況在幾分鐘就過去了。

　　它和夢魘(night mares)不同的是，夢魘都出現在下半夜REM睡眠期，若驚醒的話患者都說出可怕的惡夢片段；而夜驚發作時的強烈激動與害怕反應，及發作時很難叫醒，而清醒之後卻不記得發生過什麼事情，和惡夢是很容易區分的。

　　夜驚和夢遊一樣，大部分是發展性的過程，追蹤研究發現7.5歲之前有夜驚發作的兒童，到8歲有一半不再發作，持續到青春期的只有1/3。

　　有研究發現夢遊和夜驚可能有遺傳性。若青少年期頻繁發作夢遊和夜驚可能有顯著的外在因素甚至有其他之精神疾病，與兒童時期偶發的夢遊和夜驚可能有不同的原因。兒童時期的夢遊和夜驚發作大都是發展性的，不必治療即會自動消失（宋維村，2000）。

四、催　眠

　　大多數的人對催眠相當好奇，不論是在電視上曾看到馬汀的催眠秀或曾閱讀魏斯醫師寫的《前世今生》、《生命輪迴》二本用催眠協助病人回想過去，追溯前世的書。這些實例都讓我們對催眠充滿問號與驚嘆號。催眠到底是什麼？催眠是不是就是睡眠？每個人都適合被催眠嗎？催眠有哪些好處？催眠是否也會有些危險呢？催眠到底是如何被執行的？這些問號在以下的部分將得到答案。

（一）何謂催眠？

　　催眠源自英文的"Hypnosis"它的語源來自"Hypons"（即希臘諸神中的睡神之名），但事實上催眠不等於睡眠，除了在外觀均處於一種深度放鬆，類似睡眠的狀態外，其內在意識狀態是截然不同的，以腦波的型式來看，進入催眠的人比較接近處於高度放鬆的人，而非深度睡眠中的人(Graffen, Ray, & Lundy, 1995)。被催眠者在催眠中會呈現放鬆時具有的 α 波，此種腦波與睡眠中呈現的NREM顯然不同，由此可見催眠時其腦生理反應與睡眠狀態不同，它是清醒但完全放鬆的腦波。

　　催眠(hypnosis)是一種類似睡眠但又不是睡眠的意識恍惚狀態。當我們被某些連續、反覆的刺激，尤其是語言的引導，使我們從平常的意識狀態轉移到另一種意識狀態，而在這種狀態下，會比平常更容易接受暗示。我們把這個過程稱之為催眠。催眠的程序如下：

1. **催眠引導技巧**：漸進放鬆引導、五指分開法、想像力引導、左重右輕法。

2. **深化催眠狀態**：數數法、下降法（走樓梯、坐電梯、滑雪、降落傘）、掉臂法、過時光隧道、觀想法。

3. **執行催眠治療**。

4. **解除催眠**（廖閱鵬，2001）。

（二）催眠的特徵

　　根據美國希爾加德(Hilgard, 1965)的實驗觀察發現，在催眠狀態下受試者在心理上一般顯示出下列的特徵：

1. **主動性反應減低**：受試者進入催眠狀態後，雖然仍有意識，但其主動性卻大大減低，他傾向於接受催眠師的暗示去行事。

2. **注意範圍縮小**：進入催眠狀態後，受試者的注意趨於狹窄化，只注意催眠師的指示，而對周圍環境則不再注意。

3. **舊記憶的還原**：在催眠狀態下，會回憶起以前的陳年往事，這些陳年往事會以視覺影像的形式，清楚地出現在催眠者的意識中。

4. **知覺扭曲與幻覺**：在催眠狀態下，現實感會減低，而傾向於扭曲現實的知覺，因此，容易出一些幻覺。如聽到一些聲音或看到一些不存在的物體。

5. **後遺忘常常發生**：催眠感受性高者在被暗示催眠後產生遺忘時，將會忘記催眠過程中所發生的全部或大部分事情，可是當預定信號呈現時記憶便恢復。

（三）有關催眠的重要概念

1. **催眠深度的分類**：一般在運用上，簡單分成輕度、中度、深度等三種催眠狀態，「作白日夢」是個典型輕度催眠的例子。

2. **催眠後暗示**：催眠治療的重要技巧，在催眠狀態中暗示被催眠的人，要他在清醒之後的某個時間或看到某個訊號時，就要去做某件事。譬如說催眠師在催眠中暗示受試者：「等你醒來以後，一看到我用手摸鼻子，你就要去打開窗戶」。結果等解除催眠，受試者醒來以後，一看到催眠師摸鼻子，受試者就會忍不住走到窗戶邊把窗戶打開。

3. **退化作用**（regression；或譯為年齡回溯）：在中度或深度催眠狀況下，被催眠的人之意識狀況會退化到某一個生活階段，一般來說，有三種情況：

   (1) 只是過去記憶的再現，被催眠的人好像在看電影一樣，以旁觀者的角色，看著過去的事情在眼前上演。

   (2) 被催眠的人會融入過去的經驗中，發洩當時積壓的情緒，但是他的言語、思想、行為、觀念都仍然保持現在的樣子。

   (3) 被催眠的人完全融入當時的情節，例如：回到4歲的時候他就會用4歲小孩童稚的聲音來說話，你拿筆要他畫畫，他也會畫出4歲小孩的天真圖畫。

　　許多精神上的疾病，往往是因為我們對於重大的打擊以壓抑或者遺忘的方式來逃避，心理學上稱之為心理防衛機轉，可是，如果我們沒有看清楚這些心理創傷，以正面、積極的態度來面對，這些心理創傷會以各種變形的方式一輩子困擾我們。這時候，運用催眠來幫助我們回溯心理疾病的起源，是一個很有效的治療方式。這幾年興起的前世回溯的風潮，也是退化作用的再延伸。如果我們讓被催眠的人的記憶一步一步往過去追溯，一直到小嬰兒，再回到出生的時候，再回到還在媽媽的子宮裡，回到靈魂還沒投胎的時候，於是，回到前世去（葛吉夫催眠諮商中心，2003）。

（四）哪些人適合做催眠治療

1. 動機強烈。

2. 願意信賴。

3. 想像力豐富。

4. 容易專注，例如：練靜坐、氣功、瑜伽者。

5. 好奇心強。

6. 智商不要太低，有足夠的抽象思考能力、語言理解與表達能力。

7. 能忍受挫折，不會輕易逃避。

8. 對催眠有正確的認識，沒有不合理的期待。

　　催眠治療的優點是療效快，療程短（張進輔，2002）。治療過程放鬆、舒適、個案防衛降低，容易藉催眠獲得超意識層面的洞見，領悟生命意義、人生課題。催眠治療之所以會有效，是因為催眠時，下意識或潛意識是開放並有彈性的，它為當事人及全人類傳遞著正面且寶貴的訊息。潛意識清楚明瞭事情的真相及個人自身的福祉，潛意識裡包含著個人的價值觀及信仰，因此在催眠狀態下，幾乎沒有人會做出違反個人意願的事來（珍·費斯傑洛，2003）。催眠治療也有些局限，不是所有的人都能成功地進入催眠狀態接受治療，且效果往往不鞏固，需要反覆治療。

第三節　夢

　　夢對所有人而言是熟悉且常擁有的，大家對它的感覺是既神祕又好奇。有關夢的書籍及夢的解釋早在遠古時代就被使用。在近幾世紀，佛洛依德和榮格(Mattoon, 1978)開始注意夢和發掘夢，一直發展到現在夢工場(dream work)已變成一種探索個人成長和發展的媒介，也成為心理治療的一個主題

(Hill, 1996; Neu, 1998; shohet, 1985; Taylor, 1983, 1992; Ullman, 1986, 1987, 1994, 1996)。

　　為什麼心理治療要注意夢，可以舉幾項理由來看。例如：在現實生活中有不如意的事情，夢可能會暗示解決的途徑。有些事情在現實早已解決而本人尚不知情，夢將會提醒你。在現實生活中，應該覺察到更多的事情，夢也會幫你去察覺。另外我們可能有潛能被壓抑，夢可能替我們發掘，使我們能夠發揮。

跟夢有關的問題

我們需要作夢嗎？

　　我們似乎需要睡眠，也同樣需要作夢。心理學家戴門(Demend)在1960年採用腦電波記錄的方式，在實驗組的受試者出現REM睡眠的波形時，即將其叫醒，幾分鐘之後再讓其入睡。以後連續數夜均將其叫醒4~6次，結果發現，受試者顯示出作夢的腦波，一夜比一夜多。因此受試者被叫醒的次數也一夜比一夜多。在實驗結束後，受試者恢復原來的睡眠方式，結果出現REM睡眠階段被叫醒，其餘方式與實驗組一樣，結果在實驗期間和結束之後腦波均未出現像實驗組那樣的變異。這個實驗顯示，如果作夢被剝奪，會在有機會時將其補回（張春興，1991）。

動物也會作夢嗎？

　　幾乎所有的動物都有REM睡眠。你如果觀察貓或狗的睡眠，就會注意到有些時候牠們的肌肉在抽動；如果仔細觀察，還會看到牠們的眼睛在眼皮底下左右來回移動。看起來，牠們像在作夢（李長山，2002）。

為什麼夢境很快就遺忘了？

　　一般人的第一個夢，大約在入睡後90分鐘出現，其持續時間約5~10分鐘，一夜之中大約要作4~6個夢，總計時間約1~2小時。我們平均每夜要作

4~6個夢，但為什麼醒來只記得少數幾個夢？對此有三種解釋；其一是干擾說：不同的夢會相互干擾，後面作的夢會干擾前面的夢。雖然，一夜當中作了很多夢，但早晨醒來可能只記得臨醒前的最後一個夢；其二是動機性遺忘：認為會忘記的夢都是令人不愉快的事，當事人不願意去記憶；其三是訊息處理說：認為作夢都是短時間完成，在性質上屬於短期記憶。短期記憶如不經復習或輸入長期記憶加以儲存，自然很快就忘記（張進輔，2002）。

有關夢的理論

（一）佛洛依德 (Sigmund Freud) 的夢學說

現代「夢的解析之父」－佛洛依德，將夢視為摘下面具的潛意識。他認為，透過夢的解析，可以發掘憂愁苦悶的真正原因，揭露出潛藏在心靈深處的聲音（朱恩伶譯，1992）。

他同時也把夢看做是「通往潛意識的捷徑」，一些不被意識清醒時所接受的壓抑或隱藏記憶、慾望或衝動，在夢裡可以毫無保留的呈現。從檢視自己和病人的夢，他發現潛意識壓抑的願望在睡夢中可以獲得替代性的滿足；因此，他相信夢反映出未獲得滿足的願望得以實現。以下的夢境可以說明此現象。

圖9-3　佛洛依德與他女兒安娜佛洛依德(Freud, E. et. al., 1978)

夢中出現一間房子，裡面的擺設像唱片行，唱片行的老闆是父親。看不清楚父親的人，但很清楚的是我問父親唱片賣那麼便宜會賺錢嗎？父親回答：「現在經濟不景氣，價格高沒有人會買」。

與夢者討論此夢境時，夢境中看不清楚父親的人代表父親已過世，所以看不清父親的臉，夢者說她很思念父親，很想知道父親過得好不好？夢境傳

達的訊息應是父親想告訴夢者他在另一個世界過得還不錯，至少還是唱片行的老闆吧！夢者在現實生活中無法滿足的願望，只好在夢中滿足。

　　佛洛依德把夢的內容區分為隱性內容和顯性內容。隱性內容是夢中原始偽裝的部分，顯性內容是做夢者可以轉述出來的部分。上述的夢境較接近顯性內容，以下舉的夢境較接近隱性內容：

　　　夢到家門口或常常走的路。整個都是蛇，而且蛇的頭好大，很像鯊魚的頭，蛇的頭斷了還會動，而且還有腥味。

　　跟夢者討論的結果是「蛇」所偽裝的內容是小時候所居住的環境；小時候住山上蛇很多，幾乎路上都是。夢境中的畫面像蛇的頭好大，很像鯊魚的頭，蛇的頭斷了還會動，而且還有腥味。這些代表夢者對小時候環境的害怕、排斥及逃避，夢者說這些背景畫面還經常在夢境中出現，覺得自己尚未逃出小時候的陰霾。佛洛依德為求了解夢的隱性內容，經常採用自由聯想(free association)的方式，要求夢者任意說出對夢中各部分的想法或象徵的意義，然後嘗試找出其與個案最近生活事件的聯絡和所蘊涵之意。因此夢的解析是一段漫長的過程，頗為費時費力。佛洛依德也相信大多數人的夢有其普遍性的象徵符號，如房子代表人的身體、國王和皇后代表父母、水通常代表出生或生命力、旅行可能象徵死亡等。最常為人知且被批評的是，佛洛依德認為在夢中出現的許多象徵(symbols)具有性的本質，如雨傘、木棒、樹、槍或其他似棍棒之類的物品代表是男性的生殖器官，而洞穴、房間、廚具或一些容器則代表是女性的生殖器官。

諸位，要學習做夢

　　凱庫勒(Friedrich Kekule)為了要解開苯的分子結構這個關鍵疑問，經年累月埋首研究仍找不著答案，灰心的幾乎要發狂。結果卻在1865年做了一個醒夢（在睡之前似醒非醒的經驗），夢中看見碳原子和氫原子串成一個圓圈，好似一條蛇咬著自己的尾巴之狀，呈現的是古代的首尾相連之蛇(uroboros)的符號。他猛然驚醒，據他自己說，「就像被閃電擊中似的」。他立即明白，苯的分子必是6個碳原子相連成一個環。如此一來，當時已知的有機化學事實變得一目了然，近代的構造理論的基礎也於是奠定。凱庫勒在一項科學會議中報告這次發現經過，他說：「諸位，我們要學習做夢，然後我們也許會發現真理。」

(a)

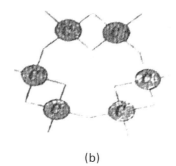
(b)

圖9-4　19世紀德國化學家凱庫勒在研究苯的分子結構時，夢見一條咬著自己尾巴的蛇（這是個古老的象徵，上圖(a)是西元前3世紀希臘手稿上的圖形）。他認為這個夢表示苯的結構是碳原子成環狀排列，上圖(b)是他於1865年所著《有機化學》中的一頁。

資料來源：薛絢譯 (1995)．大夢兩千天（第 165 頁）．新北市：小知堂文化。

（二）容格 (C.G. Jung) 的夢學說

　　佛洛依德為了尋求與內容鬆散的夢聯繫，使用自由聯想技術。容格則更具體，他使用放大(amplification)與積極想像(active imagination)的技術。容格不到夢的內容中尋找夢的隱藏意義，而要做夢者敘述所做的夢（佛洛依

德所說的顯性內容），然後把夢的內容和清醒世界聯繫起來（李長山譯，2002）。容格分析夢境也非常強調集體潛意識(the collective unconscious)，集體潛意識代表的是我們從人類集體經驗那兒繼承的遺產，如宗教神話、民間傳說等，這是存在於每個個體內心深層的一些普遍共通的象徵。如果把夢的象徵意義放大強化與個人目前的生活狀況連結即為個人放大(personal amplification)；如果把夢的象徵意義與文化、宗教、神話等集體潛意識做連結即為集體放大(collective amplification)。以下舉一則跟宗教有關的夢境。

　　我覺得我做的夢與真實的生活很接近，每當我的親朋好友出事時，我的胸口就一整天喘不過氣，直到他們安全沒事，一切又恢復正常。例如：我媽之前開刀的前一個星期，我就胸痛，等她開完刀才好。我媽開刀的那天晚上，我夢見一位穿白色古裝的女子，她守在我媽身旁，當時我看不太清楚她的長相，只看到她的穿著及額頭上有一顆紅點。我問她，她是誰？她沒回答我，但每天都守著我媽。

　　跟夢者討論的結果：夢中穿白色古裝額頭上有一顆紅點的女子應是觀世音菩薩，夢者說她在媽媽開刀之前有去拜觀世音菩薩，請她保佑媽媽。在台灣拜觀世音菩薩是民間信仰，當夢中有出現像觀世音菩薩打扮的畫面，應該就是菩薩顯靈保佑平安，這與榮格說的集體潛意識相似。

　　另一個跟民間習俗有關的夢境：

　　過年全家人到外婆家，睡覺睡到半夜時突然夢見外公的靈魂從門進來，當場嚇死了！我一直喊外婆來。那時外公對我笑，我嚇得手腳都發軟了，恐怖！後來外婆匆忙跑來，我就說外婆：「外公回來了！」，外公這時突然不見了，我們靜悄悄的找著，發現外公坐在廚房裡，然後一下子就不見了。後來我就驚醒了。

　　跟夢者討論知道外公已經去世了，但外公外婆感情很好也很疼夢者，在台灣的民間習俗裡，死者想念家人靈魂都會再回到家中，看看家人，然後再離去。這則夢境是很典型的民間習俗。

　　在容格的理論裡，夢有兩項功能：它們補償了內在的不平衡，例如：一個過度精於分析的人可能做情感負荷的夢，以及它們提供做夢者種種未來的

展望意像（王宜燕、戴育賢，1999），例如：一些預測的夢或與未來潛力有關的夢。以下提供一個預知夢的夢境：

> 夢到我到海邊，我坐在堤防上，旁邊有一個男的，手裡還點了一根菸，我只看到他的下半身，沒看到頭部。

> 夢者說在做完這個夢後的幾天，同樣的場景出現，而那個男人是夢者的爸爸。

（三）波爾斯 (Fritz Perls) 的夢學說

完形治療學派的創始人波爾斯早年雖然接受心理分析學派的訓練，但他反對潛意識的觀念，而重視做夢者「此時此地」(here and now)的語言和非語言行為。波爾斯把夢看做是「通往統整的忠實之路」，因為他認為經由夢的諮商使我們人格失去的部分得以復原，進而成為更統整或完整。不同於佛洛依德視夢為願望的思考，他認為夢是一種存在的訊息(existential message)，而夢的功能在於解決未竟事物(unfinished business)以及統整人格的各個片段部分。同時，他也相信在夢中的各個角色或物體都是我們人格的某個部分的投射，而我們必須重新擁有人格的這些片段部分而成為完整。

完形治療的方法是經由做夢者以第一人稱敘述故事，且以現在式將夢重現在此時此地，而最常用的是空椅法，讓夢中的不同角色進行對話，以澄清或統整人格衝突的部分。波爾斯將衝突的兩個對立角色稱之為「優狗」(top dog)和「劣狗」(under dog)，優狗指的是人格中的權威、批判、自以為是的部分，且會對劣狗做出不切實際的要求，而劣狗則是人格中怨懟、直率和被操縱的部分；波爾斯將個案這兩個彼此衝突的部分藉由「演出」(acting out)而加以統整。他的觀點與容格的說法頗為類似，將夢中的衝突和物體視為做夢者人格潛抑的部分，諮商與心理治療即是協助個案統整人格中原已分離的潛抑部分，進而形成人格整合的自我。因此，完形治療是幫助自我察覺而至統整的實踐方法。提供一則使用完形治療所處理的夢境。

　　我夢到有一隻大狗在追我，我一直跑牠一直追，我叫牠不要再追了，牠仍不斷地追我，但牠沒有傷害我，我跑得好累好累⋯。

　　完形治療師在處理此夢境時，要夢者用第一人稱重複夢境，並要夢者在團體中尋找一個人代替夢中那隻大狗，把夢境演出，並跟大狗對話，問牠為什麼要追他？⋯。在許多對話之後，發現夢中的大狗在現實生活中是夢者的爸爸，他與爸爸長年的父子關係一直是處於緊張狀態下，這問題一直困擾著夢者是夢者的「未竟事物」。最後由治療師的引導，藉團體的力量，找出夢者認為最可行的策略，帶回日常生活中實踐，解決多年來的「未竟事物」。

（四）法拉戴 (Ann Faraday) 的夢學說

　　從1972年第一本書《夢的力量(Dream Power)》開始，法拉戴(Ann Faraday)運用容格和完形的許多觀點，強調夢是反映做夢者現今生活的情事，而不是如佛洛依德所言的願望實現和偽裝。她最大的貢獻是將夢的解釋分為三個層次，無論從三者中的任何一個解釋，只要做夢者滿意，解釋合理便是適當的解釋。

　　法拉戴認為夢的解釋第一個層次是「向外觀」(looking outward)，這類型的夢是所謂「日有所思，夜有所夢」的白天殘留記憶，而且是發生在剛睡覺不久的睡眠循環階段，這種夢多屬夢者白天遇見的事物，如電視節目中的影像、一段社交的對話、家事活動等。因此夢到的東西在真實世界中是可以找到客觀的事實，只是夢者在白天或清醒時沒有清楚的意識或知覺到而已。舉例而言，如果夢到屋子著火，原因可能是擔心廚房瓦斯有漏氣現象，而且還未找人修理。雖然這種夢具有警告或提醒的作用，但法拉戴認為做這種夢只要重新檢視現實生活中的事物並加以處理（如找人換瓦斯管）即可，而且做夢者很快會忘記，通常不值得多加解釋或探究。另外再提供一個白天殘留記憶的夢境：

　　在夢中被追殺。因為我前幾天看了一部影片，那是一個被冰凍400多年的殺人魔的片子。然後我最近都會夢到她在追殺我。

第二層次較第一層次呈現較多的意義，它包含某種訊息和少數的象徵，通常這些夢是有關於與周遭他人互動的關係和情感，其訊息不難了解，象徵亦相當明顯。這種類型的夢是因夢者內在的心態和衝突，經由夢這面鏡子呈現變形的外在現實，它雖是夢者對外在人際情境的主觀和知覺，卻仍有客觀的事實。對於這類的夢，法拉戴曾舉出一位男性個案為例，他夢到自己和父親在激烈地比賽划船，表面上的意思是感到受控制和限制；但是在晤談中，這位個案逐漸體認到他有些話想跟父親說，但在現實中因某些理由避而不談，這層次最好的解釋方法是協助個案了解這些人際關係中未察覺到的部分。另外再提供一個青少年的夢境：

> 我一個人站在冰天雪地的地方，一個人獨自唱歌而且是唱我最喜歡的歌曲。

與夢者討論夢境時發現夢者在現實生活中就如夢中的自己「一個人」，孤獨而沒有朋友。與他人的互動出現問題，內心孤寂。

夢的解釋第三個層次，法拉戴認為是洞察做夢者最深層的自我，稱之為「向內觀」(looking inward)。這類型的夢無關於外在世界的人事物，而是內在衝突或分離的自我。法拉戴曾舉一例說明此類夢，某一女性個案夢到女王來到她家拜訪，雖然她事前已打掃整理，但仍見到處散落著紙片。法拉戴運用完形治療的空椅法，讓這個個案和夢中的女王對話，逐漸幫助個案察覺到女王象徵著常要求整潔的權威母親，而散落的紙片代表著她自我創造力的部分。後來這位個案察覺，是因為自己具有寫作的才華和興趣，卻被母親阻止從事這類的行業而產生的夢。法拉戴認為這種層次的夢採用完形治療的技術，來幫助個案達到自我察覺和統整是很有效的（鍾思嘉，1999）。再提供一則夢境與內在衝突或分離自我有關。

> 我夢到我坐在船上，船上十分擁擠，船飄啊飄不知飄了多久，忽然船停了，出現一座島，所有的人像發瘋似的擠到船口，想要到島上，我也想上去，雖然不知道島上有什麼，但我就是很想上去。忽然有一個人死命的抓住我，我大叫掙扎，可是就掙不開。不久船要開了，我想要跳下去，他打我巴掌，我叫他，他又再打我。

　　跟夢者討論後發現，船開到的那座島代表夢者未來的人生目標，死命抓住夢者的人代表夢者內在的自我，夢者經常為了愛面子很多想做的事都不敢做，經常造成自己內在的衝突，讓自己覺得很悲傷。

（五）席爾 (Hill) 的認知－經驗 (Cognitive-experiential) 取向夢工作模式

　　席爾是21世紀有名的釋夢專家之一，發展夢工作模式，此模式源自於幾個不同的理論取向，例如：人本主義、完形、精神分析、認知與行為學派。席爾認為這些取向都很有意義，而文獻上也發現運用不同取向的方式做治療，結果也沒有差別(Wampold, 2001)，所以他工作的重點在結合不同取向，找出他們在理論上一致性的結構。對席爾而言，他認為最有意義的結構是一個有序列的結構：從徹底的探索夢境開始，到試圖了解夢的意義、緣由；然後以之前對夢的分析為基礎，想想在現實生活中可以有哪些不一樣的行動。

　　席爾對夢有些基本的假定：第一，在沒有任何外在世界的介入時，夢與個人清醒時的思索是個連續數線。當人們入睡，在REM睡眠時期，會繼續思索一些白天所想的議題。當開始做夢時，就會傾向以隱喻的方式來思索這些問題，在相關的記憶與聯想中起起伏伏。基本上我們會擺脫現階段最大的壓力而創造一個故事。人們通常是夢中的主角，以夢來思索並處理個人議題。第二，夢可以反映個人清醒時的思緒、記憶、感覺與行為。第三，治療過程中的夢境處理，應當是治療者與個案之間合作的過程。第四，夢是協助個人增進自我認識的有用工具。第五，夢涵蓋了認知、情緒及行為。第六，要有效處理夢境之前，需具備基本的助人技巧及治療技術。

　　夢工作模式涵蓋三個階段：探索、洞察及行動。在探索階段，治療者引導個案對各個夢境片段做檢視，鼓勵個案再次經驗夢中的想法及情緒。在洞察階段，治療者與個案共同建構對夢境的了解。在行動階段，治療者與個案根據對前兩階段的所得，思考如何改變清醒時的生活（田秀蘭等，2005）。

席爾對於夢的研究，為心理治療在21世紀開闢了一個重要的方向。治療師無需再依賴那些令人眼花撩亂的案例，聽那些專家嚴整的驗證他們各自理論或方法而為病人作夢的解釋。使用席爾的夢工作模式，心理學家將進入另一新的天地，讓我們知道夢在心理治療中如何用得有效、對誰最有效，以及在治療過程中哪一個階段會最有效。在席爾所編著的《夢工作》一書，有許多解夢的步驟和案例，對《夢工作》有興趣的人可自行參閱。

（六）其他科學家對夢的看法

霍布森和麥卡尼(Hobson & Mecarley)於1977年提出啟動整合理論述(Activation-Synthesis Theory)。這種理論認為，夢是大腦中神經細胞的隨機無意義的活動表現。大腦中的橋腦，將無數神經衝動傳送至皮層。反過來，皮層透過創造情感、想像的運動，知覺、變化著感覺和無數的形象等夢境，試圖弄清這些隨機訊號的意義（張進輔，2002）。

克瑞奇和米奇生(Crich & Hitchison)於1983年提出一個具爭議性的理論，他們認為夢是睡眠時神經網路清除無關訊息所產生的一種無意義噪音—這與佛洛依德所言，夢是「通往潛識的捷徑」有很大的差異（楊語芸譯，1994）。

雖然有許多科學家對夢不屑一顧，但有越來越多科學家在做研究和尋找更多有關腦與夢的關係。許多心理學家解釋許多夢，依舊相信夢是有意義的。

解鈴還需繫鈴人，任何夢中的內容都會跟自己目前所遭遇的困擾、白天所想的事情與所看到的人及自己的個性或成長背景有關，若能敏銳的察覺夢中象徵的意義所暗喻的事件，那夢境自然就解開了。所以，有一些簡單的夢是自己可以解的，另有些牽涉到較深的分離自我或內在衝突的夢，就需專業治療師協助討論夢境（表9-1）。

> 表9-1　各學者對夢的看法

內容 學者	對夢的看法	治療方法	缺點及限制
佛洛依德	「通往潛意識的捷徑」願望的重現和偽裝	自由聯想。嘗試找出與個案最近生活事件有關的線索和蘊含的意義	夢的解析過程漫長，費時費力。過度強調夢中潛抑的性象徵
容格	潛意識心靈的自我表達。夢的象徵是夢者的心情、情緒或是部分的人格特質。強調「集體潛意識」	用積極想像和放大的方法幫助個案描述夢和夢的意義，通常採用個案一系列的夢，而非單一的夢	過於忽略夢中的性象徵。太尊重夢者對自己夢的解釋，不去做夢的解析，讓實務工作者無法從他的觀點中獲得一些有益的導引
波爾斯	「通往統整的忠實之路」，夢是一種存在的訊息，夢的功能在解決未竟事物以及統整人格的各個片斷部分	以第一人稱敘述故事，且以現在式將夢重現在此時此地，最常用空椅法，讓夢中的不同角色進行對話，以澄清或統整人格衝突的部分	對於較長、較複雜的夢不適用此法。夢者不願意或不擅於表達時，此法也不適用
法拉戴	夢是反映做夢者現今生活的事情	分為三個層次： • 第一個層次─向外觀 　　夢到的東西為白天殘留的事情，屬於「日有所思，夜有所夢」的類型，這種類型具警告或提醒的作用，只需重新檢視現實生活中的事物並加以處理即可，通常不值得多加解釋或探究 • 第二個層次─某種訊息和少數的象徵 　　這些夢是有關於與周遭他人互動的關係和情感，其訊息不難了解，象徵亦相當明顯。這層次最好的解釋方法是協助個案了解這些人際關係中未察覺到的部分	

> 表9-1 各學者對夢的看法（續）

內容 學者	對夢的看法	治療方法	缺點及限制
法拉戴 （續）	夢是反映做夢者現今生活的事情	• 第三個層次—向內觀 　　這類型的夢無關於外在世界的人事物，而是內在衝突或分離的自我。採用完形治療的技術，來協助夢者達到自我察覺和統整	
席爾	夢反應個人的經驗，夢的意義是針對夢者自己	• 洞察 　　引導個案對各個夢境片段做檢視，鼓勵個案再次經驗夢中的想法及情緒 • 探索 　　共同建構對夢境的了解 • 行動 　　根據對前兩階段的所得，思考如何改變清醒時的生活	

 重點整理

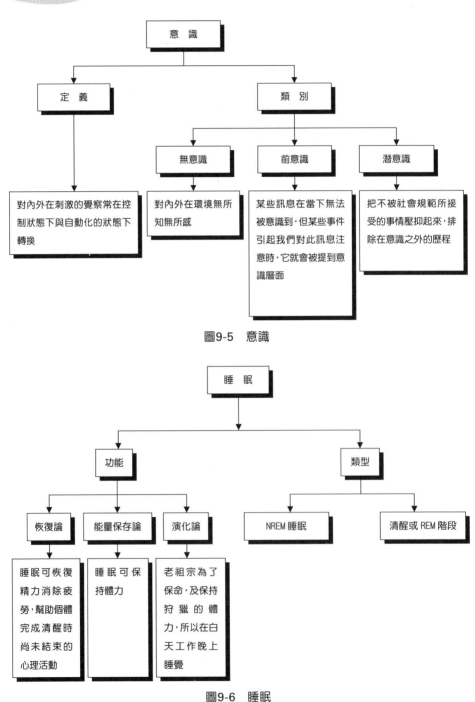

圖9-5 意識

圖9-6 睡眠

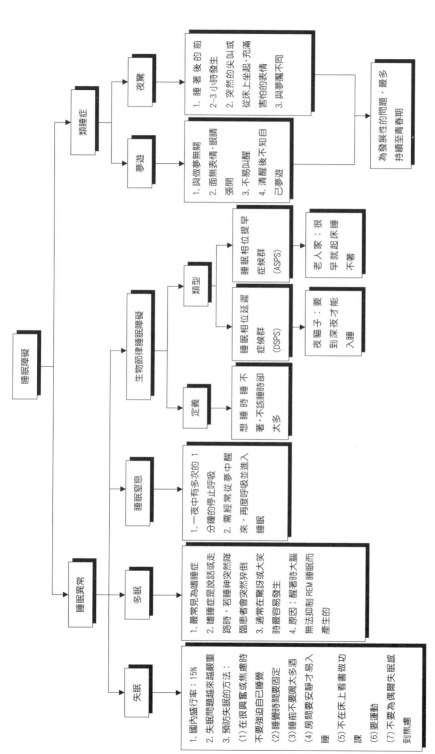

圖9-7　睡眠障礙

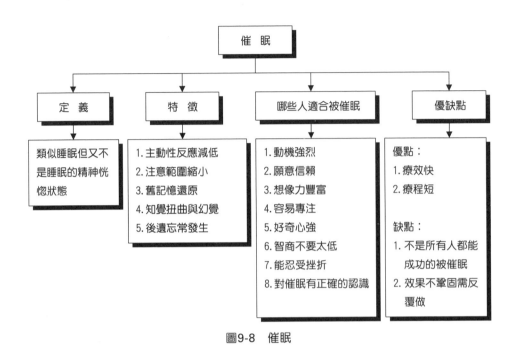

圖9-8 催眠

※第三節 夢 重點整理請參照表9-1

課後活動

　　將最近的夢境，用剪貼的方式拼貼出來。可利用以下魔術句將夢境與圖做連結，書寫出來。1.我做了一個夢⋯⋯.2.在夢中我記得⋯⋯⋯3.其實我真的想說的是⋯⋯⋯。利用書寫，可以超越心靈的障礙，將夢境中真正想表達的意思傳遞出來。也可利用課本中任一學者所使用的解夢技術，解解看。說不定可獲得一些超越意識的見解。

　　以下為作者自己拼貼的夢境。

心理遊戲

以睡眠姿勢了解他的「戀母情結度」

　　精神分析醫師薩姆爾・丹克爾在他的著作中提出睡眠姿勢與個人性格的關係。可以從睡姿了解人潛在對異性的欲求及喜好，以男性的情況來說，可了解對母親的心理依存度，也就是戀母情結度。

　　你有沒有看過他的睡姿呢？不妨偷偷地觀察看看。如果你和他的關係，還不到這麼親密的程度，可問問與他比較親近的男性朋友。

同時，也可依睡姿了解女性對他人的心理依存度。

A－胎兒型（臉部隱藏起來，身體縮成一團）：

　經常想被保護，依賴心重，其戀母情結度高。戀愛的對象方面，會選擇能夠安心依賴的年長女性。可能在幼年時受到年長女性的深重影響，和喜歡保護人的女性比較合得來。

B－半胎兒型（側臥，膝蓋稍微彎曲）：

　是A型的變形，性格較溫和，精神上也較獨立，能發揮平衡感和女性和睦相處，並沒有戀母情結。

C－俯臥型（獨占床的人）：

　把所有發生的事都依自我中心去思考，任性的人，戀母情結並不十分明顯，渴望賢妻良母型的女性照顧。

D－王者型（仰向睡姿的人）：

　自信滿滿又有獨占傾向，由於是在父母溺愛中成長的孩子，精神上有脆弱的一面，有時不近人情有時卻又很熱情，情緒變化很大，戀母情結的程度也蠻高，和這種人交往，容易感到疲倦。

Chapter 10 異常行為與正向心理學

本章大綱

前 言

　　從小到大我們的周圍似乎都會出現一些有異常行為的人，但因為我們不了解他們的世界，所以把他們視為異類，閃他們閃的遠遠的，更不用談跟他們相處了，所以他們總是躲在陰暗的角落，被我們忽視了。

　　記得我念國小時，每次上學的路上都會碰到一位頭髮髒亂，衣衫不整，春夏秋冬每天都穿同一套衣服，腳沒穿鞋的婦女，自己獨自站在路邊自言自語。有時小學生經過，他還會追打小孩，一直咒罵，因此我們上學都很害怕，每次一定要結伴而行，否則在半路遇到「瘋子」就糟了，這種情況在我小學時伴我度過好多年。小時候比較常聽到和碰到的例子就是思覺失調症。

　　上國中時有位同學經常遲到身上常有異味，夏天也穿長袖制服，我一直覺得她很怪。有一天她不小心把袖子拉上來，我看到她手臂上都是被打、被捏的痕跡，後來才知道她是養女，每天早上要五點起床洗衣、做早餐，做不完或起不來就會被毒打，那時沒有113專線，不知這是兒童虐待，所以才讓我那可憐的同學被虐待十幾年。

　　到高中時有一個死黨不敢到人多的地方，特別是百貨公司，而且不敢坐電梯，她覺得到人多的地方她會吸不到氣，想昏倒，她覺得這種感覺會讓她窒息，現在回想起來她可能有特定場所畏懼症。

　　到大學及研究所後，發現自己好像有輕微的強迫症，例如：每天晚上睡覺前一定要下床鎖門數次才可安心睡覺。直到現在每次開車下車後要鎖車門三、四次才會安心的離去。

　　結婚之後，聽親戚生前的故事，有位至親死於憂鬱症。因早年對憂鬱症並不了解，不知長期心情低落，凡事提不起勁，一直有自殺的念頭，而且時間持續一個月以上的情況就是憂鬱症，需到精神科看病吃藥。因沒注意，也不知道憂鬱症患者會自殺，所以最後他自殺了，讓家人既懊惱又難過。

　　當了老師之後遇到的異常行為更多，例如：過動兒、亞斯伯格症、雙相情緒障礙、邊緣性人格、暴露症、厭食症、暴食症⋯。還有社會新聞常見的戀物症（偷內衣褲）、縱火症（燒機車）、戀童症、侵擾行為、衝動控制及行為規範症（美國校園槍擊事件）⋯。

　　其實我們與異常行為的人共處於這個世界，共同生活在這個地球上。他可能是我們的親友、孩子、學生、鄰居或陌生人⋯，不管是何種關係，如果我們對異常行為有多點認識與了解，我們大家的生活會比較快樂和容易些，這個社會也會比較友善，憾事也會少發生點。

　　在1980年代前，心理學的學者們大多聚焦在心理與精神疾病，也把注較多的注意力及資源在探索負向的情緒與負向的心理活動。亦即心理學界著重在異常行為或病態心理上的研究與探討。1980 年代後，許多心理學家不再以負面的角度（如憂鬱、無助感、悲傷、痛苦）來研究心理健康的問題，也就是擺脫以往「缺陷心理學」或「醫學模式」而是針對正向的議題，如愛、樂觀、快樂、復原力（resilience）、心流(flow)、幸福感(well-being)等正向情緒的發展對於心理健康的探索（Snyder，2000；黃俊傑，2008b：14）（引自郭淑貞，2010）。於是本章分兩部分介紹，前半部介紹以心理障礙症為主要探討對象的異常心理學；後半部介紹以追求快樂，提升生活福祉為目的的正向心理學。

圖10-1　英國古城

圖10-2　英國倫敦泰晤士河兩旁商區

在英國的國度裡，總是古堡與現代文明共存。在我們現存的社會裡，不也是正常人與我們所謂異常的人共存嗎？

第一節　異常行為概述與心理障礙

一、異常行為

　　一般來說對於偏離正規的行為，或不同於典型的行為（例如：錯亂），抑或是喪失功能的狀態，經常會被我們主觀的認定為異常行為(abnormal behavior)。至於何謂異常行為？在異常心理學的領域中仍有很多爭議，到目前為止也很難有精確的科學定義。在界定異常行為之前，請思考下列三種行為是否屬於異常並有無需要接受治療。如果答案選是，則此行為即為異常行為，並須接受治療。

- 一個人多次試圖自殺。　　　　　　　　　　　　　　　　　　是／否
- 一個人長期自言自語，語無倫次；疑神疑鬼。　　　　　　　　是／否
- 一個人經常為了別人不覺得嚴重的事暴怒。　　　　　　　　　是／否

　　下列為我們經常用來判斷異常行為的標準：

1. 偏離統計學平均值的程度（多數人不採用該方法）。
2. 違反常規（打破關於行為正常或不正常的規則）。
3. 給自己帶來苦擾。
4. 給別人造成困擾。
5. 個人能力受到損害。
6. 有生物學原因。
7. 本人為解決問題而尋求治療（武躍國、武國成譯，2003）。

二、何謂心理障礙症(Mental Disorder)

　　在心理病理學的領域中，面臨了一項困難但卻是最基本的任務，那就是定義心理障礙症(mental disorder)。當代對於心理障礙症的最佳定義是心理

障礙症包含多項特徵。在2013年5月出版的《精神疾病診斷準則手冊（第五版）(DSM-5)》中，對於心理障礙症的定義包含以下這些基本特徵：

- 障礙症是發生在個人身上。
- 該障礙症導致個人痛苦與失能(disability)。
- 該障礙症並非在特定文化下，人們對某事（如親人過世）產生的特殊反應。
- 障礙症不僅是社會偏差或社會衝突所導致的結果。

　　以上每一個特徵都可以捕捉到心理障礙症的部分定義，但沒有一個單一特徵可以完全定義心理障礙症。因此，任何一種心理障礙症通常同時存在數種特徵（張本聖等譯，2014）。其中個人痛苦、失能及違反社會規範是常見的心理障礙症的特徵。

第二節　心理病理學的發展史

　　在1980年代前，心理學界著重在異常行為或病態心理上的研究與探討，隨著時代的演進與科技的發達，心理學界對異常行為或病態心理的定義與探究也跟著不同，對病患的治療與處遇也隨著時代的進步而改善。了解發展史可以避免重蹈覆轍，並讓我們了解當前的概念與取向在未來可能產生怎樣的變化。

一、早期的惡魔論

　　在科學時代來臨之前，所有人類無法控制的天災人禍，都被視為超自然的現象。而且相信魔鬼或邪靈會附身，控制人們的心靈。所以一旦有人行為怪異，此人就被視為是惡魔附身，必須使用驅魔的儀式（禱告、喝符水、鞭打與飢餓等手段），把惡魔趕出人體。

二、早期的生物學解釋論

西元前5世紀，現代醫學之父希波克拉底(Hippocrates)（約西元前460~377年）把醫學從宗教、魔法與迷信中獨立出來。他反對當時希臘的主流信念：眾神為懲罰人類，而把心靈混亂送給了人類。他認為這類疾病有其自然成因，必須像對待其他常見疾病（例如感冒和便祕）一樣加以治療。希波克拉底把腦部視為掌管意識、智慧與情緒的器官；因此，他認為脫軌的思考與行為代表一種腦部病變。希波克拉底被公認為「大腦出狀況會干擾思想與行動」這類見解的最早提倡者之一。

希波克拉底的學說清楚界定心理障礙症的現象屬於醫生的管轄範圍，而不是神職人員。希波克拉底建議的治療方法與驅魔截然不同。他認為「人類行為主要受到身體結構或物質的影響，而怪異行為來自於身體上的某種不平衡或是損傷」此一基本假設，確實預示了現代的思考方向。希波克拉底的觀點普遍受到希臘人的採納，因此希波克拉底對疾病的自然主義取向影響了接下來的七個世紀。

三、黑暗時代與惡魔學

希臘醫生蓋倫追隨希波克拉底的思想，被視為古典時代最後一位偉大的醫生。歷史學家通常把蓋倫(Galen, 130-200)之死，當作西歐醫學及治療與研究心理障礙症的「黑暗時代」之始。當希臘與羅馬文明逐漸沒落，後來由教會取得權力，教廷宣稱獨立於國家之外。基督教修道院透過傳道與教育工作，取代醫生，成為心理障礙症的療癒者與權威代表。

13世紀初，為了因應大規模的社會動亂及一再出現的飢荒與黑死病，歐洲人開始求助於惡魔學來解釋這些災難。當今被認為是撒旦唆使的巫術(witchcraft)，當時被視為一種異端邪說，是否認上帝的「一種表現」，因此只要被指控是女巫者，就會受到責難和極度的迫害。

四、精神病院的發展

15世紀的歐洲，收容心理障礙症個案的醫院還是寥寥可數，不過在當時已有許多收容痲瘋病人的醫院。例如：在12世紀，英格蘭與蘇格蘭就有220家痲瘋病院，收容的總人數約150萬人。或許是隨著戰爭的結束，來自東方的傳染病源無法再進入歐陸，痲瘋病逐漸在歐洲消失。當痲瘋病院閒置後，注意力似乎也轉移到心理障礙症個案身上。痲瘋病院轉型為精神病院，成為監禁與照護心理障礙症個案的收容所。

精神病院裡面的治療也是既殘酷又無效；但皮奈爾、迪克斯等人的先驅性工作，使得精神病院在治療上成為較人性化的地方。不過，他們的美意未能持續下去，因為精神病院開始變得過度擁擠且醫療人員不足（張本聖等譯，2014）。

第三節　常見的心理障礙症

目前異常行為的診斷系統有兩類，一為美國精神醫學會出版的《精神疾病診斷準則手冊(Diagnosis and Statistical Manual of Mental Disorders, DSM)》；另一類為世界衛生組織(World Health Organization)所頒布的系統《國際疾病分類法(International Classification of Diseases, ICD)》。台灣精神科醫師診斷異常行為沿用美國精神醫學會出版的《精神疾病診斷準則手冊》，目前DSM系統，已出版至DSM-5版本。

因DSM-5中有數百種障礙的診斷標準，在此章節無法一一詳述，有興趣者可直接參考DSM-5手冊。此部分將從臨床症狀，挑出部分在日常生活中常見的心理障礙症介紹給大家認識。

一、自閉症類群障礙症(Autism Spectrum Disorder, ASD)

這類障礙是指在社會互動與溝通上有顯著困難，並表現出侷限或重複的行為與興趣的一種疾患（莫少依、張正芬，2021）。自閉症與亞斯伯格症在2013出版的「精神疾病診斷與統計手冊第五版(DSM-5)」都被歸於此類障礙（張軽竑，2018），而差異是亞斯伯格症是不影響智商的自閉症（王秋萍，2015）。此疾患所涵蓋的障礙類型與嚴重程度，如同光譜般呈現為不同深淺與顏色，相應的溝通、社會適應以及症狀的表現亦多元且複雜（莫少依、張正芬，2021）。

自閉症在1943年由肯納醫生(Leo Kanner)發表首篇報告至今，受到世界各國廣大的注意。而自閉症兒童因神經心理功能的障礙或其他不明原因，導致其顯現出社交缺陷、溝通缺陷及固定而有限的行為及興趣，在社會互動、口語、非口語溝通及刻板行為等方面有明顯的困難。有些自閉症兒童亦在環境互動中，衍生出異常的行為問題，如過動、發怒、攻擊等等，讓父母、教師及輔導人員頗感困惑（陳家敏，2008）。由於新版的DSM-5不再以次分類(subtype)標示不同類別的自閉症，而改採用個體需要被支持的程度做為分級依據(APA, 2013)，以下提供DSM-5分級標準供讀者參考：

1. 第 1 級「需要支援」

(1) 社交溝通

在沒有支援下，社交溝通缺陷造成功能減損。啟動社交互動有困難，對別人的社交招呼反應有清楚不典型或不尋常反應的例子。可能顯現對社交互動少有興趣。

(2) 侷限的、重複的行為

行為固執無彈性造成明顯妨礙某一或更多情境的功能，活動間的轉換有困難；在組織和做計畫方面有問題，妨礙其獨立生活。

2. 第 2 級「需要大量的支援」

(1) 社交溝通

語言和非語言社交溝通有顯著缺損，即使有支援，社交功能障礙仍很明顯。啟動社交互動有限，對別人的社交招呼反應減損或異常。

(2) 侷限的、重複的行為

行為固執無彈性、難以因應變化，或有顯而易見之侷限的／重複的行為經常出現，明顯妨礙不同情境的功能。對焦點或行動的改變，感到非常苦惱及／或困難。

3. 第 3 級「需要非常大量的支援」

(1) 社交溝通

語言和非語言社交溝通有嚴重缺損，造成功能嚴重減損，啟動社交互動極其有限，對別人的社交招呼反應微小。

(2) 侷限的、重複的行為

行為固執無彈性、極難因應變化，或有侷限的／重複的行為明顯阻礙所有層面的功能。對焦點或行動的改變，感到非常苦惱／困難。

心靈加油站

自閉兒不善社交 原因找到了

你家有星星兒嗎？英國最新研究指出，自閉兒不善社交的原因，有可能是視覺資訊處理出了問題！受試者皆有辨認肢體語言的困難，因此無法判斷他人情緒、進而與人相處。

德倫大學研究團隊針對13名自閉症類群障礙症成人患者進行調查，並播放影片，請他們從片中人物的肢體動作，辨別人物的情緒。這些影片皆無聲，也看不到人物的表情。研究結果發現，患者無法判別生氣或快樂的情緒。

　　計畫主持人安東尼‧阿金森說：「人們身體動作，會透露出許多訊息。這也是我們每日仰賴藉以溝通的基礎。」但如果無法從動作判定對方的情緒，就很難與其展開交流。

　　研究人員也特別指出腦部區塊的後顳上溝(STS)，這部分和人類認知動作有密切關係。以往的醫學研究已發現，自閉症患者腦部的這個區塊會呈現不同動態變化。

　　雖然受試者數量不夠多，仍需未來進一步研究，但對於了解自閉兒，不失為跨出一步的好機會。這份研究報告同步刊登於《神經心理學》期刊（楊舒婷，2009/08/06，台灣醒報）。

　　亞斯伯格症雖早在1944年由奧地利醫師亞斯柏格(Hans Asperger)以德文發表，但直到1981年英國學者Wing將之譯成英文並增加相關資料發表後，以亞氏為名的亞斯伯格症才逐漸受到重視。亞斯柏格本人以所接觸過的二百多位個案歸納出亞斯伯格症的主要特徵有：(1)笨拙的社會能力；(2)堅持不變；(3)非語文的缺陷；(4)刻板行為；(5)缺乏幽默感（羅湘敏，2000）。亞斯伯格症是神經發展障礙，在心理學上被歸類為自閉症的範疇（王秋萍，2015），新版的DSM-5也將亞斯伯格症歸於自閉症類群障礙症，以下提供DSM-5自閉症類群障礙症診斷標準，供讀者參考。

1. 在多重情境中持續有社交溝通及社交互動的缺損，於現在或過去曾有下列表徵：

    (1) 社會－情緒相互性的缺損。包含範圍如：從異常的社交接觸及無法正常一來一往的會話交談，到興趣、情緒或情感分享的不足，到無法開啟或回應社交互動。

    (2) 用於社交互動的非語言溝通行為的缺損，包含範圍如：從語言及非語言溝通整合不良，到眼神接觸及肢體語言異常或理解及運用手勢的缺損，到完全缺乏臉部表情及非語言溝通。

(3) 發展、維繫及了解關係的缺損，包含範圍如：從調整行為以符合不同社會情境的困難到分享想像遊戲或交友的困難，到對同儕沒興趣。

2. 侷限、重複的行為、興趣或活動模式，於現在或過去至少有下列兩種表徵：

(1) 刻板的或重複的動作、使用物件或言語。

(2) 堅持同一性、固著依循常規或語言及非語言行為的儀式化模式。

(3) 具有在強度及焦點上顯現到不尋常程度的高度侷限、固著的興趣。

3. 對感官輸入訊息反應過強或過低或是對環境的感官刺激面有不尋常的興趣。

　　症狀必須在童年早期出現（但症狀可能不會完全顯現，直到環境或情境中的社交要求超出小朋友的能力）。

4. 症狀引起臨床上社交、職業或其他重要領域方面顯著功能減損。

5. 這些困擾無法以智能不足或整體發展遲緩做更好的解釋。

　　對於自閉症類群障礙症的治療是多向度的，包括：語言治療、社交技巧訓練、特殊教育計畫、對家庭成員的支持和藥物治療。不過迄今為止沒有藥物可以治療廣泛性發展疾患的核心症狀，藥物是輔助性治療，皆在改善相關行為症狀，例如：可以改善攻擊、大怒、自傷、刻板行為、重複行為。教育與行為訓練為治療首選，結構式教學結合行為訓練對多數自閉兒是最有效的（陳紹祖、吳佑佑，2005）。也有研究建議，增加與自閉兒的相互了解，彼此相互改善互動模式，也是一個很有效的溝通方式（莫少依、張正芬，2021）。

二、注意力不足／過動症(Attention-deficit / Hyperactivity Disorder, ADHD)

「……小明請你坐在位置上，不要跑來跑去；現在還沒下課，不可以跑出教室；上課注意聽講不要拿筆弄人家，影響別人上課……，你可不可以安靜的坐在位置上5分鐘？你又來了……」

以上為注意力不足／過動症兒童上課常見的光景，課堂上有個過動兒，老師真的很傷腦筋。

注意力不足／過動症或過動兒，為兒童青少年門診中十分常見的疾病。自1937年Bradley醫師提出「過動症」的臨床症狀後，醫師們才了解這一群坐不住，無法專心的小朋友的困難。到現在「過動症」已成為學齡兒童最普遍的病症，其主要特徵包括注意力無法集中、活動量過大和衝動(Robin, 1998)。

1. **注意力不集中**：他們無法集中注意力去完成一件工作或遊戲；如上課不專心聽講，一有什麼聲音或刺激，馬上就分心。寫功課時做做停停、拖拖拉拉，因注意力不集中，經常忘東忘西的…等等。

2. **活動量過大**：大部分的人對過動兒的評語是「活潑好動」、「調皮搗蛋」。換言之，他們無法好好地靜坐在椅子上，不是動手動腳、扭動身體，就是坐立不安、干擾他人，或跑來跑去、跳上跳下，嚴重者靜不下來，不能從事靜態活動，在上課時會離開座位…等等。

3. **行為衝動**：常不經思考就行動，不考慮是否適當或危險，想做就做，如搶著說話或插話；或不停打斷別人做事；不能乖乖排隊等候；突然出手碰人；擅自拿取他人物品；或爬到危險的地方…等等。

除了這些主要症狀外，DSM-5中還提到這些症狀在12歲之前就有，而且症狀還必須出現在兩個或兩個以上的情境，如在學校或工作場所、及家庭。

宋維村、侯育銘(1996)表示ADHD兒童除了DSM臨床診斷的相關特徵外，也可能合併出現行為規範障礙、情緒障礙、習慣性抽搐、運用協調障礙

等症狀。洪麗瑜(1998)則指出ADHD兒童在適應上常見的問題有認知能力缺陷、語言障礙、學業成就、生理健康問題、情緒困擾、社會適應不良、動作障礙。綜合以上學者的看法，過動兒可能併發學習障礙、反社會行為（說謊、打架、偷竊、特別是攻擊性行為）（王煇雄，2000）、情緒困擾、人際關係不佳及睡眠障礙。

造成過動的真正原因還不清楚，至今亦無明確的一致說法，以下因素都曾經被認為有可能相關：(1)遺傳；(2)腦傷；(3)神經生理；(4)鉛；(5)食物；(6)氣質；(7)家庭及社會因素；(8)交互作用的影響。

過去在過動症的治療上，大多以藥物治療配合應用操作制約原理來進行，目前則以全體參與、父母諮詢、心理治療、藥物治療等多方式的「綜合治療」模式作為輔導策略。「綜合治療」的輔導策略為：(1)了解與接納；(2)建立教室的規則；(3)善用增強原理；(4)適度的處罰；(5)改善容易分心的教學環境；(6)疏導旺盛的精力；(7)靈活運用個別化教育方案；(8)鼓勵同儕接納；(9)家長的諮商及親職教育；(10)尋求專業醫療（王煇雄，2000）。

三、思覺失調症(Schizophrenia)

「……隔壁的鄭太太她們在講話，一定都是說我的壞話，你看他們一直說，一直說，我一出去她們看到我就一直說我的壞話，我不敢出去；我不敢吃妳煮的飯菜，這飯菜有毒妳一定想要毒死我，妳給我搬出去住，妳們都想害死我……」以上為筆者所遇見的精神病患者。

圖10-3　許多人對思覺失調症人的刻板印象都是病人髒髒的
資料來源：圖取自 http://i0.sinaimg.cnd
yc2009-08-03U3938P1T1D18354391F23
DT20090803141150.jpg

　　思覺失調症，在20世紀以前，被命名為早發性痴呆(dementia praecox)，已陪伴人類至少達數千年之久。到20世紀初，才被一位瑞士精神科醫師布洛爾(Bleuler)命名為精神分裂症。它源自於兩個希臘字的合併。"Schizo" 的意思是分裂或裂開；"phren" 則指心靈。它原始意思是指心靈（人格）的分裂。

　　思覺失調症診斷中的症狀範圍很廣。在思覺失調症的診斷中沒有單一必要存在的症狀（見DSM-5診斷準則），因此個案的症狀表現有很大的差異性。

（一）主要特徵

　　妄想和幻聽是罹患思覺失調症者最常見的二種症狀（石欣蓓、陸秀芳、張幸齡，2008）。依DSM-5的診斷：

- 以下症狀至少有兩個或兩個以上且持續至少一個月；1.、2.或3.中至少有一個：

1. 妄想。

2. 幻覺。

3. 解構的語言。

4. 異常的心理動作行為（例如僵直）。

5. 負性症狀（鈍化的情感、無動機、無社會性等）。

- 發病後，工作、人際關係或自我照顧功能下降。

- 有病徵的時期至少持續6個月；其中至少一個月符合上述症狀；並且在前驅期或殘餘期，可能只表現負性症狀，或是至少兩種符合上述1.~4.的症狀，但以較不嚴重的形式呈現。

　　在研究思覺失調症的病因學和治療非常有幫助的部分是區分正性、負性與解構性症狀。以下表10-1摘要這些症狀。

　　一般而言，正性症狀對藥治療的反應較佳，而負性症狀則對藥物治療反應差，而且負性症狀更易造成患者缺乏工作動機，難與人建立穩定親密關係及工作、家庭適應困難。所以完整的治療也應以生物－心理－社會模式為基礎，施以藥物治療、心理治療及技巧訓練，配合社會支持及回歸社會的過渡性計畫。

▶ 表10-1　正性、負性與解構性症狀

正向症狀	負向症狀	解構的症狀
妄想、幻覺	無動機、貧語症、失樂症狀、鈍化的情感、無社會性	解構的行為、解構的語言

（二）病　程

1. **前驅症狀期(prodromal phase)**：在其明顯發病以前，即漸有生活適應障礙，如社會關係退縮、表現怪異、交談有困難、情感表現不適當，且自己日常生活及穿著缺少注意、人格有變化等等，常不自覺地發生，難以追查實際發生的日期，而且越緩慢、越長期發生、每況愈下者將來之預後也較欠佳。

2. **症狀活躍期(active phase)**：特殊之「精神病」症狀(psychotic symptoms)或所謂正性症狀(positive symptoms)，即顯著出現妄想、幻覺、聯想鬆弛、語無倫次或僵直或激躁等動作行為障礙等等。

3. **殘留症狀期(residual phase)**：負性症狀，特別是情感流露減少或情感平淡的現象較為顯著，有些妄想及幻覺仍會殘留。一般說來，症狀活躍期隨時仍可再發生，與「殘留症狀期」交替出現。

（三）病　因

　　思覺失調症是精神醫學領域中最重要的疾病，但目前對於病因的了解仍十分有限（李冠瑩、陳映燁、李仁欽，2007）。就目前的研究可能的病因有：

1. **遺傳、體質**：一般認為腦中多巴胺(dopamine)的神經傳遞物質，可能扮演重要角色。當多巴胺在腦中傳遞增加時，即可能出現精神病症狀。若加以阻絕，讓其傳遞減少，則有助於症狀之解除。簡單說就是腦神經比較脆弱、敏感、經不起打擊，但有人體質雖弱，但是環境好，就不會發病。

2. **環境因素**：除了身體因素外，「心理」、「家庭」、「社會」挫折或生活事件等也都可能是誘發因素，而不是病因。但是許多人卻誤以為病人生病完全是表面上的一些誘發因素所致，如：聯考失敗、感情受挫、婚姻或家庭衝突造成，而如果只處理這些問題，則往往徒勞無功、也延誤了治療。

（四）治　療

　　有關思覺失調症的治療可分為以下三種：

1. **藥物治療**：傳統的抗精神藥物對於妄想、幻聽、思考流程變化、情緒暴躁有良好效果。不僅在急性期需給足量，在急性症狀改善後仍須給與適當劑量維持症狀的穩定，若病患未持續接受治療，急性症狀極易復發。傳統抗精神藥物雖有以上效果，但依患者體質不同，有時會出現一些副作用。近年來非典型抗精神藥物逐漸發展，對改善正、負性症狀效果佳，但仍有其他的副作用產生。

　　一般人對藥物有一些錯誤的觀念，認為病人吃的是鎮靜劑，只是將症狀壓下去而已，只能治標，治本需要解開病人的心結才行。不過，只有病人服用藥物而不再受奇怪想法影響後，他才有能力和現實接觸，醫

療人員才能和他討論其他適應上的問題，即一般人所謂的「心結」。因此藥物治療對思覺失調症病人而言是首先要考慮的，其次再配合復健及心理治療。

2. **心理治療**：到目前的研究都有類似的結論，心理治療都能夠幫助大多數的個案，使他們在生活適應上有中等的進步。改善焦慮、恐懼、睡眠，以及增進休閒功能是較易改進的目標，但要改善強迫想法或行為、憂鬱、工作功能、社會關係，則需要長期持續接受心理治療。

3. **復健治療**：思覺失調症和一般疾病不同，由於病的本身還會影響到社會生活功能退化，所以必須接受復健治療才能恢復得更好。復健在幫助病人重建社會可接受的行為，適應社會生活而重返社會，透過有意義、有目的的活動達到治療與復健的目的（白雅美，2001）。

四、雙相情緒障礙症(Bipolar Disorder)

「……我記得我躁症發作時，晚上都睡不著覺，半夜起來飆車，看到車就超車，不給超的就打人。有一次跟貨車司機打架，也不知哪來的力氣，隨手拿起路邊的竹子就猛打對方，對方也不甘示弱，彼此互打直至警察到來。……我心情好的時候可以寫出很優美的文章，文章都得獎；很多人邀稿，老師也要我寫，我現在欠了好多篇文章。……我去水族館買魚，我一次把店裡一大缸的魚都買回來，放在宿舍裡給室友玩……。」

這是我曾接到的個案，當他躁症發作時，一個小時的晤談中我說不到幾句話，他可以滔滔不絕的說一個小時；但他鬱症發作時，情況就完全改觀了。

憂鬱症(major depression)和雙相情緒障礙症(manic depression disorder)都是屬於情緒障礙症，他們主要的症狀是影響個體的情緒。雙相情緒障礙症又稱為雙相情緒障礙症，因為大多數有過躁症症狀的個案，在其一生中也會有憂鬱症狀。憂鬱症請參閱本書第五章，此部分將介紹雙相情緒障礙症（雙

相情緒障礙症）。雙相情緒障礙症，是一種週期性情緒過度高昂或低落的疾病，又稱情感型思覺失調症，是次於思覺失調症之第二常見精神病。每個人一生中，可能之罹病率為0.4%（蕭美君，2005）。

（一）主要特徵

雙相情緒障礙症的人會週期性地呈現躁期和鬱期，其情感會有兩個極端的變化。但也有患者於生病過程中只呈現躁期，而沒有出現過鬱期，亦歸為雙相情緒障礙症。雙相情緒障礙症就是屬於「情緒疾病」它包含兩個部分，一個就是躁症發作(manic episode)、另一個是重鬱發作(major depressive episode)（陳俊欽，2002）。

1. **躁症發作**：指的是一種情緒過高的狀況，它的症狀包括：亢奮、高興、暴躁易怒、多話、自大等。症狀持續至少一個星期。

2. **鬱症發作**：指的是一種情緒過低的狀況，它的症狀包括憂鬱、自卑、充滿罪惡感。症狀至少持續兩個星期。

躁症發作通常會持續3個月，而鬱症發作則會持續6個月到半年，但偶爾也會超過1年。症狀緩解後，患者的情緒會暫時恢復正常，但是一段時間後（時間不定，可能數個月到數年），情緒會再度改變，出現另一次的發作。

躁症發作可能單獨出現，也可能與重鬱發作交雜出現，甚至可能合併再一起出現（此時稱之為混和發作，同一天內有躁症發作也有重鬱發作）。這三種發作形式都稱之為雙相情緒障礙症（陳俊欽，2002）。

（二）病　程

雙相情緒障礙症的自然病程（指未經治療時），大部分是良性但難以預測的。有些病人終生只發作一次躁期；有些病人終生只發作過一次躁期及一次鬱期；有些病人發作過一次躁期後，一直只表現出鬱期重複地發作；有些病人躁期重複地發作而未出現鬱期；有些病人躁期及鬱期均重複地發作；

所以雙相情緒障礙症的病程是變化多端的。一次躁期的發作大約維持3~6個月，而一次鬱期的出現可以由數週至9個月，但是醫學上已經知道，每一次的再發作（包括躁期及鬱期），無論嚴重程度或時間，均會比前一次更嚴重且期間更長，因此醫學上會建議預防性的治療。雙相情緒障礙症（雙相情緒障礙症）雖是嚴重精神病的一種，但其病程卻是相當良性，生病過程與感冒相似，只是一段時間出現症狀，並可完全復原，但有高復發的危險性，所以其治療效果便與如何預防復發有著密切的關係。所幸自50年代中期，使用藥物已能將其復發降至最低的程度，大約85%以上都可以控制在相當良好的狀況，與常人無異（劉智民，2000）。

（三）病　因

　　雙相情緒障礙症形成的原因到目前尚沒有一個定論。醫學家從許多方面去研究，發現了許多因素和躁鬱有關，這類因素包括：遺傳、壓力、內分泌、腦內病變、離子代謝、神經傳導物質等（陳俊欽，2002）。本文將由遺傳體質和環境壓力因素來探討。

1. **遺傳因素**：遺傳體質方面，雙相情緒障礙症病患親屬的罹患率約為一般人的10倍，而且近親高於遠親，而雙相情緒障礙症的遺傳率高於憂鬱症。醫學上已發現雙相情緒障礙症與人類的腦部情緒中樞的神經傳導失控有關。遺傳體質上之因素是造成雙相情緒障礙症之主要原因。

2. **環境因素**：雙相情緒障礙症的發作與外界環境的刺激有密不可分之關係。基本上在體質上要有容易發病的傾向（火藥庫），外界環境的刺激便如火種一般，會引發雙相情緒障礙症的發作；意即社會心理壓力可以誘發雙相情緒障礙症的發病，但是絕非雙相情緒障礙症發病的唯一因素。雙相情緒障礙症的產生是先天的易發體質和後天的環境因素交互作用引起的（劉智民，2000）。

（四）治　療

　　雙相情緒障礙症的治療以藥物治療為主，心理治療為輔。在躁症發作的治療上，可供使用的藥物包括鋰鹽與抗癲癇藥物兩種（劉智民，2000）。

1. **藥物治療**：鋰可以治療躁症發作，也可用於維持性治療當中。但是鋰有毒性，服用過量時會中毒，服用過少則效果不佳，所以鋰鹽必須在醫師指示下使用，而且定期抽血、檢驗血中鋰濃度。服用者必須隨時注意臨床症狀，若有中毒跡象，必須及早就醫。抗癲癇藥物原本使用於癲癇的治療，但是研究者發現這些藥物也可以治療躁症發作。上述的藥物藥性都很緩慢，通常得連續服用3個禮拜才會產生療效，但是副作用的產生很快，通常在服用後就會出現。

2. **電氣痙攣療法**：除了藥物以外，還可考慮使用「電氣痙攣療法」。這是利用電流通過腦部，以誘發暫時性的癲癇發作，可以治療躁症發作與重鬱發作，效果較藥物為快，副作用則少於藥物。

3. **心理治療**：至於心理治療，多半使用在雙相情緒障礙症的緩解期，可使用的心理治療包括：支持心理治療、家族治療、婚姻治療、認知心理治療、人際關係治療等。另一種方式是以團體的形式來進行，如病友團體、家屬團體等，透過團體的力量，在治療者的引導下，以發揮治療的目的。

　　如果家中有雙相情緒障礙症的病人在急性發作躁症時，親友宜積極勸其就醫接受治療，並嚴密注意其因情緒過度高亢可能失控的行為。在鬱症發作時期，除積極規勸其就醫外，特別要預防其自殺的可能性。在患者躁症或鬱症發作過後恢復正常情緒時，親友對其要有正面情緒的支持，特別是不要針對患者在發作期間的表現予以苛責，反而要體諒其生病的痛苦與無奈，以免造成進一步的傷害。在平常未發作躁鬱，情緒正常時，親友應設法使患者養成良好的服藥習慣預防再發，並給予患者適當的情緒支持及減少其壓力。

五、邊緣型人格障礙症(Borderline Personality Disorder)

「我曾接到一個案讓我非常挫敗，事後才知道她是邊緣型人格障礙。她很容易跟妳建立關係，也很快信任妳，但她的界線非常不清，她想來找妳的時候就來，妳跟她約的晤談時間她不來，那種感覺就是妳被她掌控了，她24小時隨時會守候妳，她需要時妳就要有時間。後來跟她談界線問題並約法三章後，她就立刻跟妳翻臉，在路上碰到就像仇人似的。最後諮商關係因此就終止了。

在晤談的過程中她有瘋狂的想報復家人的想法，也為了避免被哥哥性侵，而暴飲暴食一星期增加十公斤，胖到樓梯都走不上去最後用爬的上樓梯。即使父母知道被哥哥性侵事件，一直保護個案，但她仍會被哥哥猥褻而不加拒絕或告訴父母；有一次她為了買文具的小事跟父親吵架，離家出走，打電話給我並嚎啕大哭半小時，且揚言要自殺，弄得我和她父親緊張的要命，差點報警找人；她每節下課一定到導師辦公室門口等老師，要看到老師並跟老師講幾句話才肯走人，此行為讓導師困擾不已，也讓同辦公室的老師非常抓狂。諸如此類事件層出不窮。最後在個案督導會議下，才知該個案為難纏的邊緣型人格障礙。」

以上是筆者在早年時接到的個案，邊緣型人格障礙的個案真的讓人覺得很頭痛。他不但在臨床場域中非常常見，且具有不易治療與自殺的傾向。

邊緣型人格障礙症是屬於人格障礙症的一種。人格障礙症(personality disorders)是一種內在經驗和外在行為的持續模式，與此人的文化背景所預期偏離甚遠，且缺乏彈性。此模式相當穩定而持久，它的發生至少可追溯至青春期或成年早期。

自1937年邊緣型(borderline)的概念被鑄造出來之後，有相當長的時間，這類病人一直是臨床工作人員避之唯恐不及的對象（周勵志，2008）。案主總會被認為是「難搞」(difficult)的治療族群(Goldstein, 1990)，案主會有衝

動、易怒的不穩定情緒，散亂的認同(identity diffusion)與極度的空虛感，使得他們和他人在人際相處上感覺困難（引自藍珮榕、周勵志，2008）。

　　目前，邊緣型人格障礙患者的盛行率約占所有人口的3%，所有臨床個案的10%，精神科住院病患中的15~20%，也在所有人格障礙案主中占30~60%（藍珮榕、周勵志，2008）。以上所述的統計數目，尚不包含因症狀與其他疾患相似而遭誤診的邊緣型患者。由此可見，在臨床工作上，此類個案之多。其症狀輕則憂鬱、焦慮，在易怒的狀態中搖擺不定，重則自殘自傷，自殺死亡率約為8~10%，其影響層面，不僅傷及自身，擴至家庭受累，傷害家庭系統的平衡，若形成風潮，對社會風氣影響甚鉅（吳華，2009）。故此章節將介紹邊緣型人格障礙症給大家認識。

（一）主要特徵

　　邊緣性人格障礙症的主要特徵為：情緒極不穩定、變化快速，人際關係也顯得緊張而不穩定，有長期的空虛感，因害怕孤單而常會找人相處，當對方可給予關心、注意，便將之理想化；但當對方不能符合其需求時，便充滿憤怒、嫌惡與批評，意即對人的觀點陷入全好或全壞(all good or all bad)兩個極端中，然而，最令人感到棘手的問題是作態性及操控性的自殺行為，其特徵為抓傷或割傷其手腕和手臂，意圖要脅他人並且挑動他人的情緒，或者喚起他人的同情以保住他們的依附關係（陳美惠、余斯光，2004）。

　　根據美國《精神疾病診斷準則手冊（第五版）(DSM-5)》的描述如下，從成年早期開始，在許多情境出現下列五項或更多：

1. 瘋狂努力以避免被遺棄。

2. 不穩定的人際關係，將他人過度理想化或貶低。

3. 不穩定的自我感覺。

4. 自我毀滅，至少在兩方面出現衝動行為，像是花錢、性、物質濫用、魯莽開車、暴飲暴食。

5. 重複自殺行為、表態或自傷行為（例如割腕）。

6. 長期空虛感。

7. 重複爆發強烈或失控的憤怒。

8. 在壓力下，經驗到暫時性的妄想意念與解離症狀。

因此邊緣型人格除了上述DSM-5描述的特徵外，還有另一特徵為高比例的共病症狀，多半與物質使用障礙症、飲食障礙症，以及思覺失調型人格共病。

（二）病　程

病程的發展則是因人而異，較常發生的模式是在成年初期最為不穩定，自殺風險也最高，之後隨著年齡的增長而衰微；但是若有合併其他思覺失調症之病患，其病程則較不樂觀（Conkin & Westen, 2005；藍珮榕等，2008）。

（三）成　因

以個人發展理論來看，邊緣型人格障礙案主在親密關係或其他人際關係上會遭遇一些阻礙與困難。這些親密與依賴關係的起源，可追溯至案主幼年和父母相處之經驗，尤其是出生後5個月大至3歲之間和父母（或主要照顧者）的照顧及依附(attachment)。例如，在童年生活中經常有多位父母代理人、父母離異或死亡…等創傷事件（藍珮榕等，2008）。客體關係理論對邊緣性人格障礙症的成因有深入的解釋，有興趣者可自行參閱。

（四）治　療

美國精神醫學會的2001治療指引(guideline)明示，心理治療是邊緣型人格障礙病人最主要的治療模式，而以症狀為目標(symptom-targeted)的藥物治療則扮演輔助的角色。根據Kernberg在Cornell大學的經驗，針對此類病人的治療策略可以包括：

1. 使用藥物來降低情感症狀。

2. 運用支持性心理治療或辯證行為治療法(dialectic behavior therapy)來強化病人的自體(self)。

3. 採用移情焦點治療法(transference focused therapy)來整合病人的情感狀態與自體狀態（周勵志，2008）。

提供邊緣型人格障礙病人的處遇，應當依照其各自的狀態，量身打造不同的治療計畫。

邊緣型人格障礙是一個很難處理的障礙，如果母親（或主要照顧者）從小讓孩子形成安全的依附，使孩子有勇氣去探索環境，有自信度過分離焦慮，而且深信在任何時候都不會被遺棄。在這樣情境下長大的孩子，自然會有健康、穩定的人格，對邊緣型人格障礙的形成則較具有免疫力。

六、性偏好症

我們對「性」的問題非常好奇，「性」伴隨我們成長。「性」活動關係我們基本需求的滿足，性的表現與我們的自尊有關。多數人迷惑於他人的異常性行為及擔心自己在性方面是否正常。

在DSM-5的性障礙中，認定兩類一般性障礙：性功能障礙(sexual dysfunction)和性偏好症(paraphilic disorders; paraphilias)。性功能障礙定義為：性興奮、慾望或高潮的能力持續地有問題，或是與性交有關的疼痛問題。性偏好症是指持續地困擾於不尋常的性活動或對象的吸引力。因性功能障礙牽涉到比較多複雜的因素，不在此贅述，有興趣著可自行找相關書籍閱讀。以下將介紹在日常生活中，我們比較容易遇到的性偏好症：戀物症及暴露症。

（一）戀物症 (Fetishism)

　　「舍監，我們在曬衣場曬的內衣褲不見了，被偷走了……。」

　　「左右鄰居的太太議論紛紛的……奇怪最近曬在我家院子的內衣褲經常失蹤，我家也一樣，……」

　　大家一定經常聽到這類的對話，偷內衣褲的人有可能就是戀物症的患者。

主要特徵

　　戀物症的定義是藉著無生命物品或非性器官的身體部位得到性興奮。這些性慾望的物品被稱為戀物(fetishes)，例如：女人的鞋子或腳。

圖10-4　戀物症患者，為了要盡可能收集渴望的物件而去偷竊因而犯罪

資料來源：圖片取自http://www.yogacharm.net/mlnr/2009/0129/article_2264.html

　　戀物症的主要特徵，是一再反覆強烈的性衝動、性興奮的幻想或行為，內容是使用無生命的物體，而經常排除所有其他的刺激。此疾患通常開始於青春期。幾乎任何東西都可以成為性變態依戀的物體；女人的內衣褲、鞋子、長統靴尤其常見。有些戀物症患者，為了要盡可能收集渴望的物件而去偷竊。當此人在自慰時，此物件可以觸摸、穿戴或以其他方式使用，或在性行為時，個人要求伴侶穿上此物件。

　　雖然戀物症通常在青少年時期開始，但可能更早，在兒童時期就可能非常明顯了。戀物症者通常會有其他性偏好症，像是戀童症、性虐待症或性被虐症。

（二）暴露症 (Exhibitionism)

　　暴露症是指對無預期的陌生人（有時是小孩子）暴露性器官的幻想、欲望或行為，藉以得到重復且強烈的性興奮，通常開始於青少年時期。Abel等人(1987)的研究結果顯示，暴露症者平均暴露150次會被逮捕1次。許多暴露症者在暴露時自慰。絕大多數個案都期望觀看者感到驚嚇或受窘。

　　暴露的欲望勢不可擋，且實際上是無法控制的，很明顯是由焦慮和不安及性興奮所引發。因為欲望的強迫本質，暴露的行為可能經常重複發生，甚至每天同一時間、在相同地點發生。出現暴露行為的時候，他們將社會及法律後果拋在腦後(Stevenson & Jones, 1972)。在不顧一切且緊張的一刹那，他們可能會出現頭痛、心悸及不真實的感覺。在暴露之後，他們通常會逃走並感到後悔。暴露症者經常有其他性偏好症，特別是窺視症和摩擦症(Freund, 1990)（引自張本聖譯，2014）。

💭 成　因

　　在性偏好症病因的諸多理論中，主要的觀點來自生物學及行為的觀點。

1. 神經生物學因子：由於絕大多數的性偏好症都是男性，推測雄性激素（諸如睪固酮之類的激素）扮演著重要角色。

2. 心理因子：某些行為理論家將性偏好症的原因視為是古典制約，是一些機緣將性興奮與不尋常或不適當的刺激連結。例如：一個年輕男子有可能對穿著黑色靴子女性的意象而自慰。根據這個理論，這些重複出現的經驗會讓靴子成為能夠引起性興奮的物品。同樣的論點可用在戀童症、窺視症和暴露症。

　　從操作制約的觀點來看，有些性偏好症（譬如暴露症及戀童症）被認為是社交技巧不足的結果。研究證據的確指出，戀童症的男性通常社交技巧較差(Dreznick, 2003)。這些性偏好症者因而做出性偏好行動，以取代大多數傳統關係及性活動。

　　認知扭曲及態度也在性偏好症扮演某種角色。對無預期女性做出性偏好行為的男性，可能對女性的態度仇視且缺乏同理心。

 治　療

　　最早期使用行為治療，將性偏好症狹隘的視為被不適當的物體或活動吸引。行為心理學的研究者為了減少這些吸引力，使用的方法都固著在嫌惡治療與內隱去敏感化治療法。例如：在一個研究裡，當病態戀物症的受試者，想像他們性渴望的物體時，他們的手臂或大腿就被施以電擊。所有此研究的受試者，經過兩週的治療之後，顯示有些進步。其他的嫌惡技術，如內隱去敏感法，戀物症患者被指導去想像愉快的物體，並把此影像一再的與想像的嫌惡刺激結合在一起，直到性愉快的物體不再引起性慾。

　　除行為治療外，在認知行為治療部分，常用於反駁性偏好者扭曲的想法。例如：暴露症個案可能會聲稱，他暴露的女性受害者年紀太小，不會受到傷害。治療師反駁這個扭曲的想法，他們的作法是指出受害者的年齡愈小，造成的傷害可能愈大。

　　現代的認知行為治療除了傳統的技巧，還用到一些輔助的技巧，譬如社交技巧訓練和性衝動控制訓練。認知與行為介入策略同時使用，似乎比只用行為介入策略的療效更佳。

第四節　正向心理學

一、正向心理學的發展

　　美國賓州大學心理學系教授 Martin E.P. Seligman 自1996 年接任美國心理學會(American Psychological Association, APA)主席之後，有鑑於過去心理學界致力於心理疾病與問題的治療，卻忽略了追求個體圓滿與社區繁榮的理想，Seligman與Csidszentmihalyi 二位學者開始在心理學領域創造一種新

的導向，稱為「正向心理學」(positive psychology)（曾文志，2006a：1）。

　　在許多得心理學者的積極參與下，於短短的9年內發表了正向心理學相關期刊論文超過兩萬多篇，成為一個心理學的新興運動，在極短的時間下實可謂成就非凡。及此，Abraham Maslow、Carl Rogers等人本主義心理學家所倡導之關於人類幸福、快樂、繁榮相關的理論和實踐，亦從正向心理學學者們努力研究的擴展中得到了支持，開始更廣泛的發展。

　　從正向心理學逐步受到重視的種種跡象，證明了正向心理學在心理學領域中發展的重要，更帶領心理學往新的方向邁進。雖然，正向心理學理論紛雜，十個心理學家有十種說法，但實際上這多元的發展代表正向心理學，是存在於每一個人的心中，適合每一個人，是人人所需的。過去傳統心理學的研究，自限於負向、病理的角度來解釋人類心理的活動，但面對愈來愈多傳統心理學無法解釋的心理議題，心理學轉向為愈來愈重視教育、心理衛生、成長學習、心靈增長與健康預防等理念之發展，正向心理學則正式躍登心理學的歷史舞台，自此顛覆了心理學長期偏重於研究負向病徵的傳統，更指出了「正向積極的思考」對人類的幸福與生存、生活的快樂，實際扮演著極為重要的關鍵角色，及此，正向心理學不但在心理學界，更在教育界、企業界均掀起了研究與討論的熱潮（引自張傳林等，2013）。

二、正向心理學的意涵

　　塞利格曼(Seligman, 2003)主張的正向心理學三大支柱分別是：(1)正向情緒(positive emotion)（諸如：喜悅、快樂、知足、客觀、希望）；(2)正向的個人特質(positive character)（諸如：有益心理健康的個人優點與美德）；(3)正向社會體制與社群(positive institutions)（李正賢譯，2011）。

　　Seligman與同僚提議，正向心理的核心課題─幸福／快樂，應該可以分割成三大面向，分別是：(1)歡樂的人生；(2)認真的人生；(3)有意義的人生。

1. 歡樂的人生(pleasant life)：強調幸福／快樂的人生就是對過去、現在及未來都有正向的情緒，學習擴大與持續正向的情緒。對於過去覺得滿足、包容、自我實現、引以為傲與寧靜。對於未來充滿希望、樂觀與自信。對於現在享受當下的快樂和細細品嘗生活的滋味。

2. 認真的人生(engaged life)：強調幸福／快樂的人生就是積極投入參與某些活動（例如：工作與休閒），以及與他人的關係，從而得以表現個人的才能與優勢，並使得自己的生活變得更有意義與目的。

3. 有意義的人生(meaningful life)：強調幸福／快樂是來自超越個人小我的利害考量，投入、奉獻、犧牲小我，以完成大我的理想。誠如Seligman和同僚所言，所謂的「大我」也就是各種「正向的體制或組織」，包括：宗教社群、個人的人生哲學、家庭、慈善組織，或是有關政治、環境、社會等方面的抗爭理想。總之，充實而美滿的人生就是與某種「大我」產生連結(Seligman, 2006)。

三、建立人類美德與品格分類表

　　正向心理學以美好的人生為追求的目的，所以必須探討生命體的最佳機能(optimal functioning)，以促進人類有更好的生活。正向心理學認為一個人能發現自己的優勢和美德(strength and virtues)，並能在生活與工作中運用它們，就可以讓自己更幸福。於是Peterson和Seligman(2004)從古今中外的文化去尋找人類普遍尊崇的品格與美德，結果發現六種美德24種品格優勢，並比照《精神疾病診斷準則手冊》(Diagnostic and Statistical Manual of Mental Disorders, DSM)，出版一本《品格優勢與美德分類手冊》(Character Strengths and Virtues: A Handbook and Classification)，作為了解正向心理與人類優勢的起始點。

　　每一種美德，又有不同的品格優勢的形式來表現，六種美德24種品格優勢如下：第一種是智慧與知識，內涵包括創造力、好奇心、敞開的心智、愛好學習與見解等品格優勢。第二種是勇氣，內涵包括勇敢、堅持、誠實與熱忱等品格優勢。第三種是人道，內涵有愛、仁慈與社會智能等。第四種是正義，內涵包括團隊精神、公平、領導能力等品格優勢。第五種是修養，內涵包括寬恕、謙恭、審慎與自我調節等品格優勢。第六種是心靈超越，內涵包括美與優點欣賞、感激、希望、幽默與虔誠等品格優勢（詳細內容如表10-2）。有興趣者可以至網站：www.vlastrengths.org 去評估自己的優勢，並在生活與工作中善用優勢，提升自己的幸福感。

▶ 表10-2　六種美德及其24種品格優勢分類表

美　德	品格優勢	內容描述
1.　智慧與知識 屬於認知的優勢，需要學習、獲得與利用知識	(1)創造力	想到新奇和有生產力的做事方式
	(2)好奇心	對所有正在進行的經驗興致勃勃
	(3)敞開的心智	徹底思考事情並從各方面來檢視每件事
	(4)愛好學習	精通新的技能、課題以及知識的主體
	(5)見解	能夠提供他人知識性的建議
2.　勇氣 屬於情緒的優勢，需要運用到完成目標的意志力	(6)勇敢	不會因為威脅、挑戰、困難或痛苦而退縮
	(7)堅持	完成自己開始的事情
	(8)誠實	敢說實話，並且用一種真誠的方式來呈現自己
	(9)熱忱	以激勵與活力來推動生命
3.　人道 屬於人際的優勢，需要照料與顧及他人	(10)愛	重視和他人的親近關係
	(11)仁慈	對他人做出善意的行為與良好的行動
	(12)社會智能	能夠明白自己和他人的動機和感覺

> 表10-2　六種美德及其24種品格優勢分類表（續）

美　德	品格優勢	內容描述
4.　正義 屬於公民的優勢，存在於健康的社會生活	(13)團隊精神	在一個群體或團體中做得很好
	(14)公平	基於公平與正義的想法來平等對待所有人
	(15)領導能力	系統安排組織群體的活動
5.　修養 避免過度無節制的優勢	(16)寬恕	原諒做錯的人
	(17)謙恭	讓成就本身來說話
	(18)審慎	小心自己的選擇，不要說出或做出稍後會後悔的事情
	(19)自我調節	控制自己感覺與做的事情
6.　心靈超越 建立連結到更大的宇宙與提供意義的優勢	(20)美與優點欣賞	注意欣賞所有生活領域中的美、優點才能的表現
	(21)感激	明白與感謝好事發生
	(22)希望	期待最好的結果並努力工作去達成
	(23)幽默	喜歡歡笑與逗趣，帶他人歡笑
	(24)虔誠	對於生命的崇高目的與意義擁有一致的信念

資料來源：W. Ruch et al. (2010). German VIA-IS. Journal of Individual Differences, 31(3), 138-149.

修女研究

　　修女研究(Nun Study)的研究團隊包括：美國肯塔基大學的丹娜、史諾頓和弗萊森(Danner, Snowdon, & Friesen, 2001)。這項研究發表於《性格與社會心理學期刊》，正式名稱為：「早年生活的正向情緒與長壽：修女研究成果報告」。丹娜和同僚檢視180位修女正向情緒和壽命長短的關係。

　　為什麼選擇修女為研究對象？因為修女的特殊生活型態，可以讓影響健康的諸多因素獲得相當程度的控制，具體而言，修女不會過量吸菸或喝酒，生活相對規律、沒有生養兒女、飲食平淡而且大同小異。有這麼多相同的生活特性，因此可以大幅度排除許多可能居中影響長壽效應的干擾變數。

　　研究者做研究文獻回顧發現，藉由自傳體的早年生命故事書寫，可以捕捉情緒表達的基本面向。透過該等情緒表達的差異，就可以預測健康與長壽狀況。

　　參與研究的修女，依照研究者要求，撰寫一篇簡短的自傳，扼要說明個人皈依宗教信仰的誓約，篇幅約為2或3頁。書寫的日期是在1930、1940年代，當年這些修女年紀大約22歲，剛剛開始展開修女的生活。研究者長期追蹤達五、六十年，研究者從教會的檔案庫取得該等自傳，然後進行編碼，分別統計各篇自傳出現正向情緒、負向情緒與中性情緒的次數。因為負向情緒出現的次數極少，所以研究者決定專心分析正向情緒的字眼與字句，以及正向情緒表達的不同類型。

　　研究發現，在自傳中使用「非常愉快」、「很開心期待」等正向字眼的修女，比在自傳中找不到一絲正向字眼的修女普遍活得久，正向情緒種類多的修女比正向情緒種類少的修女，平均壽命多出10.7年。生性最樂天開懷的修女，比起最抑鬱寡歡的修女，壽命至少高出10年以上。以80歲為基準，最抑鬱寡歡的修女有60％已經過世；相對地，最樂天開懷的修女則只有25％不在人世。根據修女研究的結果，「別擔心，開心就好」顯然是最好的忠告。

資料來源：Baumgardner, S., & Crothers, M. (2011)．正向心理學（李正賢譯，9-10頁）．台北市：五南。

重點整理

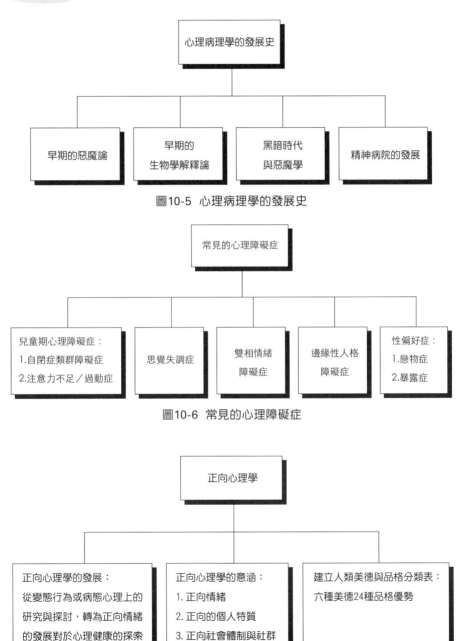

圖10-5 心理病理學的發展史

圖10-6 常見的心理障礙症

圖10-7 正向心理學

 課後活動

網路小測驗

　　由Seligman教授等先驅為核心的研究團隊，於賓州大學設立真實快樂的專業交流平台（http://www.authentichappiness.sas.upenn.edu/Default.aspx，註冊會員後即可使用），置放以下無償的網路版問卷，供全球各地有心於正向心理學研究者參考，有興趣的同學們也可試試。

1. 真實的快樂問卷。

2. 優點測試（簡式）。

3. 親密關係問卷。

4. 生命滿足問卷。

5. 工作－生活問卷。

6. 生命意義問卷。

Chapter 11 壓力與因應

本章大綱

─────────── 前 言 ───────────

　　有人說，唯一沒有壓力的人就是死人。活在這個隨時都在改變的世界，無論是哪一個年齡層的人，從事哪種行業的，都會有壓力。適度的壓力可以使人做事積極有效率，但過度的壓力會讓生活過得緊張、焦慮，甚至使人免疫力降低導致生病，嚴重者還會讓人喪命。生為現代人學習如何與壓力共處是一門很重要的課題。

第一節　壓力概述

一、何謂壓力

　　壓力究竟指的是什麼？在心理學中，學者們通常喜歡用一種歷程的觀點來說明壓力，也就是說，壓力是經由三個不同的歷程來表現：

1. **壓力源**：在周遭生活環境中，任何一個讓我們感覺到不舒服、有威脅感、有傷害力的人、事、物，就是所謂的壓力源。

2. **壓力評估**：當察覺到壓力的出現時，我們會評估壓力對我們的影響，進而找出一些因應措施來對抗壓力，這個過程叫做壓力評估過程。

3. **壓力反應**：如果壓力持續存在，也就是說我們進入了與壓力長期抗戰的階段，許多的反應，包括來自認知、生理、情緒、行為的各種現象，會一一出現，這就是壓力的反應。壓力源的多寡，壓力評估的方式與結果，都會影響到我們對壓力的反應（李麗日，2002）。

二、壓力的來源及其影響

　　張春興教授分析一般常見的生活壓力來源有三：(1)生活改變；(2)生活瑣事；(3)心理因素，其中挫折與衝突是心理因素中最重要的兩項（葉兆祺，1998）。

　　生活型態的改變是最常見的一種壓力源，原本固定的生活，在發生一些重大事件後，整個作息改變，生活充滿變數與不安全感，壓力自然產生。比如說：親人死亡、生病住院、換工作、退休、轉學等；或是結婚、生子、搬新家、中樂透、過年過節等，這些事件都有可能造成壓力。

　　永遠處理不完的生活瑣事，也是常見的壓力源。忙不完的家事、讀不完的書、付不清的債務、做不完的工作、醫不好的病痛，始終如一的困擾（如趕上、下班的時間）。這些生活中大小的瑣事每天與你共處，甩也甩不掉，丟也丟不開，無形中已形成你的壓力。

　　負面情緒對人的折磨，更是一種可怕的壓力源，例如：挫折感便是一種殺傷力極強的負面情緒。生活中引發挫折的情境不勝枚舉，考試失敗、喜歡的人不喜歡自己、業績比不上同事、工作負荷量超過自己的能力，都會讓人覺得不舒服；許多挫折感也來自於當事人對自己的沒有信心或缺乏自我接納，覺得自己比別人醜、比別人笨、個性不討人喜歡、將來沒前途。這些負面的意念會讓人長期處於焦慮、煩惱、沮喪的情緒中，無法有效地因應生活中的各種挑戰，成為一種惡性循環，負面情緒越多，壓力就越大。

　　成年人因是國家的棟樑、家庭的支柱，又處於人生的黃金階段，資源最多，所面臨的壓力也最大，故成人的壓力源已被廣泛的研究，並已製成「社會再適應量表」，用壓力事件出現的頻率來預測下一年患病的機率。此部分在本章後半部分會詳加介紹。

三、壓力評估

　　目前我們對壓力歷程的了解來自於李察・拉薩羅斯與蘇珊・福克曼 (Richard Lazarus & Susan Folkman)二位學者的研究。他們認為壓力是個人與環境之間「相互影響」的結果，而不是單純發生在你身上的某件事。當你面臨任何潛在的壓力事件時，會表現出兩種完全自發的心理活動。首先，你會對事件所造成的潛在威脅做出判斷，我們會詢問自己：「我有麻煩了嗎？」

他們稱此為「主要評估」(primary appraisal)。接下來，我們會評估自己有什麼能力與資源可去應付此威脅事件，並會問自己下一個問題「我應付得來嗎？」他們稱此為「次要評估」(secondary appraisal)。在評估狀況的嚴重性時，威脅事件的強度與資源充足與否都會認真的列入考慮。經過上述兩次的評估之後，如果你的結論是「要求」超過「資源」，就會開始感到有壓力了。

四、壓力的生理與心理反應

　　無論壓力來自於哪裡，或哪一個年齡層，個體遇到壓力時，都會產生一系列的生理和心理反應，以下將分別介紹壓力的生理反應與心理反應。

（一）壓力的生理反應

1. 戰鬥或逃跑症候群(fight or flight syndrome)

　　現代實驗醫學之父克勞德‧班那德(Claude Bernard)在18世紀末發現，一個健康的有機體，即使外在環境不斷地變動，內在環境仍能保持基本的穩定。1932年，坎能(Cannon)將人體維持內部環境恆定不變的過程命名為「體內平衡」(homeostasis)。他進一步發現，任何嚴重干擾此一自我平衡狀態的事物，將引發「戰鬥或逃跑症候群」，後來被稱為「壓力反應」。

2. 警戒、抗拒與衰竭三階段

　　加拿大麥吉爾大學內分泌學家漢斯‧塞里(Hans Selye)擴展了我們對於戰鬥或逃跑症候群的認識。他發現那些被安排在大量不同壓力環境下的老鼠，經歷相同的生理反應，他相信同樣的情況可證諸於人類。引起反應之壓力源其確切的性質為何，似乎並不重要；不論壓力源是來自於開車時的爭吵、配偶想跟你離婚、感染禽流感或失業等不同因素，都會引起相同的神經學、荷爾蒙和免疫學的反應。人類對各種不同壓力來源，卻產生相似的反應，塞里將所有壓力反應稱作「一般適應症候群」(the general adaptation syndrome, GAS)。一般適應症候群分為三個階段（圖11-1）：

(1) 警覺階段(stage of alarm reaction)：當個體處於壓力刺激下時，會很快的感受到這個壓力，並準備應

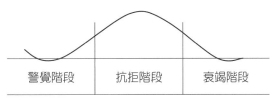

付或逃避；並且身體會發生一些改變，以加速身體的反應與增強力量（劉若蘭，2001）。警覺階段又按生理上不同反應分為兩個時期：

圖11-1　一般適應症候群

警覺階段　抗拒階段　衰竭階段

A. 衝擊期(shock phase)：刺激突然出現，個體產生情緒衝擊，體溫下降、血糖及血壓下降、肌肉鬆弛，缺乏適應力。例如：走在路上，皮包突然被搶，個體可能嚇得臉色大變或昏倒的狀態。

B. 反衝擊期(countershock phase)：假如壓力持續下去，即出現腎上腺素分泌增加、體溫、血糖、血壓上升、神經活動活絡、肌肉緊張度增加，全身生理功能增強，進入應急狀態。例如：在考試答考卷時，或在大眾面前演講時會血壓上升、心跳加速、緊張、焦躁等，都是屬於此時期的典型反應。

(2) 抗拒階段(stage of resistance)：在此時期是個體拼命抵抗壓力，各種機能最為活絡的時期。當個體繼續暴露於壓力下並不斷做調適，會使初期警覺反應的生理變化消失，個體對環境的適應水準開始改變，此時，抗拒外來的力量會較正常時高，但身體應付其他壓力的能力卻降低。例如：個體雖然打算與壓力共處，但卻常會為了一些微小的事而大發脾氣；也會因長期的應付壓力而造成身體抵抗力降低，常生病。在日常生活中雖感到有點疲憊，但還可以繼續忍受。

(3) 衰竭階段(stage of exhaustion)：一旦進入「衰竭階段」，抵抗力就會減退，個體也會因為喪失適應力而無法恢復正常功能，以致出現病

態，然而，每個人身心能源有一定的限度，如果持續透支而壓力仍然存在，終將導致最後的崩潰。例如：過勞死或心臟病、高血壓、胃潰瘍等高危險狀態。台大、交大教授每年都傳出過勞死案件，教授們終年在學術研究的壓力下，無法抒解，終於身心崩潰過勞而死。

經過上述的介紹，大家應該了解壓力的各個階段。而且能夠清楚的知道自己處於哪一個階段，著手做好自己的壓力管理。

（二）壓力的心理反應

適度的壓力對個體有好處，可振奮士氣、提高鬥志，做起事來更積極有效率，但若壓力太大則會適得其反。壓力太大，會使個體過度高估各種困難，信心不足、思考遲鈍混亂、精神難以集中，心力衰竭，情緒經常處於緊張、煩惱、焦慮中。

心靈加油站

系統減敏法

系統減敏法屬於行為治療中的一種治療技術，其目的是幫助患者降低對某種刺激情境的敏感反應，從而免除焦慮的痛苦（張春興，2002）。

訓練步驟：

1. 放鬆訓練：練習放鬆。
2. 制定焦慮階層表：由最少害怕的情境開始到最害怕的情境。
3. 練習適應：當引起焦慮的刺激呈現時，教患者放鬆，使他在放鬆的心情下，不知不覺對原來引起焦慮的刺激產生適應，對此刺激不再感到恐懼；之後再進行下一個更強的刺激，直到最後。

舉例說明：害怕的情境：怕血。

焦慮階層表：1. 西瓜汁。

2. 紅色液體：紅墨汁。

3. 豬血。

4. 鴨血。

5. 鮮血。

治療：先讓個案接觸西瓜汁，一邊喝時一邊讓她放鬆，等她完全不害怕西瓜

汁時再接觸紅墨汁，一層一層下去，直到最後挑戰最害怕的鮮血。這

個過程讓個案覺得接觸這些東西沒有她想像中的可怕，而達到焦慮減

退的效果。

五、生活再適應量表及學生壓力量表

（一）生活再適應量表

現在介紹一項量表評估成人的壓力負荷量—生活再適應量表(social readjustment rating scale, SRRS)（表11-1），該量表是由霍姆斯和雷赫 (Holmes & Rahe, 1967)首先編制完成的，該量表列出43項大部分人所經歷的 生活變動事件，包括愉快或煩惱的事件。

使用說明：檢查過去一年來你所經歷的每一項生活事件，如果該生活 事件發生不只一次，則以該年度發生的次數為準，但上限為四次。把事件的 「生活改變指數」(the life change unit value, LCU)乘上該生活事件發生的次 數後，將總數記在「得分欄」。加總清單上每一項數值後即為你全部生活改 變單位值的總得分。

這項量表曾在美國、比利時、荷蘭、法國、日本等國家經過數千位實 驗對象反覆測驗。每一國家測驗的結果似乎都指出，短時期內太多的生活事 件改變會引發各種疾病，改變的次數越多，引發的疾病就越嚴重。根據愛默 得森‧哈特與霍姆斯(Amundson Hart & Holmes)在1981年的研究，如果你的 得分在0~149之間，估計你在近期內罹患一種疾病的機率是30%；若得分在 150~299之間，得病的機率是50%；得分為300分或更高者，機率為80%。

⊙ 表11-1　生活再適應量表

編號	生活事件	次數	LCU	得分	編號	生活事件	次數	LCU	得分
1	配偶死亡		100		23	子女離開家門		29	
2	離婚		73		24	與親家發生矛盾		29	
3	夫妻分居		65		25	個人有傑出成就		28	
4	牢獄之災		63		26	配偶開始或停止工作		26	
5	親人死亡		63		27	入學或失學		26	
6	受傷或患病		53		28	生活發生變化		25	
7	結婚		50		29	個人習慣改變		24	
8	被解僱		47		30	與上司發生矛盾		23	
9	再婚		45		31	工作時數的改變		20	
10	退休		45		32	居住處所的變化		20	
11	親人的健康變化		44		33	轉學		20	
12	懷孕		40		34	娛樂活動的變動		19	
13	性生活不和諧		39		35	宗教活動的變化		19	
14	家庭成員增加		39		36	社交活動的變動		18	
15	職業上的再適應		39		37	較輕微的財物損失		17	
16	經濟狀況的變化		38		38	睡眠習慣的改變		16	
17	好友死亡		37		39	家庭成員人數改變		15	17
18	轉變行業		36		40	飲食習慣的改變		15	18
19	與配偶爭吵		35		41	假期		13	19
20	中等負債		31		42	耶誕節		12	
21	抵押贖回權被取消		30		43	輕微觸犯法律		11	
22	工作責任的變動		29		總分				

資料來源：Holmes & Rahe (1967)，身心失調研究期刊，11，213-218。

　　此量表在1990年代被更新，研究者用相同的研究過程，要受試者給每一個生活變動事件一個指數，結果發現所有事件所給的壓力指數均高於1960年代的生活再適應量表的數值，且高於45%(Miller & Rahe, 1997)。也就是說在1990年代生活的人比1960年代的人，對這些生活事件的改變感受到較高的壓力。

（二）學生壓力量表

　　學生壓力量表(Student Stress Scale)的呈現，是採生活再適應量表的模式，提供一個修正過的量表給大專生使用（表11-2）。

　　使用說明：在開始做這量表之前，先花點時間測驗學生在各個事件上會給多少分，然後再告訴學生這學期中有三次機會可以填寫此量表，每次填此量表時可暢談生活中的壓力事件，將這些壓力事件的LCU查出並加總，將所得的分數寫在量表最底下「第一次總分」的欄位中，並簽下日期，之後的兩次以此類推。把三次的總分加起來，得分在300分或更高者，身體健康處於高危險的狀態下；得分在150~300分之間有50%的機會在二年內會有嚴重的健康問題；得分在150分以下，有三分之一的機會會有嚴重健康狀況的改變。

▶ 表11-2 學生壓力量表

編號	生活事件	LCU	編號	生活事件	LCU
1	親人死亡	100	17	在學校增加工作負擔	37
2	好友死亡	73	18	個人有傑出的成就	36
3	父母離婚	65	19	在大專院校的第一學期	35
4	牢獄之災	63	20	生活狀況改變	31
5	受傷或患病	63	21	與教授爭吵	30
6	結婚	58	22	分數比預期的低	29
7	被解聘	50	23	睡眠習慣改變	29
8	重要的科目被當	47	24	社交活動改變	29
9	親人健康狀態改變	45	25	飲食習慣改變	28
10	懷孕	45	26	車子的老毛病	26
11	性問題	44	27	家庭成員人數改變	26
12	與好友嚴重的爭吵	40	28	曠課太多	25
13	經濟狀況改變	39	29	轉學	24
14	轉科	39	30	退選二門以上的課程	23
15	與父母衝突	39	31	輕微的交通違規	20
16	交新的男／女朋友	38			

第一次總分： 　　　　（日期： 　　　　）
第二次總分： 　　　　（日期： 　　　　）
第三次總分： 　　　　（日期： 　　　　）

資料來源：Gerrig & Zimbardo(2005)．心理學與生活，411。

拖延繳作業會影響分數及健康

　　當教授要求做作業時——作業在每一位學生的生涯中是一項壓力事件——你是盡快完成它或是拖到最後1分鐘？有研究顯示，作業拖到學期末才繳的人，平均說來，有身體疾病的症狀多於學期初就交作業的人，而且作業的分數也低於他們。以下的表格呈現拖延作業者與沒有拖延者在身體狀況上所產生的影響(Tice & Baumeister,1997)。

　　在這研究中可看出並不是所有的生活事件對所有的人有相同的影響。作業不拖延的人在教授指定作業後立即去做，他的壓力和身體狀況是發生在學期初。然而，拖延者逃避學期初的壓力，結果在學期末產生更多的身體疾病症狀。因此，就在學期末的緊要關頭，需要有健康的身體去完成拖延的報告時，他們突然覺得自己好像生病了。同學們應該思考一下這些研究結果，好好安排自己的學習計畫，讓自己能順利的通過每一學期。假如你已經養成拖延的習慣，你應該考慮找學校的諮商師，修正你的行為，因為你的分數和健康都在危機中。

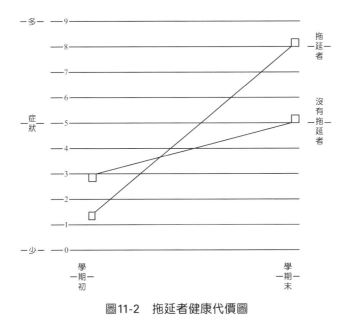

圖11-2　拖延者健康代價圖

六、壓力與人格特質

　　性格特徵會影響個人壓力的因應與身體的健康，並可能促使某些疾病產生。許多研究認為氣喘、偏頭痛、消化性潰瘍、風濕性關節炎與冠狀動脈心臟病(CHD)等的發生與某些性格特徵有關。許多實證研究指出冠狀動脈心臟病(CHD)與A型性格的人較有關。所謂A 型性格(Type A personality)包括：急急忙忙、講話、走路或吃飯都很急促，很難放鬆或休閒、好競爭、常擔心自己沒有足夠時間完成工作、對別人沒耐心、極易產生敵意及攻擊性等。A型性格的人也有其優點，他們積極投入工作，有強烈的企圖心，將工作的完成擺在自己的享樂與生活之上。所以A型性格的人比一般人更容易在工商競爭社會中脫穎而出。

　　與A型性格相反的行為特質稱為B型性格(Type B personality)，具有此性格的人則是輕鬆、悠閒、有耐心、能容忍、較少感受到時間的壓力。缺點是不易有效解決問題，完成目標（劉若蘭，2001）。

　　除了A型及B型性格之外，最近的研究還提出第三種性格稱為C型性格(Type C personality)。C型性格可預測個體未來是否罹患癌症，C型性格的人會自我犧牲、極端的親切、行事被動、不自我肯定、對權威者順從及不會表達負面的情緒，特別是憤怒和其他不愉快的情緒（王震武等，2001）。

身體症狀及相關障礙症
(Somatic Symptom Disorders)

身體症狀及相關障礙症是指：「過度關注自己的身體症狀或健康。」的確，絕大多數的人在一生中的某個時刻，都可能經歷到至少一個輕微且無法解釋的身體症狀，我們需要對這些症狀有些了解。

身體症狀及相關障礙症包含三個主要類別：身體症狀障礙症、罹病焦慮症，以及轉化症（功能性神經症）。除此三類別之外，常見的相關症狀還包含詐病與人為障礙症，以下依DSM- 5的診斷做簡單的描述。

▶ 身體症狀及相關障礙症於DSM- 5的診斷描述

疾　病	說　明
身體症狀障礙症	與身體症狀有關的過度思考、感受及行為
罹病焦慮症	儘管沒有任何明顯的身體症狀，還是毫無理由的害怕自己得了嚴重疾病
轉化症（功能性神經症）	神經症狀，無法用醫學疾病或文化允許的行為來解釋
詐病	有意的假裝有心理或身體疾病，以便從這些症狀得到好處
人為障礙症	偽裝有心理或身體疾病，但是沒有任何可從這些症狀得到好處的證據

在某些衝突或壓力發生後，身體症狀出現或變得更嚴重。從旁觀者的角度來看，個案是用身體症狀來迴避某些不愉快的活動，或是得到關注和同情；但是身體症狀障礙症的個案本身就不是這樣的知覺一他們認為自己的症狀是百分百的生理因素。

資料來源：整理自Kring, A. M. (2014)．變態心理學（二版，張本聖等譯）．台北市：雙葉。

　　了解三種與壓力有關的人格特質後，知道自己屬於何種性格，在第二節的部分，我們將介紹壓力因應，大家可在其中繼續尋找一套適合處理自己壓力的方法。

第二節　壓力的因應

　　每天我們都會遇到許多生活的要求，其中大多數是我們可以妥善處理，但如果有一項要求是超過我們能力所及的，此時我們就產生壓力了。一旦有一項壓力源突然出現在我們眼前時，有兩種處理辦法：試圖戰鬥或與其共存。企圖與壓力來源奮戰稱為「以問題焦點的因應方法」，企

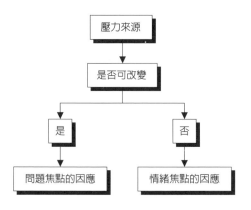

圖 11-3　因應方式之決策樹（王美華譯，2002）

圖與壓力源共存稱為「以情緒焦點的因應方法」。

　　本節同時提供二種因應方式的建議以供參考。如果在現實環境中你評估能夠解決問題，那就盡一切辦法去做，用「問題為焦點」的因應方法去處理，消滅問題終究還是可以節省極大的精力。如果你沒辦法改變現況，那麼只有接受它與它和平相處，用「情緒為焦點」的因應方法去面對。這兩種關係呈現於圖11-3。

一、問題焦點的因應

　　雖然有些問題同時需要以問題焦點與情緒焦點來因應，但在大部分情況下，針對問題來因應是更好的方法。消極的因應較易導致憂鬱，或降低免疫系統對抗癌症與傳染性疾病的功能。此外，當情況適合用以問題焦點的因應

方法，但你卻依賴情緒焦點的因應方法時，意味著你將花更長的時間來因應該壓力來源，最終的結果將使你付出龐大的因應資源。

　　問題焦點的因應可採許多形式，其中有三種最普遍的策略可用來應付壓力，三種策略如下。

（一）解決問題

　　成功的因應可能需要解決問題與明智的決策。解決問題的步驟包括：清楚定義問題；尋找與問題有關的資訊及建議；確認可消滅問題的替代行動方針；評估這些替代方法的優缺點，根據最有希望的方法採取行動；觀察結果，隨時需要修正行動方針。大多數人遇到問題時不會用如此清醒而且理智的態度去處理問題，他們通常憑直覺解決問題。對大部分的問題而言，這種直覺的方法可能還行的通，但對那些長期危害你個人幸福的問題來說，結果可能讓你十分苦惱。在解決問題時還是得清楚定義問題，確認足夠的替代辦法，以及根據結果反應調整行動方針。

（二）解決人際衝突的意願

　　許多壓力來自人與人之間的衝突。我們大部分的需要會符合我們的社會規範，但我們的需要有時會和別人的需要彼此衝突，衝突的結果會引起壓力。如果你在選擇工作夥伴或室友時做了錯誤的決定，又或者你沒有發展足夠的社交技巧，諸如談判、傾聽或維持堅決等技巧，你可能會經歷許多人際上的衝突。無法和諧共處的關係會造成持續的挫折與多樣程度的壓力。具備社交技巧與解決衝突的意願，對成功的壓力管理是非常重要的（王美華譯，2002）。

開懷大笑可減壓、永保健康

　　古今中外很多人都認為笑能驅病強身，醫學家說：「笑，對心臟病在內的一些疾病具有一定的輔助治療作用」。「笑口常開」可以延年益壽，不僅是老人家的智慧語，醫學界也發現開懷大笑可以減少壓力荷爾蒙，使干擾素增加，有助於增強免疫系統。

　　之前有新聞報導，在德國、瑞士、日本、印度都陸續出現「開懷大笑俱樂部」，其中在印度就有五百家。日本有些公司甚至讓員工每天早上都上5分鐘的笑課，提升整天的工作效率及維持好心情。新加坡也有公司為了激勵員工上班的士氣與消除員工的工作壓力，而安排一個教導員工開懷大笑的課程，利用大笑來提升員工的士氣讓心情變好。

　　若每個人每天都能開懷大笑1分鐘，自己的壓力就可以減少許多。有人說大笑1分鐘就等於放鬆45分鐘，多大笑幾分鐘，一天的壓力就可一掃而空，千萬不要低估開懷大笑的力量，每天盡情的大笑吧！

（三）時間管理

　　有效的時間管理可以提升人們對事情的掌握與控制感，因而以放鬆自得的方式因應生活。時間是人們最重要的資產之一，壓力的累積往往與時間失控有關，在一定的時間內，有太多工作排隊等著完成，若沒有一套有效的系統加以運用管理，心理精神的焦躁煎熬，往往是生活潰堤的前兆。以下是幾點有效時間管理的技巧：

1. **評估如何利用時間**：分析目前時間的利用。

2. **設定目標**：妥善規劃目標，增加達成的機會。

心靈加油站

穴道按摩抒解壓力

· 按「百會穴」解焦慮及鬱悶

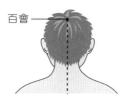

百會

· 按「臨泣」、「行間」、「太衝」穴治療心靈疲勞

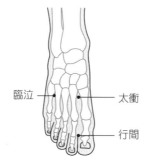

臨泣 —　　　— 太衝

　　　　　　— 行間

· 嘆氣時按「神門」，憤怒時按「心穴」

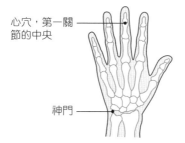

心穴，第一關
節的中央

神門

資料來源：知性生活研究班 (2002)．*100 個不可思議的減壓方法*（54-60 頁）．台北市：
　　　　　上鼎。

3. **排定優先順序**：將目標依輕重緩急排序。

4. **擬訂行程**：在每天生活中擬訂完成目標的行程。

5. **說「不」**：我們並不一定需要做每一件要做的事，適時的回絕，往往能為我們生活多爭取一些餘裕。

6. **代理工作**：事不必躬親，在合適的情況之下，可以請他人代理不需親自完成的事。

7. **任務一次完成**：我們常做某些事時，事情做一半，就擱置一旁，等有空再回來做。如果是讀書的話，書還沒讀到一個段落，就去打電話或做別的事，等一會兒再回來時，已忘記讀到哪裡，此時又得重頭再讀一遍，這對時間的運用是一種浪費，因此盡可能在著手開始一件事時，就有完成它的準備。

8. **限制干擾**：在完成一件事時，盡量避免其他事情的干擾。

9. **評估時間利用**：對時間的規劃做有效的評估（陳怡樺，2002）。

二、情緒焦點的因應

　　另一種主要的因應方式，是針對情緒的因應，有些問題是你無法改變的，如果你無法接受它的不可解決性，你試圖去解決這種問題，你可能會為自己製造相當大的壓力。例如：失去摯愛的人所引起的悲痛是無法解決的；人會逐漸的變老是無法解決的；癌症末期及其伴隨而來的痛苦也是無法解決的。這些情況是人們不可避免而必須學習與其共存的情況。把它們當成可以解決的問題是一種嚴重的錯誤。

　　在面對這種無法解決的壓力來源時，你必須求助於情緒焦點的因應方法。一些控制你情緒的策略包括：努力去接受不可避免之事、轉換信念改變對事情的看法、阻止那種只會助長壓力的壓力性想法、釋放痛苦的情緒、練習放鬆技巧，以及利用運動來減輕身體上的不舒服。

（一）接受不可避免之事

　　一般而言，「外在歸因者」比「內在歸因者」較容易接受不可控制的壓力來源。「內在歸因者」是指那些把所有發生的事責任都歸在自己身上的人。相反的「外在歸因者」會把大部分責任歸之於運氣、命運或機會。許多時候，相信自己支配環境的能力，可以導致更大的努力與更好的成就。當情況不可避免或控制不住時，接受事實比對抗更為明智。

（二）永遠抱著希望

　　希望是處理壓力來源時一個十分有力的夥伴，認為事情正在好轉的感覺，可以明顯的降低壓力。如果我們相信事情會好轉，我們對壓力情況會比較有容忍力。如果我們認定事情永遠不會好轉，眼前的壓力就會變強。相信「這件事情也會過去」以及「事情會及時好轉」，可以減輕情境的壓力。

（三）轉換信念

　　轉換信念是以不同的角度來看待情況或事件。今天不是事件本身讓你產生壓力，而是你對事件本身的看法，經過自己的評估後而產生的壓力反應。因此，如果你改變你對事件的看法，也就改變自己的情緒。轉換信念後可能比我們原先的想法更具真實性，許多誇大負面的想法，會在轉換想法後拋開，自己會覺得壓力降低許多。有一個失戀的故事是這樣的：有一個失戀的人因被拋棄而在公園哭泣，遇到一位哲學家，哲學家知道哭泣的理由後，非但沒有安慰他，反而笑道：「你不過是損失一個不愛你的人，而他損失的是一個愛他的人，他的損失比你大，你恨他做什麼？應該不甘心的人是他啊！」換一種角度看事情可以讓自己活得更海闊天空。

（四）釋放情緒

　　把事情說出來或把情緒盡情的發洩，光是前面這過程就可宣洩一部分的壓力。每當我們難過大哭一場之後，或把不滿跟朋友抱怨，我們都會覺得心情變得比較好，整個人也跟著輕鬆起來。一個人可能因為隱藏的情緒而變得

痛苦或生病，把你的感情透露給朋友、家人或是專業輔導人員，通常可以得到很大的援助。在我們中國的社會裡，有著「家醜不可外揚」的觀念，因此常默默的承受痛苦，而不願跟別人分享心事，其實這種做法對人們的身體是非常不利的。情緒會引生物化學反應，而持續的負面情緒會引導一種不利於身體的化學衝突，導致人們生病，心情變得鬱卒。

（五）透過書寫自我揭露 (Self-disclosure)

　　社會心理學家詹姆士・潘尼貝克(James Pennebaker)和他的同事，在一連串的研究中證明，表達情感似乎可以保護身體免受壓力傷害，並造成健康上長期顯著的好處。其中一個用來達成目的主要辦法就是書寫。在無數的研究中，潘尼貝克發現，寫些瑣碎的事情，或只是發洩創傷的情緒，又或著只是書寫創傷事件本身，都不足以改善健康。為了改善健康，我們必須詳細地寫出原因、聯結情感和事件，當我們寫得愈多－詳盡、有組織、強制的、生動的、清晰的，就愈能從書寫中得到更多健康和情緒上的好處。那些被要求寫下苦惱經驗的參與者（範圍從人際關係的障礙到更深刻形式的創傷），在醫生門診的評估及其他健康上的跡象顯示，的確比較健康。潘尼貝克於1997年提供以下的建議，作為寫日記處理負面經歷與情緒的方法（王美華譯，2002）。

1. 寫下你正在處理的主題或事件，不一定是最令人苦惱或創傷性的。坦白的描寫你對一個造成困擾或榨乾你經歷的事件或情況之最深刻的情感或想法，將減輕你反應的強度。

2. 時間與場所：你不需要花太多時間來描寫，通常15分鐘左右就夠了；也不要擔心寫錯字或文句不通順。潘尼貝克發現，一個人只要花15分鐘時間來寫東西，就可以在健康上獲得相當好處。當你在一個不會受打擊的環境中完成一篇獨特形式或小說背景的作品時，寫作可以使你受益良多。

3. 你不需要將你寫的作品與人分享。治療性寫作(therapeutic writing)的優點是不需給別人閱讀，如果把所寫的東西給別人閱讀可能會干擾自我揭露的程度。

4. 描寫令人苦惱心煩的經驗，的確可能使你的心情消沉好幾個小時甚至一整天。然而，它終究會使你感到輕鬆與知足，你長期的健康也可以獲得提高。

　　透過書寫，達到情結和被壓抑情緒之宣洩與釋放，也反映出這些創傷事件的重要意義，得到對創傷的洞見和與它保持些許距離。透由書寫事件和情感，整合這兩者，了解發生了什麼，以及自己對它們的感受是什麼，把這些事件的意義融入生命，並且從中散發出力量，重新出發。

（六）心情放輕鬆

　　情緒焦點因應方法中較普遍的一種方式，是從事各種不同的放鬆法。有些人藉著看電視、聽音樂或閱讀小說來放鬆自己。有些人依賴藥物來控制他們的情緒反應。數千年來，酒精一直是人

圖11-4　吳桂英瑜伽老師示範瑜伽動作，練瑜伽可健身及減壓

們特別偏愛的選擇。儘管酒精在降低壓力激發上有幫助（如果在適當時間適度使用的話），而藥物通常因為藥物濫用而造成悲慘的效果。較健康的方法應該是從事正規的放鬆程序，諸如規則呼吸法、深度肌肉放鬆、自我催眠、瑜伽、打坐或冥想等（圖11-4）。這些練習對降低不適當的激發非常有效，而且經過一段相當時間的訓練後，可使你的神經系統在反應上更適當。

芳香療法

　　21世紀的今天，芳香療法儼然成為新顯學，它強調「身」與「心」兼顧，才能達到完美的健康境界。芳香療法是由法國化學家—蓋特佛斯博士(Dr. Rene Gattefosse)及尚法內醫生(Jean Valnet)所倡導推行的養生之道。它運用植物所萃取出來的精油，透過按摩、泡澡、吸嗅等方式進入人體內，使個體在身、心、靈獲得助益。精油含酮、醛、酯等化學成分，這些成分決定它的治療特性（萬玉鳳等，2006）。

　　芳香療法對於抒解壓力特別具有效益，有些精油含有特殊的天然成分可以安撫神經系統、促進免疫功能及血液循環等，對於抒解因壓力而引起的各種身心症狀都有助益。

　　以下的精油，都具有抒解壓力的作用，個別單獨使用就可以發揮不錯的功效。

1. 薰衣草精油：被公認效益最廣、作用最好的解壓精油，不但有顯著的平撫、鎮定神經的效果，而且幾乎可以適用於各種因壓力引發的身心症狀，包括頭痛、失眠、驚慌、易怒、情緒不穩、皮膚發炎或血壓過高等。

2. 佛手柑精油：具有清新、提神的作用，對於因壓力過大所造成的沮喪、焦慮的安撫效果最好。此外，佛手柑精油具有「調整」食慾的作用，如果因壓力過大而失去胃口，不妨聞聞佛手柑精油。

3. 洋甘菊精油：抒解壓力的效果也十分好，對於因壓力引起的神經緊張、易怒、失眠，甚至一些生理不適，如皮膚炎等，也有不錯的療效。

4. 快樂鼠尾草精油：具有一種令人深度放鬆的作用，可以引發人們幸福、安詳的感受，對於壓力所造成的沮喪、偏頭痛、緊張、心力交瘁、經前症候群的療效最佳。

5. 乳香精油：這是一種屬性溫暖的精油，其對於抒解壓力的作用也比較溫和，適合治療一般性、較不嚴重的壓力狀態。

6. 天竺葵精油：以平衡荷爾蒙效用奇佳而聞名，對於壓力所造成的經前症候群的療效最佳。此外，也有益於治療一般因為壓力所引起的緊張、情緒不穩。

7. 橙花精油：珍貴的消除壓力良藥，特別對緊張、恐慌、沮喪等症狀有效。

8. 玫瑰精油：是價格昂貴的心靈滋補劑，作用十分快速，對於焦慮和沮喪的療效最佳，尤其是提升自信方面。

9. 檀香：宗教與冥想時經常被使用的香料，其鎮定紛擾不安、失去方向的心緒效果最佳，給人一種平靜、聖潔、清新的感覺，對於低落的心情也有提升的作用。

10. 依蘭精油：最具異國風味，安撫情緒作用十分出色，尤其以鬆弛神經快速聞名，對於平撫心悸更有良好效果，但依蘭精油不適合沉思或打坐時使用（劉璞，2006）。

（七）運　動

　　壓力反應是我們因應身體上緊急的危險而產生的，所以激烈的運動似乎是降低壓力激發最自然的方式。規律的運動能增進身體與心理的安適狀態，它也是消除壓力的自然手段。運動可以增加人們對身體的敏感度，更快地感覺到肌肉的緊張與放鬆，將注意力與焦點由日常生活的瑣碎問題中，轉移至其

圖11-5　運動可抒解壓力

他事物上。血糖上升、心跳加速與肌肉緊張等均是壓力的產物，運動時身體會釋放化學物質，包括多巴胺化合物(Dopamine)與腦啡等。許多研究指出，多巴胺化合物具情緒興奮劑的效果，而腦啡類似嗎啡，可以在麻痺痛苦之餘產生安樂的感受，這也是長跑者在漫長路程中或抵達終點後，往往覺得十分舒適滿足的原因。

心靈加油站

吃對食物可以減壓

　　食物可以抗壓你知道嗎？以下介紹一些抗壓食物，平常可選擇多吃這類食物，藉飲食改善精神狀況，減少壓力。

1. 維生素B群抗壓大補帖：如果你經常感到不安或莫名的焦慮，這多半與維生素B群（B_1、B_2、B_6、B_{12}、菸鹼酸、生物素、泛酸及葉酸等）不足有關。維生素B群能維護神經系統穩定、增加能量代謝、調節內分泌，是克服壓力的重要營養素！缺乏時容易出現疲倦、精神不集中等現象。維生素B群以天然的食物最好，全穀類食物（如胚芽米、糙米、雜糧飯、薏仁、全麥麵包）、酵母、瘦肉、肝臟、蛋、牛乳，以及充足的蔬菜、水果都是維生素B群的重要來源。

2. 維生素C增強抗壓能力：維生素C可協助人體製造副腎上腺皮質素，以對抗壓力；壓力大的人其腎上腺素分泌量較多，對維生素C的需求量也比一般人大。新鮮的水果蔬菜是維生素C最好的來源，尤其是芭樂、木瓜、柑橘、奇異果、草莓等水果。青椒、芥藍、菠菜等綠色蔬菜都有益於維生素C的補充。

3. 「鈣」天然的神經安穩劑：鈣具有安撫情緒、鎮定和鬆弛神經的效果，是一種天然的神經安穩劑，對遇到壓力就容易焦躁不安的人，充足的鈣真的很有幫助。像乳製品、優酪乳、起司片、豆腐、小魚干都是最佳來源。早上起床或睡前喝杯牛奶，有助於壓力的減輕。

4. 碳水化合物，有助於鎮定神經：碳水化合物進入人體後，會在腦內轉換為血清促進素，但高纖穀類如全麥麵包、五穀雜糧等，需要消化的時間較久，血糖不易大起大落，提升血清素的過程較平順，且可延長飽足感，是較理想的食物來源。

5. 高纖蔬果，腸道通暢：壓力太大會造成交感神經活躍而抑制腸道蠕動，所以，長期的生活壓力下，很容易發生便祕情形。多攝取富含纖維的蔬菜、水果、高纖穀物可以預防便祕。

6. 多喝水，活絡全身細胞：每天至少喝2,000~3,000 c.c.的水來促進體內正常代謝，人的腦部一旦缺水就會產生疲倦、頭疼的現象。人是水做的，人體中超過80％是水，想快樂健康還是多喝水吧（楊新玲等，2006）！

三、創傷後壓力症

　　前面章節討論的是一般的壓力及因應的方法，現在將介紹因重大事件造成的高度創傷，使人產生恐懼、無助或是恐怖感的創傷後壓力症(post traumatic stress disorder, PTSD)。

　　近年來天災人禍不斷，從台灣的921大地震、美國911恐怖攻擊、南亞大海嘯、日本311東北大地震到近日全世界的風災、水災、火災、戰爭與恐怖殺人事件等。大自然的反撲與人為的迫害，造成日後我們所要面臨的災難越來越多，創傷後壓力症的患者也會越來越多。以下簡介創傷後壓力症的症狀、成因與治療。

（一）創傷後壓力症的症狀

　　創傷後壓力症是指人在遭遇重大災害或創傷事件後所產生的症狀。而所謂的事件指的是直接目擊或被迫面對嚴重身體傷害、威脅到自己或他人身體完整性，甚至牽涉實際死亡的狀況。包括海嘯、地震等天然災害；汽車、飛機、船的重大意外事故；在犯罪事件中遭攻擊，如刺傷、射傷、綁架、毆打、凌虐、性侵或企圖強暴等。

　　只有在嚴重創傷的脈絡下，才能考慮創傷後壓力症的診斷，一個人必須經歷或目睹一個事件，包括真正或見證死亡威脅、嚴重受傷，或是性侵。在創傷事件發生1個月內出現的身心症狀稱為「急性壓力反應」，通常症狀在1~2週內會逐漸減緩。症狀持續超過1個月，就有可能是創傷後壓力症。

　　DSM- 5創傷後壓力症的症狀分為四個主要類別：

* **闖入性的再度經驗創傷事件**：案主重複地回想起創傷事件或與此事件相關的噩夢。與創傷事件有關而能喚起記憶的事物出現時，此人會出現強烈的苦惱或顯示明顯的生理反應。例如：高雄氣爆，除作惡夢外，反覆想起災難場景，也常不由自主地回想災難畫面，以及與災難相關的畫面、聲音、氣味常久久揮之不去。

- **迴避與此創傷事件相關的刺激物**：有些人可能試圖迴避所有會喚起創傷事件的事物。例如：不太想看這類新聞，或是地震生還者日後不敢再睡在室內。

- **創傷事件後，會出現其他情緒及認知改變的信號**：這些信號包括：無法記得事情發生的重要部分、持續的負向認知、為此事件而責怪自己或其他人、對外界刺激失去興趣，漠不關心、覺得與他人疏離，或沒有能力經驗正向情緒。

- **警覺度或反應性升高的症狀**：這些症狀包括易怒的或攻擊的行為、不計後果或自我傷害的行為、失眠、精神不易集中、過度警覺，以及誇大的驚嚇反應。例如：只要一點刺激，像聽到關門聲音，就會產生很大驚嚇反應。

（二）創傷後壓力症的病因

　　創傷後壓力症的病因有很多，我們提一些跟日常生活較相關的病因。

　　張本聖等人(2014)提出，三分之二的創傷後壓力症個案有焦慮症的病史。人為的創傷比自然災害更可能造成創傷後壓力症，例如：強暴、戰爭經驗、受虐及人身攻擊都比天然災害更常成為危險因子。創傷事件發生當時或剛發生後就有解離症狀的人較可能發展出創傷後壓力症，企圖壓抑創傷記憶的人也是一樣。創傷事件中的保護因子有二：「高智商」與「堅實的社會支持」；有較高的智商可以將恐怖事件意義化，有較多的朋友與家人可以幫忙度過創傷歷程，這都有助於人們避免出現創傷後的症狀。

（三）創傷後壓力症的治療

　　在藥物治療方面，有一類別的抗憂鬱劑－選擇性血清素再回收抑制劑－的創傷後壓力症療效已經獲得強烈支持，但是一停藥就會復發。

　　在心理治療方面，想像式暴露療法(imaginal exposure)一讓個案回憶創傷事件發生的細節。研究顯示，不論是用想像或直接暴露在創傷相關事件中，療效都比藥物或非結構式心理治療好。治療師也已開始使用虛擬實境(virtual reality, VR)科技來治療創傷後壓力症，因這種技術可提供更栩栩如生的暴露情境，這比個案自己去想像這些創傷情境要容易得多（張本聖等人，2014）。

重點整理

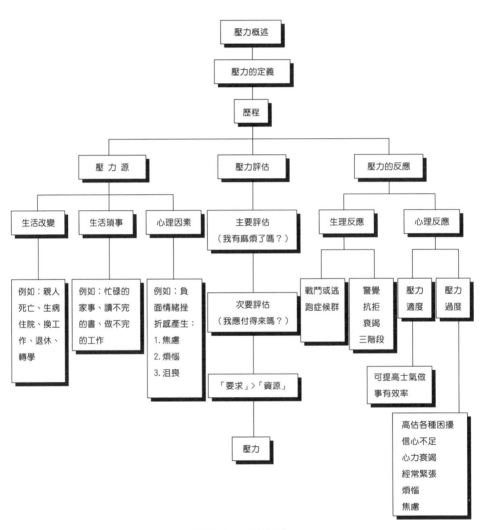

圖11-6　壓力概述

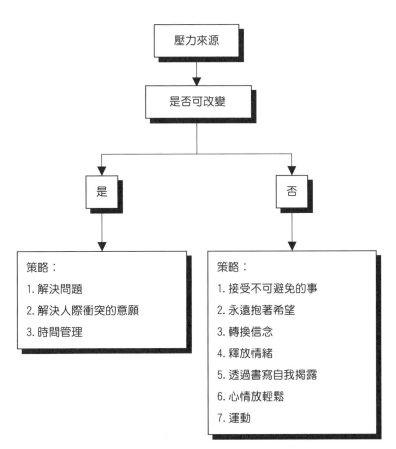

圖11-7 壓力的因應

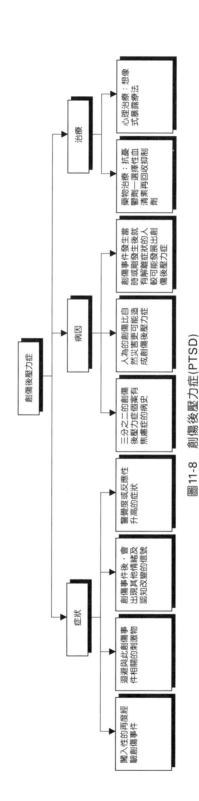

圖11-8　創傷後壓力症(PTSD)

課後活動

一、A 型與 B 型人格測驗

下面的問題可以幫助你了解自己性格較接近A型或B型。

在每一題前的空格填上一個你覺得符合你狀況的號碼：

　　5. 我一直是這樣

　　4. 我經常這樣

　　3. 我有時這樣

　　2. 我很少這樣

　　1. 我從不這樣

1.＿＿＿　我常常同時做兩件以上的事情。

2.＿＿＿　我常打斷別人的談話，或急著插嘴接腔。

3.＿＿＿　我發現我不能忍受別人做事慢吞吞沒有效率。

4.＿＿＿　當別人跟我說話時，我常一直想自己的事。

5.＿＿＿　當我停下工作休息一會時，我會覺得浪費時間。

6.＿＿＿　當別人跟我解說事情時，我會督促他趕快說完。

7.＿＿＿　我走路、吃飯、說話都很快。

8.＿＿＿　到郵局（銀行）辦事看到要排隊，到餐廳吃飯看到人多，我會換一家。

9.＿＿＿　我發現放鬆或不做任何事對我來說很困難。

10.＿＿＿　我通常會為自己安排時間表或限定期限完成某件事。

11.＿＿＿　當我跟別人競爭時，非贏不可。

12.＿＿＿　當我在表達意見時，我常握緊拳頭來加強語氣。

13.＿＿＿　我喜歡我周遭的人做事盡可能地快及有效率。

14.＿＿＿　當我講話時，我會刻意加重關鍵字的語氣。

15.＿＿＿　我是一個努力具有競爭心的人，我注重成就及成功。

　　當你作完後，將15題的得分相加，你的總分應該介於15~75之間。假如等於或高於60時，表示你的生活型態非常類似A型；得分低於30，則表示你的生活型態類似B型；得分在30~60之間，表示你的生活型態混雜著A型及B型（摘自Friedman與Rosenman的"Type A Behavior and Your Heart"）。

二、微笑訓練

　　人們常說要「笑口常開」，研究人員發現每天比別人多笑15秒鐘的人，能多活兩天，而且一陣開懷大笑後，更像是做了5分鐘的有氧運動。讓我們一起練習微笑運動吧！

※ 訓練步驟

1. 步驟一：練習放鬆臉部肌肉，第一步為練習唱「DO RE MI」，唱的時候咬字要清楚，每天練習三遍。

2. 步驟二：第二步為增加嘴巴彈性，動作分別為：張大嘴巴、左右拉開及噘嘴，每個動作做到極限時，就在各個位置暫停10秒鐘，讓肌肉徹底放鬆。

3. 步驟三：第三步為練習微笑，這個動作必須循序漸進，先將嘴張開三分之一，再慢慢打開一半，最後張開，連續三次。

4. 步驟四：第四步為如何維持笑容，方法是嘴角出力往上提，同時說出「威士忌」或「巧克力」。

人類的臉部約有80條肌肉，微笑動到的肌肉多半在臉頰及嘴唇四周，只要經常練習，每個人都能擁有迷人的笑容。

MEMO

Chapter **12**　自我探索

本章大綱

---------- **前言** ----------

　　大家對自己都非常好奇，也對自己充滿疑惑。我們經常會問自己「我到底是個怎樣的人？」「別人對我的評價為何？」「我為什麼會變成現在這個樣子？」「人生到底是怎麼一回事？」。在這章要帶領大家從最原始的自我概念(self-concept)形成，慢慢到自己腳本的觀察，再看家中的互動，了解家中的問題，最後面對人生存在的大問題，人生一連串的問號，在此章一一為你解開。

第一節　自我概念的形成

　　從發展心理學的觀點來看，小孩在18~24個月就可以認識自己，看到鏡中的自己，可以知道鏡中的人就是自己。學齡前幼兒的自我概念是具體的、身體的，無任何心理方面的察覺，比如說別人問他「你是誰？」，他會回答「我有長頭髮」或是「我有一輛車子」，他比較無法做心理的描述，如「我是快樂的小孩」、「我擅長踢足球」。隨著年齡增長，兒童會形成公開我(public self)－大家都知曉的我，隱私我(private self)－別人無法看到的內在我；一旦兒童能知道自己的心靈狀況並非全部都能與人分享或被人知道，他們對公開我及隱私我能分辨之後，對自我的描述會逐漸從身體的、行為的、與其「外在的」特質轉變成持久「內在」特質－亦即他們的特性、價值、信念和意識型態（林翠媚等，2003）。到了青春期一個人的自我概念會變成更心理層面、更抽象、更連貫與更統整。

　　一個人的自我概念形成也是社會互動的產物，並非單純的與生俱來（林彥婷等，1991）。人本心理學家羅吉斯(Rogers, 1980)認為自我概念是個人的自我評價，及與環境中重要他人對自己的評價，經交互作用後所產生的結果。小孩會從別人對待他們的方式，學到如何看待自己，然後對自己形成一個整體的形象(image)，認為自己是一個怎樣的人，會對自己產生喜歡或討厭的感受，也會對自己有所評價，認為自己是有用或沒用的人。

自我認識 (self-recognition)

　　M. Lewis 和 J. Brooks-Gunn 曾做過一個有關孩子自我認識的研究。他要求母親藉由幫嬰兒擦臉的時候，偷偷的在嬰兒鼻子上塗上一點口紅，然後帶孩子去照鏡子，看嬰兒會不會知道鏡中的人就是他自己。若孩子看到鏡中的影像，鼻子上有紅點，他自己會馬上去摸或擦他的鼻子，這就表示此孩子已認識自己，知道鏡中的影像就是自己。

　　此研究的研究對象為9~24個月大的嬰兒，研究結果顯示：年紀較小的嬰兒並沒有自我認識的現象出現，他對待鏡中的影像就好像他是「別的小孩」。

　　15~17個月大的嬰兒有少數有自我認識的跡象。18~24個月大的嬰兒大部分都會觸摸自己的鼻子，知道自己臉上有一個奇怪的記號，他們知道鏡中的小孩就是自己（林翠媚等譯，2003）。

一、父母對自我概念的影響

　　人類的兒童期非常的長，對父母依賴的時間非常久，因此父母對兒童自我概念的影響非常大。人本主義心理學家羅吉斯 (Rogers, 1980)對「自我概念」有深入的研究，他認為親子間的不同互動型態會影響小孩的自我概念。從小若父母就告訴孩子「你真乖、乖寶貝、好孩子」等正向的自我概念，孩子對自己的知覺就是我是乖的、好的、可愛的、有人疼。若孩子從小就被父母罵「壞小孩、不聽話、不乖、我怎麼會生出這樣的小孩」，久而久之，孩

圖12-1　父子情。父親對子女疼愛，會讓孩子形成好的自我概念，我是可愛的、有人疼的好孩子

子就會覺得自己是壞的、不好的、不被疼愛、不被接納，對自己自然產生負向的自我概念，而且覺得自己是個多餘的、不該存在的。

另外，羅吉斯也認為父母或主要照顧者對小孩的接納與否，與其自我概念有關。若父母或主要照顧者能不論孩子的性別、外表、先天的氣質或智能的優劣，都能真誠的接納孩子，亦即「我喜歡你，因為你就是你」，必然有助於孩子正向的自我概念（郭靜晃等，1998）。

心理學家庫帕史密斯(Stanley Coopersmith)嘗試去了解培育出高自尊小孩的父母特質，結果發現高自尊的孩子，其父母多半是高自尊的人，低自尊的孩子，其父母大多是低自尊者（林彥好等，1991）。最近美國的《家庭》雜誌也有刊登類似的報導，自我概念高的母親，她的子女通常在學業及人際關係的表現，都較同年齡的孩子突出。母親對生活的打理，對時間的管理，在忙亂中還能將家裡打理的井然有序；在下班之後還能煮飯、炒菜，幫孩子看功課，這些在孩子的成長歷程中，都會像錄影機一樣記錄下來，融入孩子的自我概念。因此孩子自我概念是從父母或主要照顧者的對待，一點一滴累積而來。

二、自我關注對自我概念的重要性

人本主義學派主張人天生就有實現自我欲望的傾向。當嬰兒在發展的過程中，已經能區分自我與別人的自我，並透過父母或重要他人對它的看待與互動，孩子的自我概念已形成，也產生養育和保護的需求。

孩子在發展自我概念時會有一種嶄新而強烈的需求，這項需求是由羅吉斯的夥伴史坦達(Standal)於1954年首創、發明(Standal, 1954)，他稱這種傾向為「積極關注」(positive regard)。一個生活幸福的兒童，在父母及至親好友的細心呵護下，對積極關注的需求經常可以得到滿足，不必因被「忽視」而在絕望中尋找。伴隨著積極關注需求而來的是「自我關注」(self-regard)需求。「自我關注」即是不管別人對我如何，我都得對自己有某種程度的好感。缺乏此種關注，可能很難在這世上存活。

　　我們是否有正向的自我概念與父母或重要他人所給予積極關注的品質和持續性有關。關注的行為若過於選擇性，則我們將成為羅吉斯所描述的「條件式價值」(conditions of worth)。換句話說，父母或重要他人認為我是好的、有價值的，我們才會覺得我有價值，反之則無。我們的自我關注，將隨他人的評價而變得有選擇性，而不是「我就是我，我是世界上獨一無二的，我存在就是有價值的」。

　　尋求積極關注的需求若是布滿痛苦與迷惑，其結果將因自我價值的否定，而造成個人的無價值感（完全喪失自我關注），不斷在意他人評價的結果，將造成條件式價值的內化，使得真實生活化(authentic living)幾乎變得不可能。自我概念縈繞太多條件式價值時，扭曲或否定自己真實的感覺必然產生，但當事人卻極少有警覺，他躲在維持現狀甚至自我安慰的心態中，最後自己終將陷入「自欺欺人」的悲劇裡。

　　羅吉斯認為，心理障礙乃是積極關注未能獲得滿足，自我關注未能實現，而使個體產生疏離感。如果成長的過程中，周遭親密的人都是一些愛批評、嚴苛、吝嗇給予正面關注的人，那麼個體的自我概念通常都會朝向負面成長或嚴重的被誤導（陳逸群譯，2000）。如果想成為獨立自主的個體，必須不斷地培養自信心，設法相信自己的感覺，以自己的判斷做為自我評價的依據，讓自己成為具有高度自主性，不受命運、環境、甚至遺傳基因影響的成熟個體。

第二節　人生腳本

　　我們常常覺得有些人做任何事總是失敗，談戀愛總遭人拋棄，最倒楣的事總是發生在他身上，我們找不出原因，只覺得他一直是這樣。溝通分析學派柏恩(Berne)博士幫我們找到答案。

柏恩發現，每個人在其父母的影響下，從小就寫下了自己的腳本(script)型態—「你一生將做得事情」。例如：將來的職業、將來會跟哪一類型的人結婚、會怎麼樣死…等等。尤其重要的，它決定你將來是成功或是失敗；是浪費或是節儉；是偉大的企業家，還是可憐的流浪漢(Berne, 1982)。

一、腳本的定義

中國人常說：「由小看大」，許多兒童教養的書也提到3歲或6歲定終生，其實這些都是說腳本在我們很小的時候就已經決定，日後僅是照腳本演出，結果早就知道了。柏恩在《團體治療的原則(Principles of Group Treatment)》書中把人生腳本定義為：「潛意識對一生的計畫」。之後在《語意與心理分析(What Do You Say After You Say Hello)》書中，做了更完整的定義：「人生腳本是一種受父母影響，在幼年期形成，隨著年齡增長而發展的生活計畫。不管是受強迫形成，還是自己的意願，這些終將註定他一生的命運。」(Bern, 1982)。其實人生腳本是一種潛意識的生活型態，這些型態是在兒童早期就已做得決定受父母影響最大，通常是不易被察覺的。若把人生比喻成一齣戲，那麼這個劇本就是腳本，腳本的大綱在小時候就寫好了，隨著年齡增長會略為修正，等到成人後腳本完全抵定，你的人生就會完全照腳本演出，直到生命終了。

二、腳本的發展過程

有關腳本的發展，溝通分析學派有多位學者提出不同的看法，我們在此仍以溝通分析大師－伯恩的看法為主，將腳本的發展過程詳加介紹。伯恩認為腳本發展分成下列各階段：出生前影響(prenatal influences)、早期發展（early development，0~2歲）、可塑時期（the plastic years，2~6歲）、兒童後期（later childhood，6~12歲）、青春期(adolescents)、成熟與死亡(maturity and death)。

（一）出生前影響

　　祖父母的生活型態，對孫子的期待；父母的生活型態及對即將出生孩子的期待；孩子的排行序；父母為孩子所取的名字，這些對孩子日後發展均有影響。

（二）早期發展（0~2 歲）

　　伯恩對於2歲前發展的看法與佛洛依德、皮亞傑、史登及我們在第一節所說到的自我概念形成的觀點相符：從與父母及重要他人互動中，孩子發展出對於自己及周圍世界的基本看法，會對自己及他人做出一些基本假

　　設—可能是我好，你也好(I'm ok, you are ok)、我不好，你好(I'm not ok, you are ok)、我不好，你也不好(I'm not ok, you are not ok)、我好，你不好(I'm ok, you are not ok)其中之一。這些假設對孩子未來生活將產生決定性的影響，使自己成為贏家或輸家（圖12-2）。

　　伯恩認為孩子在兩歲前腳本設計便已開始，他先以簡單的草稿形式出現，即所謂的「原始草約」(primal protocol)，往後則發展成非常複雜的劇本。

（三）可塑時期（形成階段，2~6 歲）

　　孩子在上個階段已經決定要當贏家或輸家，到了這個階段，他要學習如何才是贏家或輸家。伯恩特別強調，童話及神話故事裡的角色為孩子的腳本草稿提供了具體的內容。「遲早他會聽到一個關於『像我這種人』的故事，他會知道自己的未來是怎麼一回事…，當他聽到這故事他會知道，『這就是我！』這故事於是成為他的腳本，他將終其一生努力使它應驗」

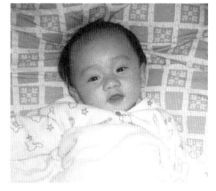

圖12-2　6個月大的可愛男孩。小小年紀已開始設計自己的腳本，決定日後是贏家還是輸家

(Berne, 1982)。如此看來，故事於是成為先人生活的縮影，是人類能夠擁有的命運和生活過程的公式，這些公式可做為日後人們生活的指標。這些故事裡的計畫，就是孩子的生活腳本。伯恩曾說過：「每個人生命裡的悲喜，都是由這個不到6歲，對世界所知有限的小頑童決定。」

孩子為了能從父母處得到愛、保護及照顧，孩子會符合父母的要求，達到父母的期望，服從父母的命令，並用自己的方法解讀父母真正的涵意。伯恩同意佛洛依德的戀親情結對腳本發展的重要，但他強調是孩子主動決定如何處理自己衝動（此處的衝動即佛洛依德所說的性和攻擊方面的衝動），決定的基礎則是父母對待孩子

圖12-3　小男孩長大了。圖12-2的嬰兒長大至6歲的模樣。關鍵性的腳本已決定

的方式。在可塑期父母教導孩子關於等待、忍耐、男性特質、女性特質、好奇及紀律等，在6歲左右，大部分的孩子人格已定型，關鍵性的腳本也決定了。伯恩引用中世紀一位神父的話：「讓我把一個孩子撫養到6歲，之後我就可以永遠擁有他了。」

（四）兒童後期（6~12歲）

此期是位於佛洛依德所主張的潛伏期，特徵是人格特質漸趨定型，對生殖器官的興趣減弱，性衝動呈蟄伏狀態，喜與同性別的人玩，崇拜英雄人物（蔡欣玲等，2003）。伯恩認為此時期的孩子會加強他的生活腳本，並以某個英雄或偶像為指引。孩子在此時期會尋找一些感覺，這些感覺會比其他感覺帶來更好的結果，比如說：憤怒地大發脾氣比起難過掉淚更能引起家人的注意；最能有效滿足孩子需求的感覺會成為他的扭曲感覺。伯恩說：「這種孩子偏好的感覺會成為某種制約反應，並且隨時出現在以後的日子裡。」又說：「在所有感覺當中，扭曲感覺會成為此人玩心理遊戲後習慣性的結局

感覺。」最常見的扭曲感覺有生氣、受傷害、內疚、害怕、無能、愚笨、反叛、震驚或得意。

當孩子與外界接觸後發現，自己照父母的希望去做，卻得不到父母的肯定與讚美，這時孩子會幻想一個愉快的結局，使自己信任自己的能力。或許會幻想用「聖誕老公公」來取代「父母親」，幻想著「只要我乖，我做好我該做的事，聖誕老公公就會給我禮物！」伯恩發現許多人終其一生都在等待聖誕老公公的到來，或是聖誕老公公的另一個親戚，像是等待白馬王子的到來一樣。

孩子這時期，學校和同學占去孩子大部分的時間，他在家中所建立的人際模式遭受考驗。藉由跟同學的互動他學會有哪些心理遊戲是有效的，哪些需放棄。他也學會在哪種人的面前該說什麼話，該戴哪種面具才不得罪別人，才會受人歡迎，他的個人角色發展在兒童後期逐漸發展。

（五）青春期（10 幾歲階段）

青春期是一個在腳本與反腳本(anti-script)中搖擺、掙扎的時期。他反反覆覆，一再地遵從父母的指令，然後又違背它。在青春期結束之前，通常他已決定要選哪條路，「乖乖的做該做的事」或是反抗（實際上仍是依腳本而行）。伯恩以運動衫訊息(sweatshirt message)來比喻青春期孩子的心情，運動衫前面寫的是一個人的生活標語，例如：「我很堅強，且很獨立」，而背面可能穿著「我也很孤單，請照顧我」。

10幾歲的時期，可視為腳本最後一次彩排，所有道具就定位，舞台布景也備妥，可以正式演出了，但仍只是彩排而已，若有需要，腳本還是可以改變的。

（六）成熟與死亡期

　　在差不多20歲時，此階段開始，一切都準備就緒，莎士比亞所謂的一場每個人都要演出的戲就要上演。這時候，無論好或不好，腳本就要啟幕了（黃珮瑛譯，1996）。

三、重寫腳本

　　若你覺察到自己的人生腳本不好，覺得很痛苦想改變，你可以藉助專業的心理治療，利用澄清及回溯技巧，回到小時候癥結處，重新再做一次決定，不斷演練新的決定，直到習慣為止。這樣你的腳本就會跟以前不一樣，你的人生也跟著改變。

第三節　　家庭與自我的關係

　　很久以前看了一部有關家族治療的影片－「家族病棟」，故事中的家庭爸爸整天忙於工作，並且外遇。姐姐與家人關係非常疏離自己過自己的生活，家中發生的任何事一概不聞不問；家中的唯一男孩，整天關在房間打電腦，不吃東西、不上學、也不出門，自己在電腦虛擬的世界裡，設了一個電腦媽媽，只聽電腦媽媽的話，其他人的話均不理會。媽媽是家庭主婦，為了這個男孩，媽媽傷透腦筋，後來媽媽藉由酗酒，發洩自己的情緒，整個人快崩潰了。最後媽媽到精神科問診尋找幫忙，精神科醫生要求全家住院，做家族治療。剛開始爸爸以工作繁忙為由拒絕，最後終於在太太的苦苦哀求下，爸爸也開始認知小男孩的病症真的越來越嚴重，答應住院接受治療。全家在住院期間每天朝夕相處，精神科醫師及心理治療師每天看著他們家人的互動，定期做家庭諮商及個別治療。在住院幾個星期後，全家的關係改善了，男孩在醫院沒電腦玩，戒掉玩電腦的習慣，跟全家說話互動，恢復以前正常

的作息；姐姐變得關心家人的需求會為全家做些事；爸爸因為住院的關係工作搞丟了，辦公室戀情也因此結束；媽媽因全家的關係轉變了，不再酗酒，心情跟著好轉。電影的最後一幕是全家人在海邊嬉戲，每個人露出快樂、幸福的笑容。

從上面的影片得知，家族治療把問題放在整個家庭系統上，今天小男孩僅是家中的代罪羔羊(scapegoat)，他的病症只不過是家庭關係不良的副產物，「家庭」本身才是真正的病人。所以在做治療時應以家庭系統(family system)為治療單位，以增進家庭功能、家庭互動、家人關係為治療的目的（曾端真，1991）。

本節將藉常見的家族治療理論，解釋家庭與自我的關係，讓大家對自己及家人間的互動有新一層的認識。

一、家庭系統

家庭系統(family system)源自於一般系統的分析，是指家庭是一個完整的大系統，家中有配偶、親子、手足等三種結盟次系統，其中某系統改變會牽動到其他部分的改變。家庭系統是由家庭成員、家庭互動型態、家庭規則、權力結構、溝通方法、態度等組成。當家庭系統出了問題，家中某個份子便會出現病症（曾端真，1991）。例如：「家族病棟」影片中，家中每個次系統都出問題，父親外遇，親子關係緊張，手足關係疏離，於是家中的男孩便出現了病症，中電腦的毒，整天不吃飯、不上學。從家庭系統觀點看，男孩的病症，是由家庭系統不健全、家庭互動出問題所導致。

二、代罪羔羊

當家庭有危機出現或失去平衡時，例如：父母吵架要鬧離婚，家人關係非常冷漠疏離；家中就會有某些成員犧牲自己，讓自己有些性格異常的現象出現，例如：打架、吸毒、蹺家、生病、自殺等，代替全家人生病，讓全家

把焦點轉移到他身上，家庭危機會暫時停止。代替全家生病的人就稱為代罪羔羊(scapegoat)，在本文提到的「家族病棟」影片中的小男孩，就是他們家中的代罪羔羊。

三、界　限

　　界限(boundary)這個概念用在家庭中是指家中每個成員所扮演的角色有他應負的責任與範疇。健全的家庭系統中，每個成員均有明確的界限，成員間能在不干擾彼此的界限下互相交流。家庭次系統間「界定清楚的界限」有助於維持分離性，同時強調整體家庭系統的歸屬感（翁樹澍等譯，1999）。個別次系統能維持獨立和自由，成員自主性才不會被犧牲；界限可以維持足夠的彈性，在必要時可提供照顧和支持。例如：在父母管教子女時，必須能不失其父母角色；子女在跟父母親近時，必須能遵守長幼的分寸；夫妻的界限，不能受親朋的介入，如此每個成員能保有「我」的狀態和「我們」是一家人的感覺。如果家庭成員的界限不明，會造成過度依賴或過度干擾，界限過於僵化又會造成疏離，影響家庭功能的發揮，唯有界限清楚且具有彈性，家庭功能才得以發揮。以下將介紹界限不明及僵化所產生的家庭問題。

（一）界限不明

　　每個家庭成員均有自己該扮演的角色，爸爸就該扮演爸爸的角色，嚴守爸爸的分際，孩子就該扮演孩子的角色，不該扮演父母的角色。若家中父母角色缺位，父母離婚，家中沒媽媽，若爸爸沒有嚴守他當爸爸的界限，而要求長女取代媽媽的角色，整理家務、照顧弟妹，甚至當爸爸的性伴侶，父親角色界限遭破壞，親子間界限混淆，形成亂倫的悲劇，讓孩子難以建立成人後的自我感或個人認同，造成孩子一輩子的傷害。亂倫是界限不明的一個很好的例子。

（二）界限僵化

家庭成員的界限也不可過於僵化，否則庭成員間的溝通會有困難，而形成過度疏離的現象。有些家庭父母過度權威嚴肅，使得子女不敢親近，造成親子疏離。許多父母在家不苟言笑，不跟孩子一起談天說笑，不陪孩子一起玩樂，不准孩子進自己的書房等，這些都是父母角色僵化的現象。隨著孩子的成長，若父母仍堅守固定的父母角色，易導致親子衝突，所以父母得視孩子的發展隨時去調整自己角色的界限，使家庭能和樂融融（曾端真，1991）。

（三）界限干擾

如果家中成員喜歡越俎代庖，會導致另一個成員角色功能萎縮；或有成員喜歡干涉他人的角色界限，會導致受干涉者界限混淆，無法發揮功能。例如：夫妻的界限受到親朋介入，無法擁有自主的夫妻關係時，婚姻生活將受影響。又如某些女強人，自己在家太強勢，侵犯丈夫的角色，導致丈夫角色功能萎縮，她不斷抱怨丈夫軟弱沒用，卻忽略丈夫的無用是因她過度干擾丈夫界限所致。親子界限的干擾，也會養成孩子不負責的行為。例如：媽媽幫孩子做所有的事，凡事都以「你不會，我來」，讓孩子「茶來伸手，飯來張口」，養成孩子凡事叫媽媽，自己什麼事都不用做，任何自己的事情出狀況都不自己負責，全部怪媽媽。媽媽過度越俎代庖的結果，導致孩子角色功能萎縮，永遠無法獨立自主。

黎巴嫩文壇驕子紀伯倫在《先知》書中所談到的婚姻、子女主題，與本節的「界限」神似，他以文人的觀點來看此問題，並用散文詩的方式表達，意境極為深遠，值得細嚼深思。

婚　姻

你們同生，也同有永恆，

但在共同裡，請留點間隙，

使天上的風足以在其間飛舞，

彼此相愛，但勿互加枷鎖，

讓你們靈魂的兩岸間有大洋波動，

注滿對方酒杯，但不飲自同杯，

互相贈與對方麵包，但不食自同條，

一同快樂歡舞，但彼此得以獨處，

誠如琴上之弦，雖奏出同一音樂，

卻是條條分離，

將你的心獻出，但不是給予對方保管，

肩並肩，但不鄰近，

如同殿堂石柱分立，

也如同松柏，不會彼此浴在對方陰影之中。

兒　女

你的兒女不是你的，

他們是生命兒女，在追求生命自身，

他們雖經由你而來，但不是由你而出，

他們雖與你同在，但並不屬於你，

你可以給他們你的愛，但非你的思維，

因他們有自身的思維，

你可供其肉身居所，但非其靈魂，

因他們的靈魂居住在明日之家，

是你在夢中也不可能拜訪之地，

你儘可模仿他們，但不可使他們模仿你，

因生命絕不回顧，也不留戀昨日。

第四節　人生存在的基本問題

　　進年來大災難不斷，大自然不斷反撲，讓人類無力招架，使大家不得不對大自然敬畏。在台灣這幾年最大的災難莫過於九二一大地震、SARS的攻擊、颱風帶來的七二水災及莫拉克颱風帶來的八八水災，以及高雄氣爆事件。在這些慘劇中多少家庭面臨生離死別的悲慟，多少人面臨一輩子辛勤的積蓄毀於一夕的失落。當九二一地震之後，許多勇敢的台灣人，面對天災後的一切，接受親人死亡、接受自己一個人生活的孤單、接受財產一無所有的事實，重新拾起希望，努力打拼事業，就當快要有成果時，七二水災再度重創這些人的家園；2009年八八水災又再次橫掃南台灣，這種慘狀不禁讓人提出這樣的疑問：「老天爺為什麼對我這麼不公平？」「我該怎麼辦？」「我該何去何從？」「我活著有什麼意義？」「人生為何這麼悲苦？」「我要如何活下去？」

　　人生就是存在這麼多的不公平，我們無法否認；人終究要面對孤獨、死亡也是事實，當生活已無意義時，也該重新尋找生活的意義，讓自己繼續生存下去。本節就是要討論這些人生既定存在的事實，終究無法逃避的問題，並以存在主義的觀點來看這些問題。

一、意義的追尋

存在主義學派的學者法蘭克(Frankl)在1943~1945年間被關在奧許維茲(Auschwitz)集中營，他在集中營恐怖的生活尋找自己生存下去的意義，並在之後創立了「意義治療」(logotherapy)。

法蘭克在集中營的生活經驗，使他深思意義和苦難，痛苦和死亡間的關係。要在極端的環境下活下來，需要在苦難中找意義。法蘭克在集中營的深度絕望中，為自己和他人的苦難尋找意義，他的結論是只有活下來才能為他的劇痛賦予意義。對他而言，生存意味著能完成他的工作，能從集中營的恐怖經驗精煉出重要的心理治療取向。有些戰俘想活下去是為了他的妻子兒女；有些人活下去是想讓全世界都知道集中營的事；有些人活下是為了復仇，他們一一記錄納粹加諸於他們所有的殘酷暴行，在戰後公布，作為審判的證據（易之新譯，2003）。許多人能在集中營裡生存下來均是找到活下來的理由。法蘭克常提尼采說的一句話：「這種事不能殺死我，反而使我更堅強」，如果苦難使人變得更好，就具有意義。若不幸仍無法脫離痛苦和死亡，法蘭克認為還是可以有意義，可以向上帝、向他人、向自己，顯示自己能尊嚴地承受痛苦和死亡。

法蘭克主張意義對生命是不可或缺的，對集中營裡生存是必要的，對所有時候所有人也是必要的。不論災區的朋友或是正面臨絕望的人，在看完法蘭克的故事，是否該重新尋找生命的意義呢？然而意義並非能直接靠理智得到，亞隆(Yalom)與法蘭克都同意生命的意義如同快樂一樣，要間接的追尋，生命的意義會在我們執著的投入於創作、愛、工作或有建設性的地方產生（鄭玄藏等譯，2003）。

二、死亡與無存

存在主義並不會把死亡視為負面的事件，他們認為對於死亡狀態的覺察能夠提供生活的意義（鄭玄藏等譯，2003）。如果我們能體會到人終將一

死，我們沒有無限的時間能完成我們偉大的計畫，我們就會把握現在，珍惜所有的光陰，努力實現自己的夢想，創造自己的生命。如果懼怕死亡又需面對死亡之不可避免，就會產生內在衝突，形成適應不良及產生病症。

三、孤　獨

　　孤獨有三種形式的孤獨：人際孤獨(interpersonal isolation)、自我孤獨(intrapersonal isolation)和存在孤獨(existential isolation)。

1. **人際孤獨**：指的是一般經驗到的寂寞，這種孤獨形成的原因可能是社交技巧不足或是無法與他人建立親密關係所造成。

2. **自我孤獨**：是佛洛依德提出的防衛機轉的一種，通常我們翻譯成隔離。這邊談的 “isolation” 不只是用來指正式的防衛機轉，更常是非正式的自我分裂。所以壓抑自己的感受或是欲望，把許多的「應該」或「必須」當成自己的願望，不相信自己的判斷或埋沒自己的潛力，都被稱為自我孤獨（易之新譯，2003）。而這些自我孤獨的人須靠心理治療師的協助，重新整合已分裂的部分。

3. **存在的孤獨**：不是寂寞沒人陪的人際孤獨，也不是與部分自我脫離的自我孤獨，而是最根本的孤獨－脫離造物者和世界的孤獨，比其他孤獨更為徹底的孤獨。不論我們彼此多麼親近，中間還是有一道無法跨越的鴻溝；每個人孤獨進入存在，也終將孤獨的離開。雖然未有任何關係能減少孤獨感，但孤獨的痛苦可以分享，若是承認存在的孤獨並堅定的面對它，則可能與他人有愛的連結；若企圖克服面對孤獨的恐懼，則易將他人做為對抗孤獨的手段，如此一來會扭曲彼此真誠的關係，而產生紛亂的景像（朱玲億等譯，2000）。

　　人類的存在是既孤獨又想與他人連結，這樣的結果看似矛盾，但這樣的矛盾卻描述出人類存在的事實。若想要治療這種狀況，或是認為這種狀況該被治療，都是錯誤的，因為我們終將孤獨。

四、自由和責任

對哲學家而言，「自由」包含很廣大的含意，可以從個人、社會、道德、政治等不同的角度來探討，而這個主題爭議性也很大。本節對自由的觀點只討論與日常生活和心理治療有相關的部分。

（一）人有自由創造自己的生活，並為它負責

對存在主義學者而言，自由和人性是相通的，自由和責任是無法分開的，我們是自己生活的創作者，這也意味著我們創造了自己的命運、生活處境，以及自己的問題(Russell, 1978)。由於人們擁有自由選擇的可能性，因而能夠在相當大的程度上決定自己的命運。即使我們在毫無選擇的情況下被丟到這世界，我們的生活態度和我們要成為什麼樣的人，仍是我們自己選擇的結果。由於這種「本質性自由」的存在是不變的事實，我們要為自己生活負責也是不爭的事實。然而，我們經常找藉口來逃避責任，像是說：「運氣不好」之類的話。存在主義哲學家Sartre(1971)指出這是一種不接受個人責任的虛偽。類似於這樣逃避責任的說法有：「我爸媽以前就功課不好，所以我功課也好不到哪裡去。」或是「我本來就這樣，因為我出生在一個酗酒家庭。」Sartre指出我們會不斷地面臨這種要自己成為什麼樣人的選擇，只要我們存在，這樣的選擇就不會結束。

（二）人有自由選擇、行動和改變

我們得對自己生活負責，還得對我們的行為或不採取行動負責。Sartre認為，人們注定是自由，我們應該承諾去為自己做選擇。當我們覺察到我們在逃避承諾，或決定不去做選擇，存在的罪惡感就油然而生。

承擔起責任是改變的基本條件，如果當事人面對自己的問題，老是責備別人而拒絕接受責任，那麼他永遠無法改變，他的問題也無法解決。

我們存在真正的價值在於覺察「我們就是自己的選擇」，我們要為自己的生命負責，我們的存在不被外力操控，我們的命運是由自己決定，而非別人來決定。

五、焦　慮

　　我們常有這樣的經驗，在考試前、面試前或做改變時…，經常會很焦慮甚至會焦慮到睡不著覺，我們常問自己這樣是不是太神經質了，是不是一種病態。其實焦慮是我們在努力求生存，努力維持及肯定自我存在而產生的狀態，是大家都必須面對的處境。

　　存在主義者將焦慮分為一般性焦慮和神經性焦慮。

1. **一般性焦慮**：他們把一般性焦慮視為成長的泉源，一般性焦慮是在面對事情時適當的反應，這樣的焦慮不需要被抑制，並能作為改變的動機。像考前怕書讀不完的焦慮，面試前怕不被錄取的焦慮，這些焦慮都是屬於一般性焦慮，不需被抑制。

2. **神經性焦慮**：神經性焦慮就不一樣了，它常常不被察覺到，而且會使人產生無力感，出現生命無意義的狀態。由於缺少某些焦慮我們就無法生存，因此消除一般性焦慮是不必要的。健康的心理狀態是需要減少生活中的神經性焦慮，而盡可能地接受和努力與一般性焦慮共存，因為它是生活的一部分。

　　存在性焦慮(existential anxiety)是屬於一般性焦慮，它可作為成長的刺激。當我們逐漸增加對「自由」的覺察時，接受或拒絕一些因「自由」所帶來的後果，存在性焦慮會漸漸增加。事實上，當我們下決定要改變我們的生活時，伴隨而來的焦慮就是存在性焦慮。如果我們能學會去傾聽焦慮所發出的細微訊息，那麼我們就可能踏出改變生命方向的第一步（鄭玄藏等譯，2003）。

　　有勇氣面對自己的人，會感到恐懼；能坦然與焦慮共存的人，將會受益。那些因害怕改變而帶來焦慮的人，會逃避焦慮，很快逃到安全舒適的地方，享受短暫的安逸，但就長遠來看，他們終將因沉溺在陳舊的生活方式中而依然遭受挫敗。

　　要面對存在焦慮就得視生命為一段歷險，而不是躲在似乎能夠提供保護的安全傘之下。當拋棄過去不適當的生活模式，重新建立新的生活模式時，著實會伴隨一陣子的不安和焦慮，但我們要學著忍耐；一旦我們在新的存在方式中體驗到滿足感後焦慮會漸漸減少，當自己變得更自信時，因焦慮而產生的不幸預期就會大大降低。

　　存在主義大師亞隆(Yalom)帶了數十年的治療團體，在他做有關團體治療的療效因子研究中，發現有五個關於存在問題的因素，被許多人奉為圭臬，我自己看了也很喜歡，在本章的結尾把這些項目呈現出來與大家分享，希望大家看完之後，對生命能有不同的領悟，自己能再創一個更開闊的人生。五個項目呈現如下：

1. 了解到生命有時候是不公平的。

2. 了解到生命某些痛苦和死亡終究是無可遁逃的。

3. 了解到無論我和別人多親近，我仍須獨自面對人生。

4. 面對了死亡的基本議題，因此更能誠實地過活而不受枝節小事羈絆。

5. 學習到我終究必須為自己過活的方式負起責任，無論從別人那兒得到多少指導及支持（方紫薇等譯，2003）。

 重點整理

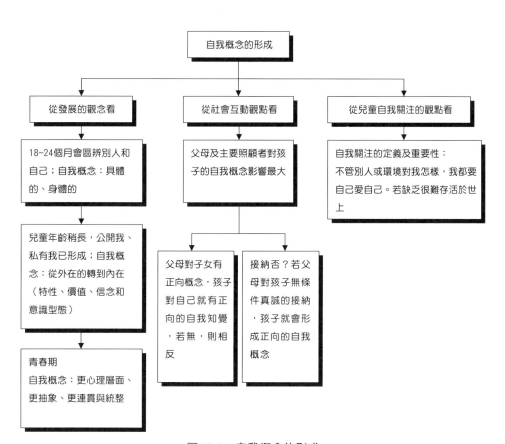

圖12-4　自我概念的形成

圖12-5　人生腳本

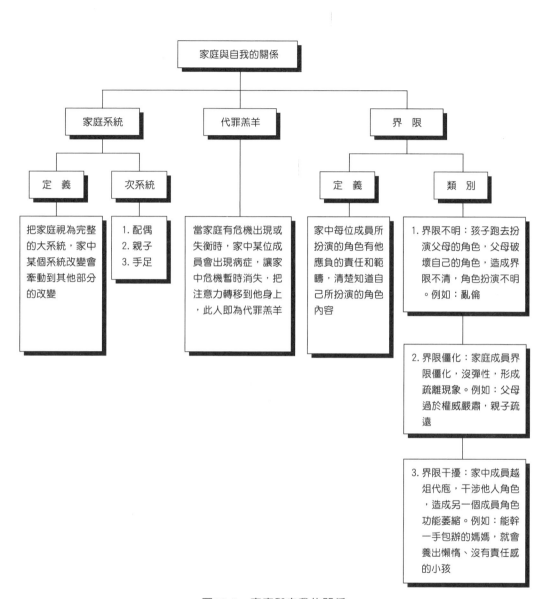

圖12-6　家庭與自我的關係

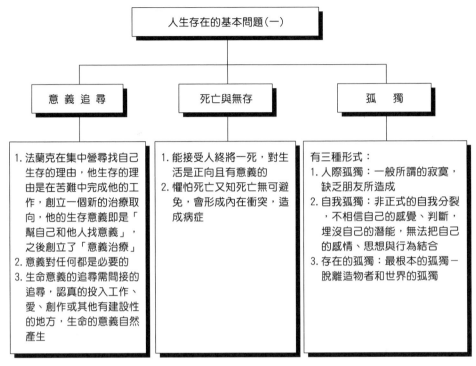

圖12-7　人生存在的基本問題（一）

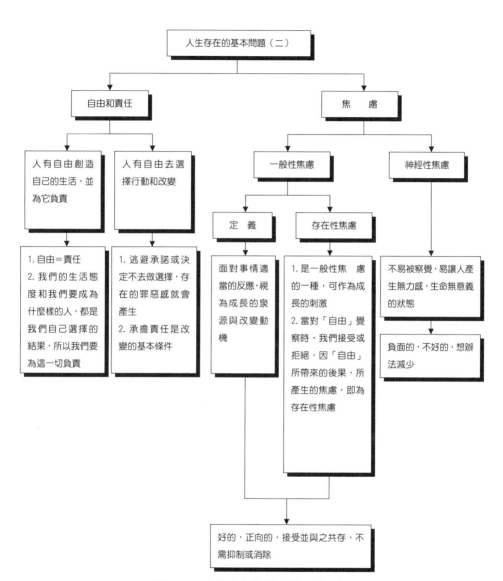

圖12-8 人生存在的基本問題（二）

 課後活動

找出自己的腳本

　　找出小時候最愛看的一本童話故事或最愛看的一部卡通，述說故事內容，並省思自己的生活與故事中的主角是否相似？哪些部分相似？哪些不同？希望自己的結局與故事中的主角一樣嗎？

參考文獻

中時電子報(2006)・*青少年幸福家庭指數大調查*・取自http：//forums.chinatimes. com /report/people/950616/main.htm

中華基督教救助協會（http：//www.ccra.org.tw/ edm/200505/social2.asp）

丹尼爾・凱斯(1995)・*24個比利*・台北市：小知堂文化。

孔繁鐘等編譯(2000)・*DSM-IV精神疾病診斷準則手冊*・台北市：合記。

方紫薇等譯(2003)・*團體心理治療的理論與實務*・台北市：桂冠。

王宜燕、戴育賢譯(1999)・*夢的百科全書*・台北市：五南。

王秋萍(2015)・談德國亞斯伯格症患者的教育成長歷程・*教育研究月刊(Journal of Education Research)*, 258, 107-121.

王美華譯(2002)・*寫自己的壓力處方*・台北市：張老師。

王溢嘉(2006)・*變態心理檔案*・新北市：野鵝。

王道還(2004)・*愛因斯坦的腦子*・取自http://sa.ylib.com/MagCont. aspx?Unit=columns&id=553

王震武等(2008)・*心理學（第二版）*・台北市：學富。

丘彥南(2000)・*身體與精神之關係*・市民健康網・取自http//www. healthcity.net.tw

田秀蘭等譯(2005)・*夢工作*・台北市：學富。

朱玲億等譯(2000)・*當代心理治療的理論與實務*・台北市：心理。

朱恩伶譯(1992)・*夢的指南*・台北市：遠流。

江漢聲(2003)・*音樂療癒DIY*・台北市：時報出版。

余民寧(2003)・多元智力理論教學評量的省思・*教育研究月刊，110，*57-67。

宋維村、高淑芬(2000)・兒童及青少年之睡眠障礙症・*台灣醫學，4(6)，*681- 686。

李心瑩譯(2000)‧*再建多元智慧—21世紀的發展前景與實際應用*‧台北市：遠流。

李宇宙(2000)‧身心疾病之睡眠障礙‧*台灣醫學*，4(6)，673-680。

李安德(1998)‧*超個人心理學—心理學的新典範*‧台北市：桂冠。

李明濱(2000)‧睡眠障礙症診治之新進展－緒言‧*台灣醫學*，4(6)，651。

李長山譯(2002)‧*夢*‧香港：三聯。

李斯譯(2000)‧*心理學的故事*‧台北市：究竟。

李選(2003)‧*精神衛生護理學*‧台北市：五南。

李麗日(2002)‧說壓力與壓力因應‧*社教資料雜誌*，287，1-4。

杜仲傑等譯(2002)‧*變態心理學*‧台北市：桂冠。

汪向東(2007)‧*關於心理學的100個故事*‧台北市：宇河文化。

易之新譯(2002)‧*存在心理治療（上）（下）*‧台北市：張老師。

林彥婷等譯(2004)‧*心理衛生*‧台北市：桂冠。

林財丁(1995)‧*消費者心理學*‧新北市：書華。

林碩斌(2006)‧*激發創造力*‧新北市：飛寶文化。

林翠媚等譯(2003)‧*發展心理學*‧台北市：學富。

知性生活研究班(2002)‧*100個不可思議的減壓方式*‧台北市：上鼎。

施良方(1996)‧*學習理論*‧高雄市：麗文。

孫培有(2005)‧*五歲的心願*‧台北市：弘恩文化。

徐進勇譯(1987)‧*流浪者之歌*‧台北市：志文。

翁樹澍等譯(1999)‧*家族治療理論與技術*‧新北市：揚智。

郝廣才(2006)‧*打開創意的開關—腦力發電*‧台北市：皇冠。

莫少依、張正芬(2021)‧什麼是進步？一個關於輕症自閉症青少年社會互動的現象學研究‧*中華輔導與諮商學報(Chinese Journal of Guidance and Counseling)*，61, 021-056.

國友隆一(2002)・*日本7-11消費心理學：你所不知的買物心理*・台北市：台灣東販。

國立編譯館編(1982)・*教育史*・新北市：正中。

張春興(1994)・*教育心理學*・台北市：東華。

張春興(1994)・*教育史*・新北市：正中。

張春興(1995)・*現代心理學*・台北市：東華。

張春興(2002)・*心裡學思想的流變　-心理學名人傳*・台北市：東華。

張春興(2002)・*張氏心理學辭典*・台北市：東華。

張春興(2005)・*心理學*・台北市：東華。

張進輔(2003)・*心理學*・新北市：新文京。

張傳林等(2013)・*正向心理學*・台北市：紅葉。

張輊竑(2018)・認知行為團體治療應用於青少年亞斯伯格症的成效分析・*諮商與輔導(Counseling & Guidance)*, 387, 002-005.

張麗瓊譯(2003)・*奇妙的記憶*・台北市：天下。

許秀全譯(2006)・*視覺記憶—德國強效記憶術*・台北市：展望文化。

郭生玉(1996)・*心理與教育測驗*・台北市：精華。

郭淑珍(2010)・正向心理學的意涵與學習上的應用・*銘傳教育電子期刊，2*，56-72。

郭靜晃等(1998)・*兒童發展與保育*・台北市：空中大學。

陳正文等(2004)・*人格理論*・新北市：揚智。

陳怡樺(2002)・許我一個減壓的生活情境・*社教資料雜誌，287*，9-12。

陳博南(2005)・*有趣的心理學*・新北市：漢宇國際。

陳逸群譯(2000)・*羅傑斯*・台北市：生命潛能。

彭駕騂(1997)・*心理學Q＆A*・台北市：風雲。

曾文志(2006a)・活出生命的價值—正向心理學的認識・*師友月刊，464*，1-7。

曾端真(2001)・*婚姻與家族治療*・台北市：天馬。

曾慧敏、劉約蘭、盧麗鈴譯(2002)・*西爾格得心理學概論*・台北市：桂冠。

游恆山(2000)・*心理學導論*・台北市：五南。

游蕾蕾譯(2005)・*如果世界是一百人村*・台北市：台灣東販。

焦璇、陳毅文(2004)・解釋心理起源的心理論範式—進化心理學・*心理科學進展，12*(4)，622-628。

馮觀富(1996)・*壓力，失落的危機處理*・台北市：心理。

黃文三(2009)・從正向心理學論生命教育的實施・*教育理論與實踐學刊，19*，1-34。

黃宜宣等(2003)・*最新精神科護理學*・台北市：永大。

黃珮瑛譯(1996)・*人際溝通分析*・台北市：張老師。

黃清耀(1994)・*3D立體視自急轉彎*・新北市：農學社。

黃德祥(2000)・*青少年發展與輔導*（375頁）・台北市：五南。

楊建銘(2000)・失眠的行為及心理治療・*台灣醫學，4*(6)，694-703。

楊新玲等(2006)・大考前的健康管理・*選才通訊，137*・取自http：//www. ceec. edu.tw

楊語芸譯(1994)・*心理學概論*・台北市：桂冠。

溫世頌(2000)・*心理學*・台北市：三民。

萬玉鳳等(2006)・芳香療法於安寧病房的運用・*慈濟醫學雜誌，18*(4s)，67-70。

葉兆祺(1998)・實習教師的工作壓力與因應・*國教輔導，38*(2)，34~38。

葉雅馨(2005)・大學生主觀生活壓力與憂鬱傾向之相關性調查・自殺防治中心成立暨台灣憂鬱防治協會年會及學術研討會，34。

葉學志(1996)・*教育哲學*・台北市：三民。

葛吉夫催眠諮商中心(2003)・*催眠概論*・取自http://www.vbqa.com/gurdjieff/ introduction. htm

廖閲鵬(2001)・*催眠治療工作坊講義*，未出版。

趙居蓮譯(1995)・*社會心理學*・台北市：桂冠。

劉向春譯(2003)・*催眠治療的益處*・取自http://www.vbqa.com/gurdjieff/introduction.htm

劉若蘭(2001)・*心理衛生概要*・台北市：匯華。

劉璞(2006)・*精油生活DIY全書*・台北市：商周。

蔡欣玲等(2003)・*當代人類發展學*・台北市：偉華。

鄭玄藏等譯(2003)・*諮商與心理治療：理論與實務*・雙葉：新加坡商亞洲湯姆生。

鄭昭明(2004)・*認知心理學*・台北市：桂冠。

盧蘇偉(2004)・*看見自己的天才*・台北市：寶瓶。

薛絢譯(1995)・*大夢兩千天*（第165頁）・新北市：小知堂文化。

鍾思嘉(1999)・*中國輔導學會主編之輔導學大趨勢*・台北市：心理。

羅惠筠、劉秀珍(1992)・*現代心理學*・台北市：美亞。

蘇東平(2000)・睡眠障礙症之診斷分類及臨床評估・*台灣醫學*，*4*(6)，665-672。

American Psychiatric Association (2014)・*DSM-5精神疾病診斷準則手冊*（台灣精神醫學會譯）・台北市：合記。

Baumgardner, S., & Crothers, M. (2011)・*正向心理學*（李正賢譯）・台北市：五南。

Gerrig & Zimbardo (2005)・*心理學與生活*，411。

Holmes & Rahe (1967)・*身心失調研究期刊*，*11*，213-218。

Kring, A. M. (2014)・*變態心理學*（二版，張本聖等譯）・台北市：雙葉。

American Psychiatric Association. (2013). *Diagnostic and statistical manual of mental disorders* (5th ed.). Arlington, VA: Auther. doi: 10.6172/BSE.201407.3902002

Aschley, S. E. (1951). Effects of group pressure upon the modification and distortion of judgement. In H. Guetzkow (Ed.), *Group, leadership and men.* Pittsburgh, PA: Carnegie Press.

Ashley, W., Harper, R., & Runyon, D. (1951) .The perceived size of coins in normal and hypnotically induced economic stated. *American Journal of Psychology, 64,* 564-572.

Bandura, A. (1977). *Social learning theory.* General Learning Press.

Berne, E. (1982). *What Do you say after you say hello?* London：Corgi Books.

Borkovec, T. D. (1982). Insomnia. *Journal of Consulting and Clinical Psychology, 50,* 880-985.

Carlson, N. R., Heth, D. S., Miller, H. L., Donahoe, J. W., Buskist, W., & Martin, N. (2007). *Psychology: The science of behavior: International edition.* Upper saddle river, NJ: Pearson higher education.

Cattell, R. B. (1957). *Personality and motivation: Structure and measurement.* New York: Harcourt, Brace & World.

Daniels, H. (1996). *An introduction to Vygotsky.* London: Routledge.

Darley, J. M., & Latan'e, B. (1968). Bystander intervention in emergencies: Diffusion of responsibility. *Journal of Personality and Social Psychology, 8,* 377-383.

Davidson, T. L., & Swithers, S. E. (2004). A pavlovian approach to the problem of obesity. *International Journal of Obesity, 7,* 933-935.

Davis, D., & Clifton, A. (1995). *Psychosocial Theory: Erikson.* http://www. haverford.edu/psych/ddavis/p109g/erikson.stages.html

De Fruyt, F., McCrae, R. R., Szirmák, Z., & Nagy, J. (2004). The Five-factor personality inventory as a measure of the Five-Factor Model: Belgian, American, and Hungarian comparisons with the NEO-PI-R. *Assessment, 11,* 207-215.

Ekman, P. (1984). Expression and the nature of emotion. In K. R. Scherer & P. Ekman(Eds.), *Approaches to emotion*. Hillsdale, NJ: Erlbaum.

Ellis, A. (1962). *Reason and emotion in psychotherapy*. NY: Lyle Stuart.

Ernst, F., Lucie, F., & Ilse, G. (1985). *Sigmund Freud: His life in pictures and words*. New York: W. W. Norton.

Eysenck, H. J. (1988). Personality and stress as causal factors in cancer and coronary heart disease. In M. P. Janisse (Eds), *Individual differences,stress, and health dreams* (pp.1-26). New York:Continuum.

Eysenck, M. W. (2002). *Simple psychology*. NewYork: Psychology press.

Fadiman, J., & Frager, R. (2001). *Personality and personal growth*. New York: Prentice Hall.

Freud, E., Freud, L., & Grubrich-Simitis, I. (1978). *Sigmund Freud : His life in pictures and words*. New York : Harcourt Brace Jovanovich.

Gardner, H. (1999). *Intelligence reframed: Multiple intelligences for the 21st century*. New York: Basic Books.

Gerrig, R. J., & Zimbardo, P. G. (2004). *Psychology and life*. New York: Allyn and Bacon.

Gerrig, R. J., & Zimbardo, P. G. (2005). *Psychology and life*. New York: Allyn and Bacon.

Goleman, D. (1995). *Emotional intelligence: Why it can matter more than IQ*. New York: Bantam.

Gordon, T. (1975). *Parent effectiveness training: Parent effectiveness training*. New York: Plume Press.

Gormly, A. V. (1997). *Lifespan human development*. Fort Worth: Harcourt brace college publishers.

Graffen, R., & Lundy (1995). EEG concomitants of hypnosis and hypnotic susceptibility. *Journal of Abmormal Psychology, 104*, 123-131.

Guilleminault, & Passonant (1976). *Narcolepsy*. New York: Spectrum.

Hilgard, J. R. (1965). *Hypnotic suscepbility*. New York: Harcourt Brace Jovanovich.

Hill, C. E. (1996). *Working with dreams in psychotherapy*. New York: Guilford.

Holmes, T. H., & Rahe, R. H. (1967). The social readjustment rating scale. *Journal of Psychosomatic Research, 11*, 213-218.

Joyce, L. (1990b). Fast asleep. *Stanford Medicine*, 28-31.

Kales, A., & Kales, J. D. (1984). *Evaluation and treatment of insomnia*. New York: Oxford.

Kiesler, C. A., & Kiesler, S. B. (1969). *Conformity*. Reading, MA:Addison-Wsesley.

Kohler, W. (1927/1973). *The mentality of apes* (2nd ed.). New York: Liveright.

Lahey, B. B. (2003). *Psychology: An introduction*. New York: McGraw Hill.

Lawlis, F. (2006). *The IQ answer: Maximizing your child's potential*. New York: Viking Adult.

Lazarus, Richard, S. (1991). *Emotion and adaption*. New York: Oxford University Press.

Loomis, et al. (1937). Cerebral states guring sleep as studied by human brain potentials. *Journal of Experimental Psychology, 21*, 127-144.

Lynn, R. (2006). *Race differences in intelligence: An evolutionary analysis*. Washington DC：Summit Publishers.

Maslow, A. H. (1970). *Motivation and personality* (2nd ed.). New York: Harper & Row.

Mattoon, M. A. (1978). *Applied dream analysis: A Jungian approach*. New York: Halsted.

McClelland, D. C., Atkinson, J. W., Clark, R. A., & Lowell, E. L. (1953) *The achievement motive*. New York: Appleton.

McCrae, R. R. & Costa, P. T. (1990). *Personality in adulthood.* New York: The Guildford Press.

McGrath, J. J., Daniel, S. S., Lieberman, D. E., & Buka, S. (2006). Season of birth is associated with anthropometric and neurocognitive outcomes during infancy and childhood in a general population birth cohort. *Schizophrenia Research, 81*(1), 91-100.

Miller, M. A., & Rahe, R. H. (1997). Life changes scaling for the 1990s. *Journal of Psychosomatic Research, 43*, 279-292.

Murray, H. A. (1938). *Exploring in personality*. New York: Oxford University Press.

Myers, D. G. (2006). *Psychology.* New York: Worth Publishers.

Neu, E. R. (1988). *Dreams and dream groups: Messages from the interior.* Freedom, CA: Crossing Press.

Newswise (2013). *Uncommon features of Einstein's brain might explain his remarkable cognitive abilities.* Retrieved from http://www.newswise.com/

Posada, J. D., & Andelman, B. (2013). *Keep your eye on the marshmallow: Gain focus and resilience-and come out ahead.* NewYork: Berkley Books.

Prager, K. L. (2009). *Erik Erikson's 8 stages of human psychosocial development and the new environments associated with each stage.* Retrieved from http://www.utdallas.edu/~kprager/ erik_ erikson%202002.htm

Preti, G. W. B., Cutler, A., Kreiger, G., Huggins, C. R., Garcia, H. J., & Lawley (1986). Human Axillary Secretions Influence Women's Menstrual Cycles: The role of donor extract from women. *Hormones and Behavior 20*, 474-482.

Richard, S. (1991). *Emotion and adaption.* New York: Oxford University Press.

Rogers, C. R. (1980). *A way of being*. Baston: Hanghton Mifflin.

Rosenthal, R., & Jacobson, L. (1968). '*Pygmalion in the classroom teacher expectation and pupils.*' Intellectual Development. New York: Holt.

Ruch, W. et al. (2010). German VIA-IS. *Journal of Individual Differences, 31*(3), 138-149.

Russell, J. M. (1978). Sartre, therapy, and expanding the concept of responsibility. *American Journal of Psychoanalysis, 38*, 259-269.

Santrock, J. W. (2000). *Psychology*. Boston: McGraw-Hill.

Santrock, J. W. (2004). *Children*. New York: McGraw-Hill college.

Sartre, J. P. (1971). *Being and nothingness*. New York: Bantam Books.

Schneider, W., & Shiffrin, R. M. (1977). Controlled and automatic human information processing. I. Detection, search and attention. *Psychological Review, 84*, 1-66.

Seligman, M. E. P. (2006). Award for distinguished scientific contributions. *American Psychologist, 61*(8), 772-788.

Shaver, P., Schwartz, J., Kirson, D., & O'Connor, C. (1987). Emotion knowliede: Further exploration of a prototype approach. *Journal of Personality and Social Psychology*, 52, 1061-86.

Shohet, R. (1985). *Dream sharing*. Wellingsborough, Northamptcnshi. Re, UK: Turnsrene.

Smith, E. E., Nolen-Hoeksema, S., Fredrickson, B., & Loftus, G. R. (2003). *Atkinson & Hilgard's introduction to psychology*. Belmont, CA : Wadworth/ Thomson Learning.

Smith, E. E., Nolen-Hoeksema, S., Fredrickson, B., & Loftus, G. R. (2003). *Atkinson & Hilgard's introduction to psychology*. Belmont, CA: Wadworth/ Thomson.

Sternberg, R. J. (1999). *Pathways to psychology*. Belmont, CA: Wadsworth publishing company.

Taylor, J. (1983). *Dream work: Techniques for discovering the creative power in dream*. New York: Paulist Press.

Taylor, J. (1992). *Where people fly and water runs uphill: Using dreams to tap the wisdom of the unconscious*. New York: Warner Books.

Thurstone, L. L. (1934). The vectors of the mind. *Psychological Review, 41*, 1-32.

Tice, D. M., & Baumeister, R. F. (1997). Longitudinal study of procrastination, performance, stress, and health: The costs and benefits of dawdling. *Psychological Science, 8*, 454-458.

Tupes, E. C., & Christal, R. E. (1961). Recurrent personality factors based on trait ratings. *USAF ASD Tech*. Rep. No. 61-97, Lackland Airforce Base, TX: U. S. Air Force.

Ullman, M. (1986). Access to dream. In B. Wolman, & M. Ullman (Eds.), *Hand book of states of consciousness* (pp.524-552). New York: Van Nostrand Reinhold.

Ullman, M. (1987). The experiential dream group. In M. Ullman, & C. Limmer (Eds.), *The variety of dream experience: Expanding our ways of working with dreams* (pp.1~26). New York: Continuum.

Ullman, M. (1994). The experiential dream group: Its application in the training of therapists. *Dreaming, 4*, 23-229.

Ullman, M. (1996). *Appreciating dream: A group approach*. Thousand Oaks, CA: Sage.

Victoriaonline (2009). *Scaffolding learning-Vygotsky, Bruner, and Rogoff*. http://www.education.vic.gov.au/studentlearning/teachingresources/english/literacy/litoverview.htm

Wampold, B. E. (2001). *The great psychotherapy debate: Models, methods, and findings*. Mahwah, NJ: Erlbaum.

Watson, J. B., & Rayner, R. (1920). Conditioned emotional reactions. *Journal of Experimental Psychology*, 3, 1-14.

Weiten, W. (1992). *Psychology: Themes and variation*. Calif: Brooks.

Zimbardo, P. G. (1970). The human choice: Individuation, reason, and order versus deindividuation, impulse, and chaos. In W. J. Arnold & D. Levine (Eds.), *Nebraska symposium on motivation:* 1969 (Vol. 17, pp.237-307). Lincoln: University of Nebraska Press.

MEMO

MEMO

MEMO

MEMO

MEMO

國家圖書館出版品預行編目資料

心理學概論/鄧明宇，李介至，鄭凰君編著. --
第五版. -- 新北市 : 新文京開發出版股份
有限公司, 2021.11
面；　公分
ISBN 978-986-430-786-9(平裝)

1. 心理學

170　　　　　　　　　　　　　　　110017937

心理學概論（第五版）　　　　　　（書號：PS007e5）

編　著　者	鄧明宇、李介至、鄭凰君
出　版　者	新文京開發出版股份有限公司
地　　　址	新北市中和區中山路二段 362 號 9 樓
電　　　話	(02) 2244-8188（代表號）
Ｆ　Ａ　Ｘ	(02) 2244-8189
郵　　　撥	1958730-2
初　　　版	西元 2007 年 08 月 31 日
第　二　版	西元 2010 年 01 月 01 日
第　三　版	西元 2015 年 01 月 15 日
第　四　版	西元 2017 年 01 月 09 日
第　五　版	西元 2021 年 11 月 19 日

New Wun Ching Developmental Publishing Co., Ltd.

New Age · New Choice · The Best Selected Educational Publications—NEW WCDP

新文京開發出版股份有限公司

NEW WCDP

新世紀・新視野・新文京 — 精選教科書・考試用書・專業參考書